Atlas der Kelten

Angus Konstam

Atlas der Kelten

tosa

ABBILDUNGSNACHWEIS

Seite 1:
Ausschnitt aus dem „Book of Kells" (siehe Seiten 162–163).

Seite 2 und 3:
Keltische Votivtafel aus dem 4. Jahrhundert v. Chr., die etruskische Krieger zeigt aus der Zeit, als die keltischen Veneter etruskisches Gebiet entlang der Poebene in Norditalien eroberten.

Gegenüber:
Marginalie aus dem „Book of Kells".

Inhalt

Einleitung

Vor etwa dreitausend Jahren entstand im Zentrum Europas eine Zivilisation, die in der Folge den Norden des Kontinents beherrschte. Als Träger einer hoch entwickelten Kultur stellte dieses Kriegervolk hervorragende Waffen aus Metall her, wodurch es zu einer beachtlichen Streitmacht wurde. Die griechischen Händler, die den Kelten erstmals im sechsten Jahrhundert v. Chr. begegnet sind, nannten sie Keltoi oder Galatai. Heute ist dieses Volk als Kelten oder Galater bekannt.

Rechts: Schwert mit Menschenkopf. Der Griff ist aus Bronze, die Klinge jedoch aus geschmiedetem Eisen, was diese keltische Waffe der La-Tène-III-Periode wesentlich furchterregender macht als die reinen Bronzeschwerter der Feinde der Kelten.

D ie Kelten wurden verschiedentlich als „Eroberer Europas" oder weniger nett als „Europas Barbaren" beschrieben. Sie waren sicher das erste mitteleuropäische Volk, das man als Hochkultur bezeichnen könnte. Am Gipfel ihrer Macht im 2. Jahrhundert v. Chr. reichte die keltische Welt von der Türkei bis nach Irland und von Spanien bis nach Deutschland. Weitere keltische Siedlungsgebiete wurden in so abgelegen Gegenden wie der Ukraine nachgewiesen. Keltische Völker bewohnten die großen Flusstäler Europas, der Donau, des Rheins, der Rhone, des Po, der Themse, Seine und Loire. Infolgedessen entwickelten sie Handelsverbindungen zu ihren Nachbarn im Mittelmeerraum und Importe aus dem mittleren Osten fanden sich in keltischen Gräbern im heutigen Frankreich und Deutschland. Der gesamte europäische Kontinent nördlich der Alpen wurde von Stämmen zusammengehalten, die eine gemeinsame keltische Kultur hatten.

Vieles über sie wissen wir aus den Berichten der Griechen und Römer, aber auch aus den archäologischen Zeugnissen, die sie hinterließen. Von den klassischen Kulturen des Mittelmeerraums wurden sie gefürchtet und keltische Heere brachen in Italien, Griechenland und Spanien ein, bevor die Römer sie in Schach halten konnten. Keltische Krieger dienten in den Armeen der Feinde Roms und waren selbst Roms hartnäckigster Gegner.

Die Kelten bildeten eine Kriegeraristokratie und kriegerische Tapferkeit war die höchste Tugend eines keltischen Anführers. Sie galten als ungestüm und ihre Ungeduld, den Feind in der Schlacht zu treffen, stellte sich schließlich als Nachteil heraus, den die Römer zu ihrem Vorteil ausnützten. Die keltische Kultur auf dem

Unten: Besonders
deutlich zeigt sich die
keltische Kunstfertig-
keit bei Schmuck wie
dieser Filigranbrosche
aus Gold mit farbigem
Glas und Edelsteinen.

Kontinent wurde in nur einem
Jahrzehnt vernichtet, als Julius Cäsar
in der Mitte des 1. Jahrhunderts v. Chr.
in Gallien einfiel. Damit waren nur noch die
Kelten in Britannien als unabhängige Gruppe
übrig und ein Jahrhundert später gingen die
Römer daran, auch diese letzte keltische Bastion
zu erobern. Ihnen folgten germanische Eroberer
und im 10. Jahrhundert waren sie nur noch ein
Schatten ihrer früheren Größe. Die keltische
Welt bestand nur noch aus einer Hand voll
karger Gebiete am atlantischen Rand Europas.

Die Kelten sind berühmt für ihre künstlerischen und handwerklichen Fähigkeiten. Ihr
künstlerisches Vermächtnis besteht in ihren
Metallarbeiten, von denen viele als die schönsten
Gegenstände gelten, die jemals hergestellt
wurden. Sie verfügten über künstlerisches Talent
und Geschick, das die Jahrhunderte überdauerte. Als sie zum Christentum übertraten, zeigte
sich ihre Fähigkeit in außergewöhnlichen religiösen Objekten, darunter illustrierte Manuskrip-

te, die uns
heute noch
durch ihre Far-
bigkeit und fremd-
artige Schönheit begeis-
tern. Vor allem sind die Kelten bekannt für ihre
rätselhafte künstlerische Bildersprache; ihre
begnadete Kunst äußerte sich über ein Jahrtausend in den komplizierten Mustern einer verschlungenen und verschnörkelten Ornamentik.

Durch dieses künstlerische Erbe und ebenso
durch die Mythen und Legenden, die später
von keltischen Schriftstellern festgehalten
wurden, können wir ein wenig von ihrer Welt
verstehen; wie sie lebten, wen sie anbeteten, wie
sie kämpften und wie sie feierten. Ihre Kultur
kam während ihrer langen Geschichte mit einem
großen Teil Europas in Berührung und bleibt
doch eine der dunkelsten und am wenigsten
verstandenen Hochkulturen der Erde. Es ist
unmöglich, sich auf der Reise durch ihre reiche
und bunte Welt ihrem Bann zu entziehen.

Wanderungen der nordeuropäischen Stämme von den Protokelten der Urnenfelder-Periode (1000 v. Chr.) bis vor die römischen Eroberungen im ersten Jahrhundert v. Chr.

ATLANTIK

NORDSEE

Slawen/Germanen

NÖRDLICHE BRONZEZEIT (Protogermanisch)

keltische Expansion

protokeltische Urnenfelder-Gruppen um 800 v. Chr.
frühe Slawen
frühe Kelten
frühe italienische Stämme
Vorläufer der Illyrer

frühe Hallstattkultur (Eisenherstellung)
Ausdehnung der Hallstattkultur
ursprüngliches Gebiet der La-Tène-Kultur
Verbreitung der Kelten
Keltiberer

MITTLERE BRONZEZEITKULTUREN (außerhalb der Urnenfelderkulturen)

Hallstatt

La Tène

VENETER

keltische Expansion

LIGURER

ETRUSKER

UMBRIER

PICENTER

Lausitzische Wanderung

ADRIA

SABINER

VOLSCER

LATINER

SAMNITEN

LUCAN

MESS

GRIECHEN

IBERER

MITTELMEER

Kapitel I

Der Ursprung

Zum ersten Mal tauchen die Kelten in den Berichten griechischer Historiker des 5. Jahrhunderts v. Chr. auf. Alle schriftlichen Zeugnisse stammen von griechischen und römischen Autoren, da die Kelten kaum Schriftliches hinterließen. Aber Griechen und Römer wurden häufig von den Kelten bedroht und ihre Berichte über deren Geschichte und Kultur sind von Vorurteilen geprägt. Zu der schriftlichen Überlieferung kommt eine Fülle archäologischer Funde, die die Kelten als eine entwickelte und künstlerische Kultur ausweisen.

Die Kelten beherrschten das Geschehen in Europa für über 500 Jahre und ihre Wurzeln können bis zu den älteren europäischen Gesellschaften der Jungsteinzeit und Bronzezeit zurückverfolgt werden. So gilt als sicher, dass die Urnenfelderkultur ein direkter Vorläufer der keltischen Kultur war. Zwischen dem 10. und 7.

Jahrhundert v. Chr. entwickelten sich deren Anfänge in Mitteleuropa. Das bronze-zeitliche Volk scheint die älteren Einwohner assimiliert zu haben. Es bildete auch einen geheimnisvollen Bund mit jenen Reiterkriegern, die während des 8. Jahrhunderts v. Chr. in Europa einfielen. Den archäologischen Zeugnissen zufolge herrschte zu der Zeit eine Periode der Unsicherheit in Europa: Siedlungen wurden zerstört, Menschenopfer nahmen zu und ganze Völkerschaften brachten sich in abgelegene Gebiete in Sicherheit. Am Ende dieses Aufruhrs scheint sich eine neue herrschende Kaste gebildet zu haben: eine Gruppe der Eindringlinge, die eng mit der bronzezeitlichen Bevölkerung der Urnenfelderkultur verbunden war.

Am Beginn der Eisenzeit im 7. Jahrhundert v. Chr. scheint daraus eine einheitliche Kultur mit dem Zentrum im heutigen Österreich, Ungarn, Deutschland und Tschechien entstanden zu sein. Nach einem Gräberfeld, das im 19. Jahrhundert in Österreich entdeckt wurde, erhielt sie den Namen „Hallstattkultur". Sie war die erste typische keltische Gesellschaft. Innerhalb von zwei Jahrhunderten dehnte sie ihren Einfluss auf einen großen Teil Europas aus.

Wie die Kelten der nachfolgenden La-Tène-Periode waren diese eine Kriegergesellschaft, die Eroberungen und kriegerische Tapferkeit hoch schätzten. Es gelang ihnen zwar nicht, dem Druck der Germanen von Osten her standzuhalten, dennoch bildeten sie eine gemeinsame europäische Zivilisation heraus, die den Kontinent bis zum Aufstieg der Römer im 1. Jahrhundert v. Chr. bestimmen sollte. Sie waren keineswegs barbarisch, wie die Griechen und Römer sie darstellten, sondern stellten eine der Hochkulturen der antiken Welt dar.

Protokeltische Expansion

SKYTHEN

DAKER

Illyrische Wanderung

ILLYRER

keltische Expansion

THRAKER

keltische Expansion

SCHWARZES MEER

GALATIEN
276 V. CHR.

ÄGÄIS

GRIECHEN

Das neolithische Europa

Während des Neolithikums siedelten sich Einwanderer entlang der großen Flussläufe Europas an. Diese Neuankömmlinge waren Bauern und ihre Gesellschaft verschmolz mit der eingeborenen Jäger- und Sammlerbevölkerung. Im 3. Jahrtausend v. Chr. hatten sie gelernt, Metall zu bearbeiten und zeigten die typische Erscheinungsform einer bronzezeitlichen Kultur.

Das Wissen um die Landwirtschaft wurde von Einwanderern um 6000 v. Chr. nach Südosteuropa gebracht, die möglicherweise wegen Bodenerschöpfung oder einer Klimaänderung den Mittleren Osten verließen. Im folgenden Jahrtausend breitete sich die Landwirtschaft weiter nach Westen und Mitteleuropa aus. Die meistbenutzten Wege für diese Wanderungen waren der Rhein und die Donau, die durch die fruchtbarsten Landstriche Europas führten.

Die Bauern brachten neue Techniken mit und passten andere an die klimatischen Bedingungen an. Dazu gehörten ihre Methoden der Gefäßherstellung, der Werkzeugherstellung und des Bauens. Alle diese Techniken hoben sich deutlich von den älteren nichteuropäischen Formen ab. Die Bevölkerung der Altsteinzeit nahm während des frühen Neolithikums, ab etwa 4000 v. Chr., durch die Ströme östlicher Ankömmlinge deutlich zu.

Die Kelten und die Eisenzeit

Die Begriffe Steinzeit, Bronzezeit und Eisenzeit wurden im 19. Jahrhundert von dänischen Archäologen geprägt, um die Sammlungen ihrer Museen zu datieren, und werden heute noch als Orientierung benutzt.

Je weniger ein Zeitabschnitt zurückliegt, umso besser lassen sich seine chronologischen Grenzen bestimmen.

Allgemein wird der Beginn der Eisenzeit um 700 v. Chr. angesetzt und ihr Ende in Frankreich im 1. Jahrhundert v. Chr., in England im 1. Jahrhundert n. Chr., in den keltischen Randgebieten, vor allem Schottland und Irland im 5. Jahrhundert n. Chr. angesetzt. Die Eisenzeit verläuft parallel zur Zeit der Kelten.

Das Ende der Eisenzeit variiert also je nach Land. Für unsere Überlegungen wählen wir den schottisch-irischen Zeitrahmen, der direkt mit der keltischen Ära zusammenfällt.

Unten: Der bekannteste und meistbesuchte Steinkreis Europas ist Stonehenge in Wiltshire in England, der vor etwa 5000 Jahren errichtet wurde.

Überblick über die Zeitrechnung

vor 7000 v. Chr.	Altsteinzeit (Paläolithikum)
7000–4000 v. Chr.	Mittlere Steinzeit (Mesolithikum)
4000–2000 v. Chr.	Jungsteinzeit (Neolithikum)
2000–1300 v. Chr.	Frühe Bronzezeit
1200–700 v. Chr.	Späte Bronzezeit
700 v.–500 n. Chr.	Eisenzeit (keltische Ära)
seit 500 n. Chr.	Mittelalter

Bewohner von äußeren Feinden bedroht fühlten.

Gegen 2500 v. Chr. entstand eine neue Kultur, deren Wurzeln möglicherweise auf der iberischen Halbinsel zu suchen sind. Sie wurde als „Glockenbecherkultur" bezeichnet. Der Grund hierfür war die eigenartige Form der Trinkgefäße, die in ihren Gräbern gefunden wurden.

Oben: In Carnac in der Bretagne in Frankreich wurden Steine in konzentrischen Kreisen angeordnet.

Diese Zeitrechnungen und Periodisierungen sind natürlich nur konventionelle Schubfächer für die archäologischen und historischen Befunde. Der vorkeltischen und keltischen Bevölkerung Europas waren diese zeitlichen Grenzen jedenfalls nicht bewusst.

Die Menschen, die während der Jungsteinzeit Europa bevölkerten, waren Bauern, die noch durch Jagd ihren Speisezettel bereicherten. Wegen der primitiven Ackerbautechniken war der Anbau auf fruchtbare Regionen, meist Flusstäler, beschränkt. Weitere Wellen von östlichen Einwanderern erhöhten die Bevölkerungszahl und führten zu Spannungen. Bestimmte Bodenfunde deuten darauf hin, dass gegen Ende der Jungsteinzeit manche Dörfer zum ersten Mal befestigt wurden, offensichtlich, weil sich die

Dort fand man auch Waffen, Pfeile mit Feuersteinspitzen und kleine Metalldolche.

Etwa zur selben Zeit tauchte eine zweite Gruppe von Menschen auf, die so genannte „Streitaxtkultur". Ihren Namen erhielt sie ebenfalls durch ihre Grabbeigaben. Diese Menschen bestatteten ihre Toten einzeln unter Erdhügeln, eine Sitte, die möglicherweise aus der Ukraine stammte. Irgendwann schlossen sich diese beiden Gruppen zusammen und bildeten eine neue Gesellschaft, die Metall bearbeiten konnte und damit eine neue kulturelle Ära auf dem Kontinent begründete.

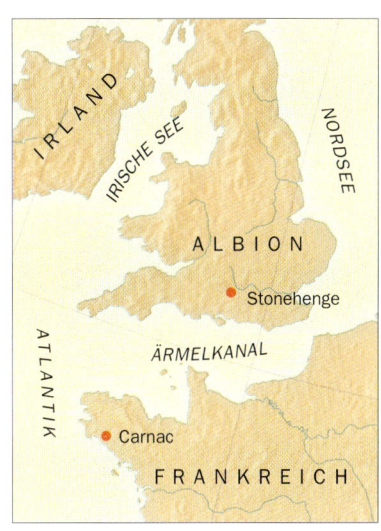

Das Europa der Bronzezeit

Die Einführung der Metallbearbeitung schuf eine völlig neue Situation. Gebiete, die das Rohmaterial für Waffen, Werkzeuge und Hausrat aus Bronze lieferten, blühten auf und es entstanden Handelsverbindungen von dort bis in den Mittleren Osten. Mit dem Aufschwung dieser Kultur ging eine stärkere Schichtung der Gesellschaft einher. Die Grabbeigaben zeigen die Herausbildung einer Aristokratie von Kriegern und Stammeshäuptlingen.

Unten: Einer der Menhire im Ring of Brodgar, Orkney. Die Steine gehörten zu einem verknüpften Netz von Steinkreisen in dieser Region.

Das sind die Menschen, die die unglaublichen Monumente von Skara Brae (ein gut erhaltenes neolithisches Dorf auf den Orkney-Inseln), Stonehenge und auch viele weitere Steinkreise hinterließen. Offensichtlich war diese Gesellschaft für derart komplizierte Bauprojekte hoch genug entwickelt. Wissenschaftlichen Untersuchungen zufolge begann zu dieser Zeit auf dem Kontinent die Verbreitung der indoeuropäischen Sprache, der linguistischen Wurzel des Keltischen wie des Griechischen und Lateinischen.

Gegen 2000 v. Chr. begannen diese Menschen, Metallgegenstände aus einer Kupferlegierung herzustellen und begründeten so die Kultur der europäischen Bronzezeit. Die neue Technik verbreitete sich rasch; es ist allerdings schwer festzustellen, wie und wo sie ihren Anfang nahm. Ihre Einführung bewirkte im vorderen Orient eine drastischere Wende des sozialen und kulturellen Lebens als in Europa, wo man im Gegensatz zur Levante über das benötigte Kupfer und Zinn verfügte. Während des zweiten Jahrtausends profitierten Mitteleuropa und Südengland vom Handel mit diesen Rohstoffen und es spannten sich bald Handelsrouten über den ganzen Kontinent.

Die drei Kulturen

In Mitteleuropa entsprechen der Bronzezeit drei aufeinander folgende Kulturen. Die erste war die Aunjetitzer Kultur, die um 1500 v. Chr. entstand. Ihr Mittelpunkt lag in den metallreichen Gebieten von Mähren, einem Zentrum des Handels sowie der Herstellung von Bronzeobjekten. Hier setzte ein schwunghafter Handel mit ganz Europa und der mykenischen Kultur des östlichen Mittelmeerraums ein.

Die Hügelgräberkultur wurde um 1200 v. Chr. zur bestimmenden Gesellschaft in Mitteleuropa; sie war durch eine zunehmende soziale Schichtung zwischen den Häuptlingen und dem gemeinen Volk gekennzeichnet und unterhielt politische und wirtschaftliche Beziehungen mit Teilen Europas bis zum Mittelmeer. Sie war im gleichen Landstrich wie die Aunjetitzer Kultur beheimatet und löste sie ab, war aber kriegerischer als diese.

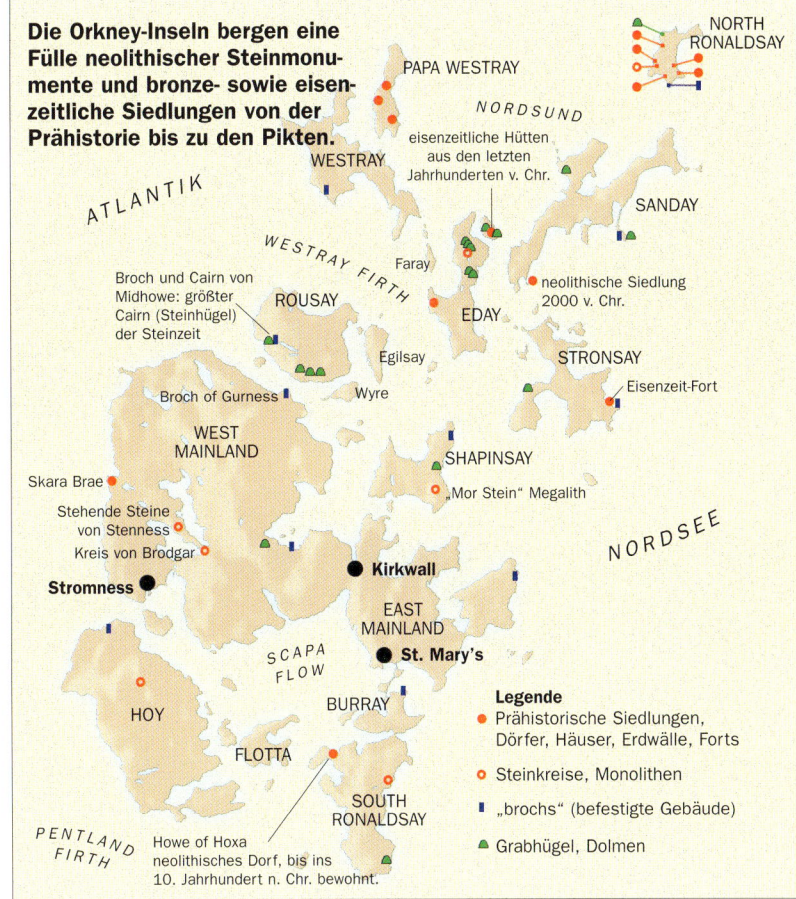

Die Grabbeigaben belegen die Bedeutung von gehämmerten Bronzewaffen und Bronzerüstungen, von denen einige eher zeremoniellen denn funktionalen Zwecken dienten. Anscheinend waren sie auch expansionistischer als die Aunjetitzer Kultur, denn ihre Hügelgräber wurden in ganz Mitteleuropa gefunden. Dies zeigt eine militärische Aktivität an, die den früheren Kulturen fremd war.

Zur gleichen Zeit wurden viele Siedlungen mit Wall und Graben stark befestigt. Die militärische Aktivität und politische Expansion sowie der Befund einer mehr und mehr geschichteten Gesellschaft kann gleichzeitig als Symptom für Spannungen innerhalb dieser Gesellschaft gedeutet werden.

Zu diesem Zeitpunkt waren am Mittelmeer die mykenische und hethitische Kultur bereits fast völlig zerstört worden. Einige Historiker führen dies auf soziale und ökonomische Faktoren zurück, andere glauben an barbarische Eindringlinge aus dem Norden. In Europa scheint eine ähnliche Umwälzung stattgefunden zu haben, auch wenn ihre Wirkungen weniger spektakulär waren.

Die Ursachen sind zwar nicht zu ermitteln, aber sie führten zum Niedergang der Hügelgräberkultur und der Entstehung einer neuen, der Urnenfelderkultur, die als direkter Vorläufer der keltischen Kultur gelten kann und oft als protokeltisch bezeichnet wird.

Sie entstand am Anfang des ersten Jahrtausends v. Chr. und zeigt alle Anzeichen der späteren keltischen Kulturen. Das einzige, was ihr fehlte, war die Fähigkeit der Eisenbearbeitung – das erstrangige Erkennungsmerkmal der frühen Kelten.

Oben: Überreste des neolithischen Dorfes Skara Brae, Orkney (um 3000 v. Chr). Es wude 1850 durch einen Sturm freigelegt.

Die Orkney-Inseln bergen eine Fülle neolithischer Steinmonumente und bronze- sowie eisenzeitliche Siedlungen von der Prähistorie bis zu den Pikten.

ATLANTIK

NORTH RONALDSAY

PAPA WESTRAY

NORDSUND

WESTRAY

eisenzeitliche Hütten aus den letzten Jahrhunderten v. Chr.

SANDAY

WESTRAY FIRTH

Faray

neolithische Siedlung 2000 v. Chr.

Broch und Cairn von Midhowe: größter Cairn (Steinhügel) der Steinzeit

ROUSAY

EDAY

Egilsay

STRONSAY

Broch of Gurness

Wyre

Eisenzeit-Fort

WEST MAINLAND

SHAPINSAY

Skara Brae

„Mor Stein" Megalith

NORDSEE

Stehende Steine von Stenness

Kirkwall

Kreis von Brodgar

Stromness

EAST MAINLAND

St. Mary's

SCAPA FLOW

HOY

BURRAY

Legende
- Prähistorische Siedlungen, Dörfer, Häuser, Erdwälle, Forts
- Steinkreise, Monolithen
- „brochs" (befestigte Gebäude)
- Grabhügel, Dolmen

FLOTTA

SOUTH RONALDSAY

PENTLAND FIRTH

Howe of Hoxa neolithisches Dorf, bis ins 10. Jahrhundert n. Chr. bewohnt.

Die Protokelten

Während des ersten Jahrtausends v. Chr. wurde die Urnenfelderkultur zur dominierenden Gesellschaft in Mitteleuropa. Ihre Träger galten als Vorläufer der Kelten; daher werden sie als Protokelten bezeichnet. Der einzige Unterschied zu den Kelten von Hallstatt bestand darin, dass sie Eisen herstellen konnten. Diese Errungenschaft läutete die Eisenzeit und die Morgendämmerung der keltischen Welt ein.

Unten: Rekonstruktion der Einrichtung einer keltischen Wohnstatt mit einer zentralen Feuerstelle und Tongeschirr.

Die Urnenfelderkultur entstand gegen 850 v. Chr. Ihre Ähnlichkeiten zur keltischen Kultur, die zwei Jahrhunderte später entstand, sind deutlich. Die Ortsnamen legen eine linguistische Verwandtschaft der beiden Kulturen nahe und anscheinend wiesen sie dieselben sozialen, militärischen und politischen Strukturen auf. Von ihrem Vorgänger, der Hügelgräberkultur, unterschied sich die Urnenfelderkultur durch die Bestattungssitten. Ihre Toten wurden verbrannt und in Urnen in einem abgegrenzten Bereich bestattet; es fehlte der charakteristische Hügel der Hügelgräberkultur. Man dachte daran, in dieser neuen Bestattungsform den Einfluss östlicher Völkerschaften zu sehen, aber es ist wahrscheinlicher, dass der Wechsel auf innere Veränderungen, vielleicht einen Wandel der religiösen Vorstellungen zurückgeht. Die Haupteigenschaften dieser Gesellschaft waren allerdings nicht ihre Bestattungssitten, sondern ihre Expansion durch militärische Eroberung.

Die Urnenfelderkultur brachte nämlich eine Schlachten enscheidende Waffe hervor, das lange, schwere, gerade Schwert, das für Hieb und Stich gleichermaßen taugte. Zusammen mit Rüstung, Helm und weiteren Teilen der Kriegsausrüstung weist es auf die wachsende Bedeutung des Krieges hin. Die Siedlungen wurden stärker befestigt und die ersten Spuren von Höhenfestungen mit Gräben, Palisaden und Holz-Steinmauerwerk stammen aus dieser Zeit.

Die gesteigerte militärische Aktivität geht zum Teil auf die verfeinerte Technik der Bronzebearbeitung zurück, die sowohl auf effizienterem Bergbau als auch auf verbesserten metallurgischen Kenntnissen basiert. Fachleute können den Herstellungsort einzelner Gegenstände und die Unterschiede zwischen den diversen Produktionszentren erkennen. Es gibt Anzeichen für Spezialisierung: Manche Gegenden waren bekannt für ihre Waffen, andere für Bronzebleche, Hausrat oder für Kunstgewerbe. Landwirtschaftliche Geräte wie Sichel und Pflug lassen ebenfalls auf eine Verbesserung der Anbaumethoden schließen. Dadurch und durch die Einführung des Fruchtwechsels und der Tierhaltung erhöhten sich allmählich der Lebensstandard und die Bevölkerungszahl.

Der entscheidende Schritt

Die Bearbeitung von Eisen wurde etwa 700 v. Chr. eingeführt und fällt mit dem Übergang von der Urnenfelder- zur Hallstattkultur zusammen. Während die erstere noch als protokeltisch bezeichnet wurde, war die letztere rein keltisch. Zusammen mit ihrer Nachfolgerin, der

La-Tène-Kultur, bezeichnen sie die gesamte Spanne des keltischen Zeitalters, das sich exakt mit der Eisenzeit deckt. Es besteht jedoch die Gefahr, einen zu großen Unterschied zwischen den einzelnen Völkerschaften der Bronze- und Eisenzeit anzunehmen. Beide Kulturen waren in demselben geografischen Bereich beheimatet und zeigen dieselben Strukturen von Gesellschaft, Kultur und politischem Aufbau.

Der einzige Unterschied ist die Benutzung von Eisen für Waffen, Werkzeuge, Hausrat und Ausrüstungen. In der Vergangenheit neigten die Historiker dazu, den offensichtlichen Übergang von der einen zur anderen Kultur überzubewerten. Sicher war die Einführung des Eisens ein wichtiger technologischer Meilenstein. Eisen ermöglichte die Herstellung von zuverlässigen Werkzeugen und Waffen, die weit verbreitet werden konnten, leichter und billiger zu erwerben waren, und es revolutionierte die Kriegführung und die Landwirtschaft.

Da Eisen sehr viel härter als Bronze war, wurden sowohl Schwerter als auch Pflugscharen wesentlich effizienter. Dies verschaffte denjenigen, die die Eisenverarbeitung kontrollierten oder das beste Eisen produzierten, einen bedeutenden militärischen und technologischen Vorsprung über ihre Rivalen.

Oben: Diese kostbare Graburne aus dem 8. bis 7. Jahrhundert v. Chr. wurde in einem Grab der Urnenfelderkultur in Frankreich entdeckt.

Die Hallstattkultur

Im 19. Jahrhundert fanden Archäologen eine Anzahl frühkeltischer Gräber in einem abgelegenen Tal in Österreich. Die entdeckte Kultur erhielt den Namen des heutigen Dorfes, in dem sich dieser Friedhof befand. Die „Hallstatt"-Leute stellten die erste identifizierbare keltische Gesellschaft Europas dar. Diese Nachfahren der Urnenfelderkultur hatten den Sprung in die Eisenzeit vollzogen.

Hallstatt ist eine kleine, entlegene Gemeinde in einem Gebirgstal im Salzkammergut in Oberösterreich. Diese abgelegene Gegend war eines der frühesten Zentren des Salzbergbaus, der im 8. Jahrhundert v. Chr. einen bedeutenden Umfang in diesem Raum angenommen hatte.

Die österreichischen Alpen des Salzkammerguts bilden eine reiche Quelle von leicht verfügbarem Salz. Die Ortsnamen wie Hallstatt und Hallein sind von „hall" abgeleitet, einem Wort keltischen Ursprungs, dem auch das deutsche Wort Salz entsprang. Salz brauchte man, um Nahrung für den Winter zu konservieren. Es war ein wertvolles Handelsgut für die dort lebenden Hallstattleute. Die Entdeckung des alten Friedhofes von Hallstatt im Jahre 1824 löste eine ganze Reihe von Ausgrabungen aus: etwa 2000 Gräber und Brandbestattungen vom 8. bis zum 6. Jahrhundert v. Chr. wurden freigelegt.

Wie in der Urnenfelderkultur verbrannte man bis ins 7. Jahrhundert v. Chr. die Toten. Dann scheint eine Rückkehr zur Erdbestattung in einer holzverkleideten Grabkammer stattgefunden zu haben, ähnlich der früheren Hügelgräberkultur. Dies wurde als Hinweis auf einen Wandel in den Auffassungen der keltischen Aristokratie gedeutet. Pferdegeschirre und -harnische kamen in Grabstätten von Osteuropa bis zu den Britischen Inseln ans Licht.

Mysteriöse Reiterinvasoren

Unter dem Druck der Skythen zog das Steppenvolk der Kimmerier westwärts. Möglicherweise wurde es von einigen der spätbronzezeitlichen Völkerschaften Mitteleuropas assimiliert. Pferdegeschirre wurden in Kriegergräbern des 8. Jahrhunderts gefunden, auch der Hallstattkultur. Zeitgenössische Gravierungen zeigen mit Schwertern bewaffnete, berittene Krieger. Die Historiker halten es jetzt für möglich, dass diese östlichen Eindringlinge Teile der protokeltischen Aristokratie wurden. Eins von vier Halstattgräbern wurden mit der Reiteraristokratie verbunden, zu der möglicherweise diese Eindringlinge gehörten. In den reicheren Gräbern wurden Bronzebeigaben gefunden, währen die der adeligen Frauen Bronzeschmuck, Edelsteine und Hausrat enthielten. Ein besonderes Charakteristikum der Hallstattbestattungen war der vierrädrige Wagen, auf dem der Tote aufgebahrt war. Solche Wagen wurden in den frühkeltischen Grabbezirken von Böhmen bis nach Burgund gefunden und auch diese wurden wieder mit den östlichen Reiterkriegern in Verbindung gebracht.

Die Hallstattgräber zeigen einen Querschnitt der Gesellschaft zu Beginn der Eisenzeit. Sie lassen eine wohl organisierte, sozial untergliederte Gesellschaft erkennen. Die Gräber der Arbeiter und Handwerker enthalten ähnlich viele Informationen wie die der Krieger. Die jüngsten Gräber in Hallstatt datieren vom

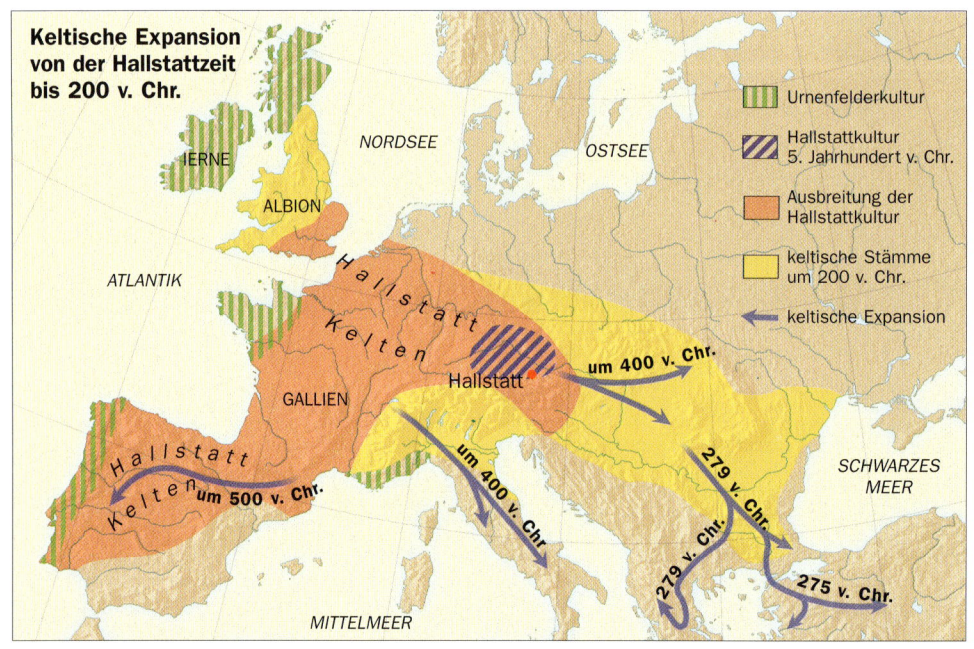

Keltische Expansion von der Hallstattzeit bis 200 v. Chr.

NORDSEE
OSTSEE
IERNE
ALBION
ATLANTIK
Hallstatt Kelten
GALLIEN
Hallstatt
Hallstatt Kelten um 500 v. Chr.
Hallstatt
um 400 v. Chr.
um 400 v. Chr.
279 v. Chr.
279 v. Chr.
279 v. Chr.
275 v. Chr.
SCHWARZES MEER
MITTELMEER

Urnenfelderkultur
Hallstattkultur 5. Jahrhundert v. Chr.
Ausbreitung der Hallstattkultur
keltische Stämme um 200 v. Chr.
keltische Expansion

frühen 5. Jahrhundert v. Chr. und lassen einen Rückgang des Wohlstands in der Region erkennen. Offensichtlich wurden nach 600 v. Chr. neue Quellen für die Salzgewinnung erschlossen und Hallstatt wurde von anderen, dynamischeren Zentren abgelöst.

Die Eisenbearbeitung und die Assimilierung der Reiterkrieger aus dem Osten scheinen weitere soziale und politische Änderungen bewirkt zu haben. Die Halstattperiode wird von 700 bis 500 v. Chr. angesetzt. Ihr folgt die spätere kel-tische Kultur, die man als La-Tène bezeichnete und die von 500 v. Chr. bis zur Ankunft der Römer im 1. Jahrhundert v. Chr. reicht. Außerhalb der Grenzprovinzen des

Römischen Reiches setzte sie sich bis um 500 n. Chr. fort. Seit der Entdeckung der Hallstattgräber im Jahre 1824 wurden zahlreiche ähnliche Gräber bekannt, die nach 700 v. Chr. datieren. Sie waren über ganz Mitteleuropa, Österreich, Süddeutschland und den Westen Tschechiens verteilt. Diese Region wurde daher mit dem keltischen Stammland gleichgesetzt. Während des 6. Jahrhunderts scheint der Kern der keltischen Macht nach Westen in das Rheintal gewander zu sein mit Zentrum in der Schweiz, Südwestdeutschland und Ostfrankreich. Diese Verlagerung markiert den Übergang zur La-Tène-Kultur. Die Kelten waren nun fest etabliert als eine dynamische europäische Kultur.

Ober: Ein vierrädriger Wagen der frühen Hallstattzeit, aus einem Begräbnisplatz in Österreich.

Die keltische Identität

Wer waren die Kelten? Seit den ersten Kontakten mit den Völkern des Mittelmeeres haftet den Kelten die Aura des Geheimnisvollen an. Schon der Ursprung des Terminus „keltisch" ist unklar, und es gibt verschiedene Theorien darüber, wo er herstammt. Alles was wir außer den archäologischen Befunden über die Kelten wissen, stammt von den Griechen und Römern. Bei den Griechen hießen sie Keltoi oder Galatai, bei den Römern Celtae oder Galli, aber wir wissen nicht einmal, wie sie sich selbst nannten. Dieses Geheimnis bewahren sie bis auf den heutigen Tag.

Rechts: Kopf und Rückseite der keltischen Kopie einer griechischen Münze von Philipp II. von Makedonien, 3. Jahrhundert v. Chr. Etwa ab da prägten Kelten vom Balkan bis nach Belgien Gold- und Silbermünzen nach griechischem Vorbild.

Die erste historische Erwähnung der Kelten stammt möglicherweise von Homer. In einem Abschnitt der Odyssee, die im 9. oder 8. Jahrhundert v. Chr. entstand, heißt es:

„Wir erreichten den weitfließenden Ozean, wo die Kimmerier (Kelten) ihr Heim und ihre Stadt haben. Dieses Volk lebt verborgen unter Wolken, in Nebeln, die die hellen Sonnstrahlen nie durchdrungen haben ..."

Homer hörte von den Kelten oder Kimmeriern von Seefahrern und setzte ihre Heimat irgendwo im Norden und Westen von Griechenland an. Es gibt Hinweise in der Literatur, dass verschiedene Griechen in das Land dieser geheimnisvollen Barbaren gelangten. Der im 8. oder 7. Jahrhundert lebende Dichter Hesiod beschrieb Flüsse und Berge im keltischen Land und Herodot erwähnte zum ersten Mal in seinen Historien die Kelten als eigenes Volk. Seine Beschreibung beruht eindeutig auf den Schriften des Geographen Hekataios. Herodot zufolge lebten die Kelten

Homer, Hesiod und Herodot sind die ersten Zeugen der keltischen Stämme und ihrer Kultur.

zwischen den Quellen der Donau im heutigen Süddeutschland und den Säulen des Herakles, der Meerenge von Gibraltar. Die modernen archäologischen Erkenntnisse bestätigen diese Grenzen. Die Kelten wurden ebenso mit den Hyperboräern verbunden, einem mythischen Volk, das die Länder nördlich von Griechenland bewohnte. Als sich die Verbindungen zwischen den mittelmeerischen Kulturen und der keltischen Welt intensivierten, flossen den griechischen und römischen Autoren auch mehr Informationen zu. Herodot erklärte:

„Der Fluss Iser (Rhône) entspringt bei den Kelten und der Stadt Pyrene und durchquert ganz Europa ... Die Kelten leben jenseits der Säulen des Herakles (Gibraltar), nahe bei den Kyneten (Portugiesen), die am weitesten westlich von allen Völkern Europas leben."

Karthagische Seeleute kamen im 6. und 5. Jahrhundert v. Chr. mit den Kelten in Kontakt und im 5. Jahrhundert segelte der Seefahrer Hamilkar bis zu den „Oistrymniden" (vielleicht die Orkney-Inseln). Das Meer wurde als windstill

und voller Seeungeheuer beschrieben. Ein Jahrhundert später gelangte der griechische Seefahrer Pytheas bis in die Ostsee und beschrieb die nördlichen und westlichen Grenzen des europäischen Kontinents. Um dieselbe Zeit traf eine immer größere Anzahl griechischer und

ΣΕΓΟΜΑΡΟΣ
ΟΥΙΛΛΟΝΕΟΣ
ΤΟΟΥΤΙΟΥΣ
ΝΑΜΑΥΣΑΤΙΣ
ΕΙωΡΟΥΒΗΛΗ
ΑΜΙΣΟΣΙΝ
ΕΜΗΤΟΝ

karthagischer Kauffahrer regelmäßig mit den keltischen Bewohnern der Mittelmeerküste zusammen. Herodot erzählt die Geschichte des griechischen Händlers Kolaios, den es in den keltischen Hafen von Tartessos in Spanien verschlug, und vom Silberabbau der Kelten in dieser Gegend. Bald waren Handelskontakte zwischen Griechen und den spanischen „Keltoi" angeknüpft.

Die Etymologen diskutieren bis heute den Ursprung des Namens „Kelten" oder „Keltoi". In seinem „Gallischen Krieg" behauptet Julius Caesar, dass sich die Gallier (die Kelten im heutigen Frankreich) in ihrer eigenen Sprache „Kelten" nennen. Danach hätten die antiken Geschichtsschreiber diese Bezeichnung von den Kelten selbst übernommen. Andere sind der Ansicht, der Name leite sich von dem indoeuropäischen Wort „quel" her, das „erhaben" bedeutet, (wie das lateinische „celsus"). Dies könnte auf die Rolle der Aristokratie in der keltischen Gesellschaft anspielen oder sich auf eine geografische Angabe beziehen. Eine andere Möglichkeit wäre das indoeuropäische Wort „kel-" (verborgen), das auf ihre geografische Isolation vom Mittelmeer anspielt.

Oben: Kelto-griechische Weihinschrift eines Tempels in Vaison in Frankreich, ein Zeichen für den Kulturaustausch der südlichen Kelten.

Die La-Tène-Kultur

Während des 5. Jahrhunderts v. Chr. durchlebten die Kelten eine Phase sozialer, kultureller und politischer Veränderungen. Diese Periode gilt als Beginn der La-Tène-Zeit, benannt nach einem Fundplatz in der Schweiz, der den Archäologen einen Einblick in den Reichtum der keltischen Kultur auf ihrem Höhepunkt bot. Diese Zeit markiert sowohl die Expansion der Kelten über einen Großteil Europas als auch ihre künstlerische Glanzperiode. Sie endete mit der Zerstörung der keltischen Kultur durch die Römer.

Rechts: Die „Prunay-Vase" (um 400–350 v. Chr.) ist mit einem für die frühe La-Tène-Zeit typischen abstrakten fließenden Muster auf dem Ton bemalt.

D as kleine Schweizer Dorf La Tène gab wie Hallstatt in Österreich einer Periode der keltischen Kultur seinen Namen, weil hier im 19. Jahrhundert entsprechende Funde gemacht wurden. Das Dorf liegt am Ufer des Neuenburger Sees.

Während Hallstatt wegen seiner Grabfunde bekannt wurde, fanden sich hier Tausende von Votivgaben, die man zu Ehren der Götter in den See geworfen hatte. Während des 19. Jahrhunderts wurde der See zum Teil trockengelegt. Sein Grund war mit diesen Votiven bedeckt.

Offensichtlich war La Tène eines der wichtigen religiösen Zentren der keltischen Welt. Die Funde aus Hallstatt und La Tène erlaubten, den chronologischen Rahmen für die Entwicklung der eisenzeitlichen keltischen Kultur zu rekonstruieren.

Die La-Tène-Periode wurde in drei Phasen unterteilt: La Tène I reichte vom frühen 5. Jahrhundert v. Chr. bis etwa zur Mitte des 3. Jahrhunderts v. Chr. Das anschließende La Tène II reichte bis zum späten 2. Jahrhundert v. Chr. und La Tène III endete schließlich mit der römischen Eroberung (Mitte des 1. Jahrhunderts v. Chr. in Gallien und Mitte des 1. Jahrhunderts n. Chr. in Südbritannien. Schottland und Irland wurden nie von den Römern erobert und La Tène III dauerte dort bis ins 5. Jahrhundert n. Chr.). Während dieser Zeit befand sich die keltische Welt auf ihrem Höhepunkt und Artefakte der La-Tène-Kultur wurden von Schottland bis in die Türkei gefunden. Die La-Tène-Kelten kamen mit Griechen, Karthagern und Römern in Kontakt.

Reifezeit

In dieser Zeit fand auch die größte Ausdehnung des keltischen Territoriums statt, das ursprünglich nur Teile Tschechiens, Ungarns, Österreichs, der Schweiz und Süddeutschlands umfasste. Zur Zeit der römischen Eroberung hatten sich die Kelten bis ins westliche Spanien, über einen Großteil Frankreichs bis nach Holland, ins Donautal und über die gesamten britischen Inseln und Irland ausgebreitet. Dennoch wäre es ein Fehler, die keltische Welt auch nur ansatzweise als einheitliches Gebilde zu bezeichnen. Sie war in Stämme gegliedert und das Fehlen einer Zentralmacht war ein wesentlicher Grund für ihren Zusammenbruch.

Die Begräbnisse blieben wie in der Hallstattzeit weiterhin ein wichtiger Aspekt der keltischen Kultur. Sie bieten dem Archäologen einen einzigartigen Einblick in die keltische Gesellschaft, in der der Adel, der Kriegerkult, Zusammenkünfte und Religion eine wichtige Rolle spielten. Die Gräber vermitteln auch reichhaltige Informationen über das tägliche Leben.

Eisenbearbeitung, die schönen Künste, Schneiderei, Töpferei und Tischlerei sind in den Grabfunden dokumentiert. Von der vorausgegangenen Hallstattzeit unterscheidet sich die La-Tène-Kultur dennoch deutlich in ihrer künstlerischen Hinterlassenschaft. Ihr Stil ist einzigartig und eine bewundernswürdige Ornamentik zeigt den kulturellen Reichtum der Schmiede und Handwerker der La-Tène-Zeit. Sie stellt den Höhepunkt der keltischen Kultur in künstlerischer, militärischer, sozialer und ökonomischer Hinsicht dar.

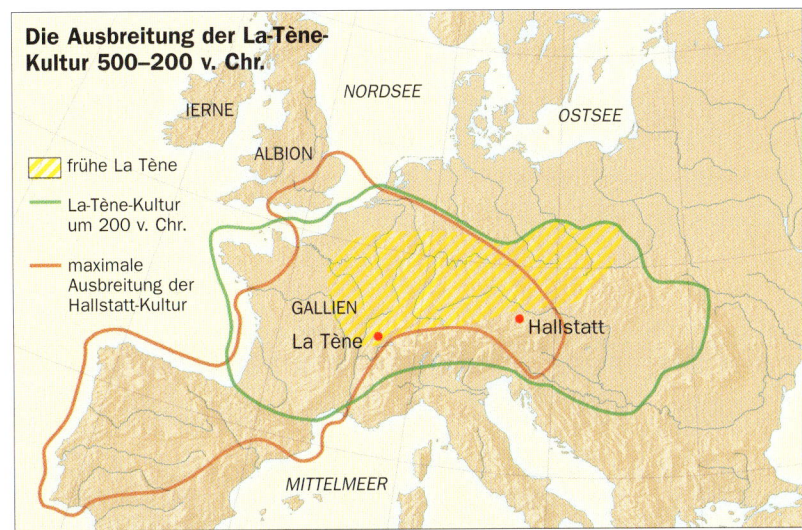

Die Ausbreitung der La-Tène-Kultur 500–200 v. Chr.

NORDSEE
IERNE
OSTSEE
ALBION

frühe La Tène

La-Tène-Kultur um 200 v. Chr.

maximale Ausbreitung der Hallstatt-Kultur

GALLIEN
La Tène
Hallstatt

MITTELMEER

Ein Großteil dieses Buches wird sich mit einer Analyse der La-Tène-Kultur beschäftigen und mit ihrem Einfluss auf die Völker, mit denen sie zusammentraf.

Links: Zwei La-Tène-Schilde aus Bronze und Eisen, 4. Jahrhundert v. Chr., gefunden in Saint-Jean-sur-Tourbe in Frankreich.

21

Der archäologische Befund

Von den antiken Historikern und Geografen seit dem 6. Jahrhundert v. Chr. erfahren wir nur wenig über die frühe keltische Gesellschaft. Seit dem 19. Jahrhundert hilft die Archäologie, diese Lücken zu füllen, und Ausgrabungen von keltischen Befestigungen, Städten, Heiligtümern und Friedhöfen geben wertvolle zusätzliche Informationen.

Seit der Entdeckung des keltischen Friedhofs von Hallstatt im Jahre 1824 haben die Grabstätten eine Fülle von Wissen geliefert. Ständig tauchen neue Funde auf und laufend werden neue Untersuchungen an den alten Fundplätzen unternommen, um weitere Informationen zu gewinnen. In Orkney, im Norden von Schottland, graben die Archäologen zur Zeit eine piktische Siedlung aus. In Süddeutschland führt die Untersuchung einer Grabkammer der frühen Eisenzeit (Hallstatt-Periode) in Hochdorf mit Hilfe forensischer Techniken zu neuen Erkenntnissen, die der Wissenschaft früher nicht zugänglich waren.

Keltische Niederlassungen sind ebenso unterschiedlich wie zahlreich. In Manching und Heuneburg in Süddeutschland gruben Archäologen die Überreste von befestigten Siedlungen aus, während ein ähnlicher Fundplatz am Mont Beuvray in Frankreich ein gallisches Fort der späten La-Tène-Zeit enthüllte. Auch Heiligtümer wie Roquepertuse und Entremont in Südfrankreich, Snettingham in England und Fellbach-Schmitten in Süddeutschland wurden entdeckt. Einen makabren Fund machte man in einer Höhle in Böhmen: Die Höhle enthielt neben Grabbeigaben der Hallstattzeit auch menschliche Skelettteile. Über 40 enthauptete Leichen hatte man zusammen mit Tieren in der Höhle bestattet. Ein weiblicher Schädel war sogar zu einem Trinkgefäß umgearbeitet worden, wahrscheinlich für zeremonielle Zwecke.

In Roquepertuse in Südfrankreich fanden Archäologen ein Heiligtum, das zu einer nahe gelegenen Höhensiedlung gehörte, der Hauptstadt des Stammes der Saluvier. Steinpfeiler waren mit menschlichen Schädeln versehen. Andere Steine waren mit geritzten oder reliefierten Tieren, Menschen, Göttern und Ungeheuern geschmückt. Das Areal war voll mit kleinen Götterstatuetten, möglicherweise Weihegaben.

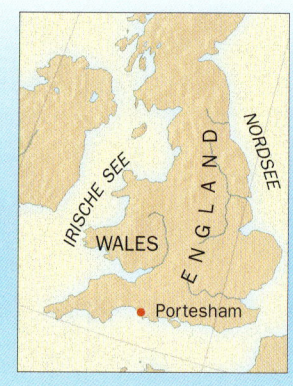

IRISCHE SEE · WALES · ENGLAND · NORDSEE · Portesham

Unten: Grabbeigaben aus Grabstätten wie dieser ermöglichten zahlreiche Einblicke in die frühe keltische Kultur. „Hell Stone", ein Dolmen bei Portesham in Dorset in England.

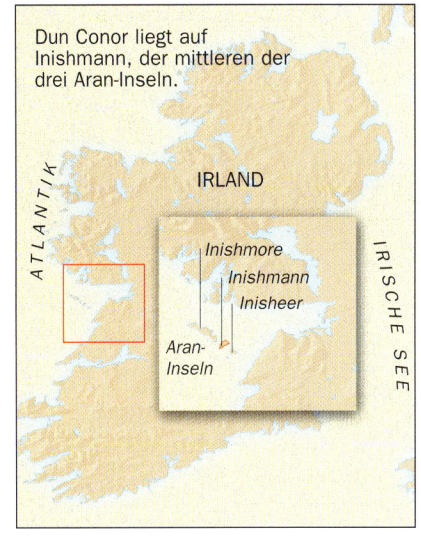

Das eigentliche Heiligtum war ein langes, kirchenartiges Gebäude, das auf einer Reihe von erhobenen Terrassen errichtet war.

Familienopfer

Die Zeremonien fanden hier mindestens ein Jahrhundert lang statt. Die Römer zerstörten diesen Ort im 2. Jahrhundert v. Chr. Anders als in der Höhle in Böhmen wurden keine Überreste von Opfern gefunden und die Archäologen diskutieren immer noch die Bedeutung der Schädel. Ähnliche Funde aus anderen Plätzen in Frankreich und Belgien legen nahe, dass es sich dabei um eine Art Heldenkult und nicht um Reste von Bestattungen handelte.

Der Grabhügel bei Magdalenenberg im Schwarzwald befindet sich im Zentrum eines Gebiets, dessen Eisenerzvorkommen von den frühen Kelten ausgebeutet wurden. Er maß etwa 100 m im Durchmesser und wurde um 550 v. Chr. aufgeschüttet, aber bereits kurz danach, um 500 v. Chr., geplündert. Ähnliche Grabhügel gibt es von Schottland bis nach Ungarn und der vom Magdalenenberg unterscheidet sich nur wenig von ihnen, außer

durch seine Größe. Die archäologischen Reste, die von den größeren dieser Hügel geborgen werden konnten, legen nahe, dass hier die Häuptlinge und ihre Familien bestattet wurden. Einige der Familienmitglieder wurden möglicherweise anlässlich der Beisetzung des Häuptlings geopfert, wie es bei einer Bestattung im 6. Jahrhunderts v. Chr. von Hohmichele in Süddeutschland angenommen wurde.

In vielen anderen Fällen wurden diese Häuptlinge mit den Symbolen ihres Reichtums und Ansehens bestattet. In Hochdorf war ein Grab von etwa 530 v. Chr. mit einem hölzernen Wagen ausgestattet sowie mit einem Metkessel, Trinkhörnern, Waffen und einer wunderbar verzierten bronzenen Liege, auf die der Leichnam gebettet war. Diese vierrädrigen Totenwagen gehörten regelmäßig zum Inventar der Gräber, von der protokeltischen Zeit bis zum Ende der La-Tène-Kultur.

Oben: Dun Conor, ein keltisches Fort im Westen Irlands, war eine Festung, ein Königspalast und ein religiöses Zentrum.

Dun Conor liegt auf Inishmann, der mittleren der drei Aran-Inseln.

ATLANTIK

IRLAND

Inishmore
Inishmann
Inisheer

Aran-Inseln

IRISCHE SEE

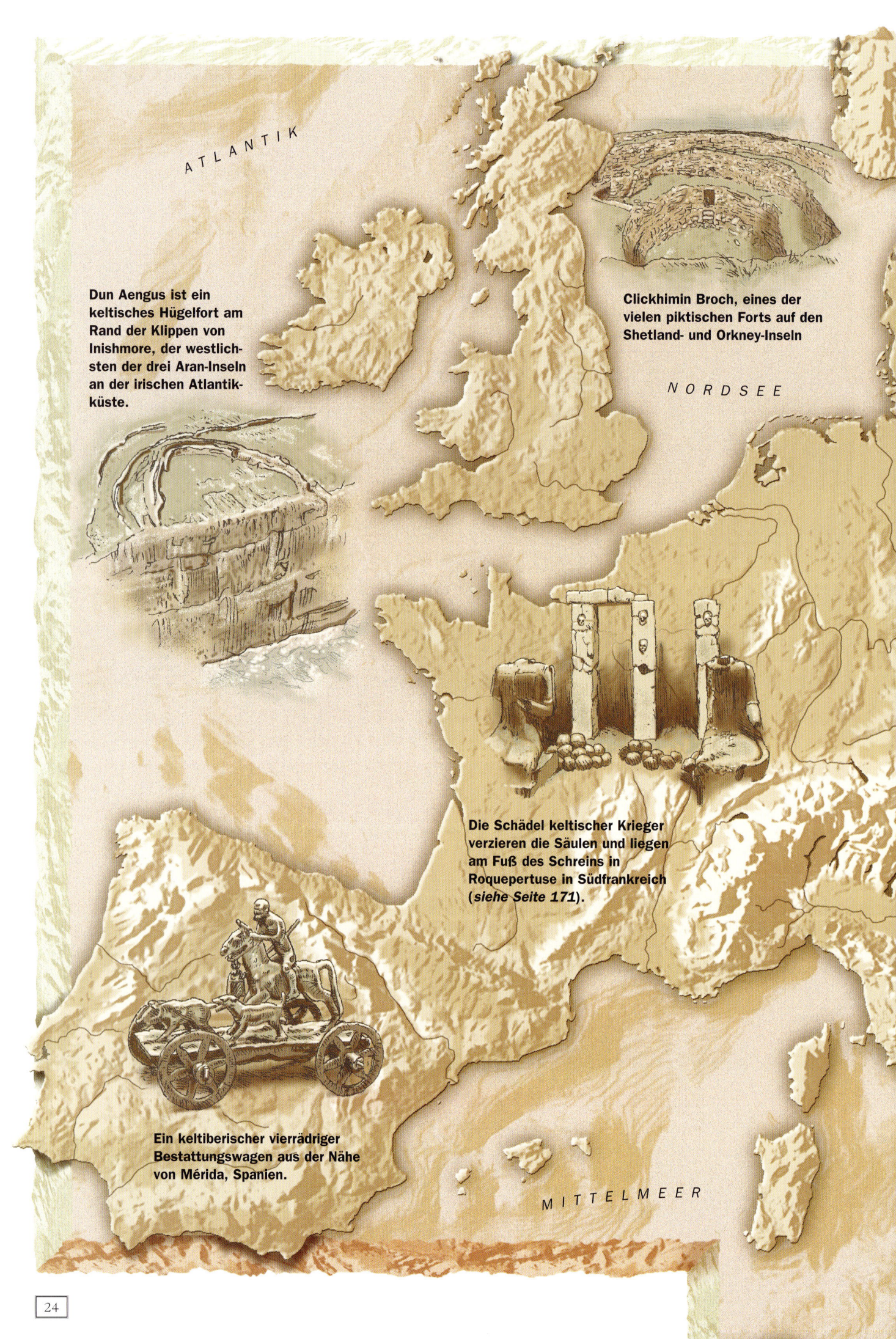

ATLANTIK

Dun Aengus ist ein keltisches Hügelfort am Rand der Klippen von Inishmore, der westlichsten der drei Aran-Inseln an der irischen Atlantikküste.

Clickhimin Broch, eines der vielen piktischen Forts auf den Shetland- und Orkney-Inseln

NORDSEE

Die Schädel keltischer Krieger verzieren die Säulen und liegen am Fuß des Schreins in Roquepertuse in Südfrankreich (*siehe Seite 171*).

Ein keltiberischer vierrädriger Bestattungswagen aus der Nähe von Mérida, Spanien.

MITTELMEER

Kapitel 2

Die keltischen Stämme Europas

Gegen 3000 v. Chr. erfuhren die mittel-europäischen Bauern- und Jägerkulturen plötzlich eine ernst zu nehmende Bedrohung von einer Reihe kriegerischer Stämme. Diese indo-europäischen Krieger werden als Protokelten bezeichnet und in den nächsten 1000 Jahren beherrschten sie die weniger aggressive Urbevölkerung und vermischten sich mit ihr. Gegen 1800 v. Chr. begannen die Protokelten nach Westeuropa einzuwandern. Innerhalb von zwei Jahrhunderten hatten sie ihren Einfluss auf einen Großteil des heutigen Spaniens, Frankreichs und Deutschlands ausgeweitet.

Archäologen vermuten, dass sich die keltische Kultur gegen 1000 v. Chr. aus der bronzezeit-lichen Urnenfelderkultur herausgebildet hatte, die nach ihren Friedhöfen und Urnen benannt wurde. Gegen 800 v. Chr., mit Beginn der Eisen-zeit, begannen sich die Kelten nach Südfrank-reich und Spanien auszubreiten. Die Wanderung hielt an bis ins frühe 5. Jahrhundert v. Chr. Im Jahrhundert darauf breitete sich der keltische Einfluss in ganz Spanien aus, bis eine iberische Gegenbewegung nach Ostspanien die iberischen Kelten vom Rest des keltischen Europa isolierte.

Zur gleichen Zeit breitete sich auch die zweite Bewegung, die keltische Hallstattkultur, von ihrem Stammsitz in Österreich aus nach Westen aus. Sie bezeichnet die erste Periode einer kel-tischen Beherrschung Europas, die vom 7. bis zum frühen 5. Jahrhundert v. Chr. dauerte. Gegen 500 v. Chr. erreichten die keltischen Völker England und in den nächsten Jahrhunderten Schottland, Wales und Irland. Eine ähnliche Wanderung folgte dem Lauf der Donau und erreichte im späten 5. Jahrhundert das Schwarze Meer.

Die La-Tène-(oder gallischen)Kelten der Eisenzeit bezeugen den höchsten Grad der keltischen Expansion, obwohl einzelne Stämme in den nächsten Jahrhunderten immer wieder in Nordgriechenland und Italien einfielen. Die La-Tène-Kelten verfügten über keinerlei Zentral-gewalt, sondern bildeten einen losen Zusammen-schluss von Stämmen mit einer gemeinsamen Kultur. Diese locker gestrickte Konföderation beherrschte den Großteil Europas bis in das erste Jahrhundert v. Chr., als Julius Cäsar den Zusammenbruch fast der gesamten keltischen Welt herbeiführte.

ADRIA

SCHWARZES MEER

ÄGÄIS

Kelten besiegen Griechen an den Thermopylen, überqueren den Hellespont und besiedeln das zentrale Kleinasien in Galatien.

Die Gallier

Vom Beginn der eisenzeitlichen La-Tène-Kultur an wanderten die Kelten westwärts in Richtung Frankreich. Dieses wurde bis zur Eroberung durch Julius Caesar zu Gallien, dem Herzen des keltischen Europas. Die Gallier bildeten keine politische Einheit. Die einzelnen Stämme waren über fünf Jahrhunderte kulturell, politisch und wirtschaftlich verbunden. Sie konnten den germanischen Stämmen widerstehen, nicht jedoch Rom.

Gegen Ende der Hallstattzeit zogen wandernde Kelten über den Rhein in das heutige Frankreich. Die Hauptphase dieser Wanderung war das 5. Jahrhundert v. Chr., als Gruppen von Kelten nach Spanien, Frankreich und Italien eindrangen.

Die Expansion erfolgte teilweise unter dem Druck einer neuen Welle von Ankömmlingen in Europa, die aus dem Norden und Osten eindrangen. Die Kimbern (eine protokeltische Kultur) und die Teutonen übten von Norden Druck auf das keltische Gebiet aus, während von Osten weitere germanische Stämme in Mitteleuropa eintrafen. Anscheinend hatten sie bereits einige Kontakte mit den Hallstattkelten, bevor sie das heutige Deutschland erreichten. Die Kimbern griffen die Stämme der Bojer in Böhmen an und gerieten dann in Konflikt mit den Römern, die sie in der Schlacht von Noreia besiegten. Weiter westlich vereinigten sich die Teutonen und Kimbern, um die ansässigen keltischen Stämme aus dem Rhein- und Donautal zu verdrängen und brachen dann in Gallien ein. Dann wandten sie sich nach Italien, wo sie von den Römern bei Vercellae geschlagen wurden. Das Resultat diese Wanderbewegung war die Rheingrenze zwischen keltischen und germanischen Stämmen.

Die Kelten der Hallstattzeit, die seit dem 5. Jahrhundert v. Chr. anfingen, nach Gallien zu wandern, waren eher Siedler als Eroberer. Anfänglich waren der nördliche und mittlere Teil Galliens ihre Hauptsiedlungsgebiete, während der Bereich im Südwesten und an der Küste nicht von ihnen berührt wurde. Noch im 1. Jahrhundert v. Chr. galt die Mittelmeerküste als im Wesentlichen nichtgallisches Gebiet. Im 6. Jahrhundert hatten die Phokäer eine

Rechts: Das Kilburn-Schwert, 300–200 v. Chr., entdeckt in einer Grabstätte in Kilburn in Yorkshire, England. Die Vorderseite aus polierter Bronze wurde im La-Tène-Schwertstil verziert.

Links: Bronze-Modell eines menschlichen Kopfes, um 50–25 v. Chr., mit gallischen Gesichtszügen.

Handelskolonie in Massalia (Marseilles) gegründet und die dort ansässigen Gallier entwickelten bald engere Verbindungen zu ihnen als zu den keltischen Stämmen im Inland. Andererseits beherrschten die Kelten schließlich fast ganz Gallien, mit der Ausnahme von Armorika (Bretagne), das bis zur römischen Eroberung viel von seinem vorkeltischen Charakter behielt.

Die gallische Lebensweise

Ein Flusstal mit seinem flachen Weideland und seinen bergigen Abhängen für Viehweide und Holzschlag bildete das typische gallische Siedlingsgebiet. Kleine Gruppen bildeten Allianzen und damit größere politische und soziale Verbindungen. Diese Vereinigung war nicht immer friedlich. Die anwachsenden Stammesgebiete seit dem 3. Jahrhundert v. Chr. waren das Ergebnis von Eroberung oder Heirat, Annektion oder Vertrag. Von den gallischen Flusstälern er-

streckten sie sich dann auch auf große Bereiche des Hinterlandes. Die Flüsse bildeten die Kommunikationswege der größeren Stammesverbände und auch den Kern ihres Stammlandes. Die Haeduer besetzen die Täler von Saône und Loire, die Sequaner die Doubs und einen Teil des Saônetals, die Parisier das Seinetal und die Lemovicen die Gebiete um die Garonne. Die kleineren Stammesgliederungen blieben bestehen und selbst diese scheinen noch einmal regional unterteilt gewesen zu sein. Gallien war ein Flickenteppich politischer Einheiten; Obwohl die gallische Gesellschaft recht stabil war, ermöglichte das Fehlen einer politischen Einheit den Römern, sie zu teilen und zu erobern. Als sie sich dann schließlich gegen die gemeinsame Bedrohung zusammenschlossen, war es zu spät, um ihre Kultur zu retten.

27

Die gallische Einheit

Julius Cäsar begann seinen Bericht über die Gallischen Kriege mit der Beschreibung der politischen und geografischen Natur des keltischen Gemeinwesens. Die Bemerkung „Gallien ist in viele Teile geteilt" bezeichnete den politischen Flickenteppich, der eine militärische Opposition gegen Cäsar und seine Legionen unmöglich machte. Die gallische Gesellschaft wurde von einer Reihe lokaler Stammesräte regiert. Ihre Einheit war nie von Dauer und sie reflektiert eher die Machtverschiebungen zwischen den einzelnen Stämmen als den ernsthaften Versuch, die keltische Welt zu einigen.

Gegenüber unten: Das typische gallische Siedlunsgebiet war ein Flusstal mit Böschungen als Weideland und zur Holzgewinnung.

G allien war während der La-Tène-Periode in 16 Stammesgebiete geteilt. Manche waren nicht einmal wirklich keltisch, wie die der Ligurer und Saluvier in Norditalien oder der Veneter und Aquitaner am Atlantik, die anscheinend viele ihrer vorkeltischen Eigenarten beibehalten hatten. Seit Beginn des 4. Jahrhunderts v. Chr. bildeten die Ligurer mit den benachbarten Galliern eine keltoligurische Liga.

Die Römer betrachteten sie als Bedrohung und griffen mit Waffengewalt ein, um ihre Nordgrenze zu sichern. Als Reaktion auf die kelto-ligurische Bedrohung Massalias breitete sich darauf der römische Einfluss in der Provence aus. 125 v. Chr. annektierten die Römer die Mittelmeerküste Galliens und gründeten in der Provence ihre Provinz. Diese bildete dann ein Sprungbrett für Cäsars Eroberung des restlichen Galliens.

Im nördlichen Gallien tauchten im 4. und 3. Jahrhundert v. Chr. Stämme auf, die Belger genannt wurden. Sie suchten hier Zuflucht vor den germanischen Stämmen und nachdem sie den Rhein überquert hatten, wählten sie Nordwestgallien als neue Heimat. Cäsar berichtet, dass sie sich eher als Teutonen denn als Gallier betrachteten. Sie erwiesen sich außerdem als die hartnäckigsten Gegner der Römer. Sie besetzen auch Siedlungsplätze in Südengland und es gibt viele Indizien für einen lebhaften Handel und kulturellen Austausch über den Kanal hinweg, der der römischen Eroberung Galliens und Britanniens voranging.

Stammesorganisation

Die gallischen Stämme wurden von einer ganzen Reihe von römischen Historikern beschrieben, die sie als „nationes" oder noch weniger passend als „civitates" (Staaten) bezeichneten. Diese wurden wiederum unterteilt in „pagi", die diejenigen Einheiten widerspiegeln, die sich im Laufe des 4. und 3. Jahrhunderts zusammengeschlossen hatten. So war der Stamm der Haeduer in Zentralgallien in sechs „pagi" unterteilt, deren führender der von Bibracte war. Diese gruppierten sich um Unterhäuptlinge oder nachgeordnete Stammesanführer, die den Oberhäuptlingen Loyalität schuldeten. Die Untereinheiten bildeten jeweils eigene militärische Verbände und die kleineren Gruppen waren in größere Stammesheere eingegliedert. Die größeren Einheiten oder „nationes" hatten ihre

Keltische und belgische Gallier 100–50 v. Chr.

Belger wandern in den Südwesten von Britannien

EBURONES
MENAPII
NERVII
BELGER
STÄMME DER BEL-GISCHEN ALLIANZ
ATREBATES
TREVIRI
Lutetia
BELLOVACI
Rhein
SEQUANI
ARMORIKA
VENETI
Cenabum
Loire
HAEDUER
Alesia
Avaricum
BITURIGES
Bibracte
HELVETER
GALLIEN
Rhone
römische Provinz
GALLIA CISALPINA
römische Provinz
GALLIA TRANSALPINA
AVERAI
Arelate
Massilia
AQUITANI
HISPANIA

Hauptstadt normalerweise in einer der regionalen Ansiedlungen der „pagi". Manche dieser Siedlungen wurden große Städte, die heute noch existieren: Paris, die Hauptstadt der Parisier, Trier, die Hauptstadt der Treverer oder Chartres, die Hauptstadt der Carnuter. Diese waren auch die Haupthandelszentren und bildeten den Markt für die keltischen Handwerker und Schmiede. Die Stammeshauptstädte beherbergten den Hof der Hochkönige oder Häuptlinge, so wie den des Königs Ambigat der Biturigen, den Cäsar in seinem „Gallischen Krieg" erwähnt.

Gelegentlich bildeten diese Stammeshäuptlinge oder Könige Allianzen. Im 3. Jahrhundert v. Chr. beherrschten die Biturigen in Zentralgallien die benachbarten Stämme und vereinten sie in einem größeren Verband. Ein Jahrhundert später waren die Arverner der beherrschende Stamm, die sich mit den Allobrogern und den Haeduern zu einer größeren Konföderation zusammentaten. 59 v. Chr., zur Zeit der römischen Invasion Galliens, war die Allianz der Haeduer, Sequaner und Arverner zerbrochen und sie rivalisierten um die Vormacht. In einer letzten Anstrengung, die Invasoren zurückzuschlagen, vereinigten sich die Gallier unter dem Arverner Vercingetorix, aber der gallische Anführer wurde von Cäsar außer Gefecht gesetzt und geschlagen. Nach der gallischen Niederlage bei Alesia (52 v. Chr.) wurde Gallien eine römische Provinz und blieb fünf Jahrhunderte lang unter römischer Herrschaft. Die Gallier passten sich den Römern an und wurden wohlhabend, aber die Fackel der keltischen Kultur war erloschen. Von da an war die keltische Welt auf die Britischen Inseln beschränkt.

Rechts: Gallorömische Bronzestatuette eines sterbenden Galliers im griechischen Stil. Das Fehlen einer politischen Einheit der keltischen Stämme bedeutete den Tod vieler Kelten durch römische Hand.

Die Bretonen

Die römische Eroberung Galliens betraf auch die bretonische Halbinsel Armorika, die römische Provinz wurde. Wegen ihrer geografischen Isolation wurde sie jedoch nicht völlig romanisiert. Nach dem Fall des weströmischen Reichs im 5. Jahrhundert n. Chr. war Armorika ein Zufluchtsort für keltische Flüchtlinge vor den sächsischen und westgotischen Eroberern. Im 6. Jahrhundert n. Chr. wurde aus Armorika die Bretagne, eine keltische Enklave. Die Spuren dieser keltischen Erbschaft kann man dort noch heute antreffen.

Unten: Nachgebautes keltisch-bretonisches Dorf, um 1000 n. Chr., in Melrand, Bretagne, Frankreich.

Fünf gallische Stämme lebten in der Bretagne: die Veneter im Südwesten, die Osismier nördlich von ihnen, die Coriosoliten, Redonen und Namneten weiter östlich. Cäsar berichtet, dass die Veneter Seefahrer mit außerordentlich seetüchtigen Schiffen waren. Unter der römischen Herrschaft wurde Armorika verwaltet wie die anderen römischen Provinzen.

Die fünf Stammesgebiete wurden aufgeteilt in „civitates", lokale Verwaltungsbezirke, die Hauptstädte wurden römische Munizipien: Vorigum (Carhaix) für die Osismier, Fanum martis (Corseulles) für die Curiosoliten; Condate (Rennes) für die Redonen; Namnetes (Nantes) für die Namneten und Darioritum für die Veneter. Diese Siedlungen wurden die Bastionen der römischen Macht, in denen die gallorömischen Häuptlinge den Römern bei der Verwaltung der Region halfen.

410 n. Chr. räumten die Römer Britannien und die dortige römisch-britannische Miliz wurde von mehreren aufeinander folgenden Wellen sächsischer Barbaren angegriffen. Als die Sachsen nach Westen vorrückten, flohen die römisch-britannischen Flüchtlinge in immer größerer Anzahl nach Armorika. 469 n. Chr., als Kaiser Anthemius ein Heer aufstellte, um gegen die Westgoten in Gallien zu kämpfen,

bestand dies zum Teil aus Bretonen. Zu diesem Zeitpunkt wurde der Name der alten römischen Provinz gegen den des wieder erstandenen keltischen Staates ausgetauscht, der einen Fluchtpunkt für Gallier wie für Bretonen bildete. Zwei Jahrhunderte lang nahm die Bevölkerung durch keltische Siedler ständig zu. Die Wälder im Zentrum der Halbinsel wurden gerodet, um neues Ackerland zu gewinnen. Jahrhundertelang bestanden Handelsverbindungen zwischen Armorika und Britannien, diedazu beitrugen, Südbritannien, Wales und die Bretagne zu einer politischen und militärischen Einheit zu verbinden.

Zermürbungskrieg

Die Bretagne war in drei Hauptkönigtümer unterteilt: Domnonia, Cornouaille und Boro Erech. Von dem südlichen Cornouaille ist wenig bekannt. Das nördliche Domnonia unterhielt Verbindungen zum britischen Königreich von Dumnonia, das am Ärmelkanal direkt gegenüber lag. König Cunomorus von Domnonia, seine römisch-britannischen Verbündeten und seine fränkischen Gegner wurden in den Heiligenlegenden dieser Zeit beschrieben. Boro Erech, das Gebiet der alten Veneter, wurde von den südwestlichen Gebieten, die den Franken weggenommen worden waren, gebildet und war jahrhundertelang ein Schlachtfeld von Kelten und Franken. Die Geschichte der keltischen Bretagne war ein einziger Überlebenskampf. Mehrere fränkische Invasionen ab dem 6. Jahrhundert n. Chr. vergrößerten die Instabilität.

Im Vertrag von Tours (567) erkannte die Kirche an, dass die Bretagne eine vom Rest Galliens getrennte Einheit bildete, das inzwischen ein fränkischer Staat war. Den merowingischen Franken gelang es nicht, die Bretagne zu unterwerfen, aber die kirchlichen Bindungen zwischen Bretonen und Franken waren eng. Karl der Große bildete eine bretonische Mark als demilitarisierte Pufferzone, nachdem sein Versuch einer Invasion 786 fehlgeschlagen war. Seine Nachfolger benutzten sie als Basis für eine Reihe von Operationen, die schließlich im 9. Jahrhundert n. Chr. den letzten bretonischen Widerstand überwanden. Von da an wurde die Bretagne ein halbautonomer Teil Frankreichs, aber ihre keltischen Ursprünge beeinflussten weiterhin die bretonische Kultur und Gesellschaft. Die Bretagne war der letzte keltische

Brückenkopf auf dem europäischen Kontinent. Als seine Autonomie verloren ging, wurde die Fackel der keltischen Kultur an die Gebiete des keltischen Gürtels weitergereicht.

Oben: Überreste eines bretonischen Gehöfts, Melrand, Bretagne, um 1000 n. Chr.

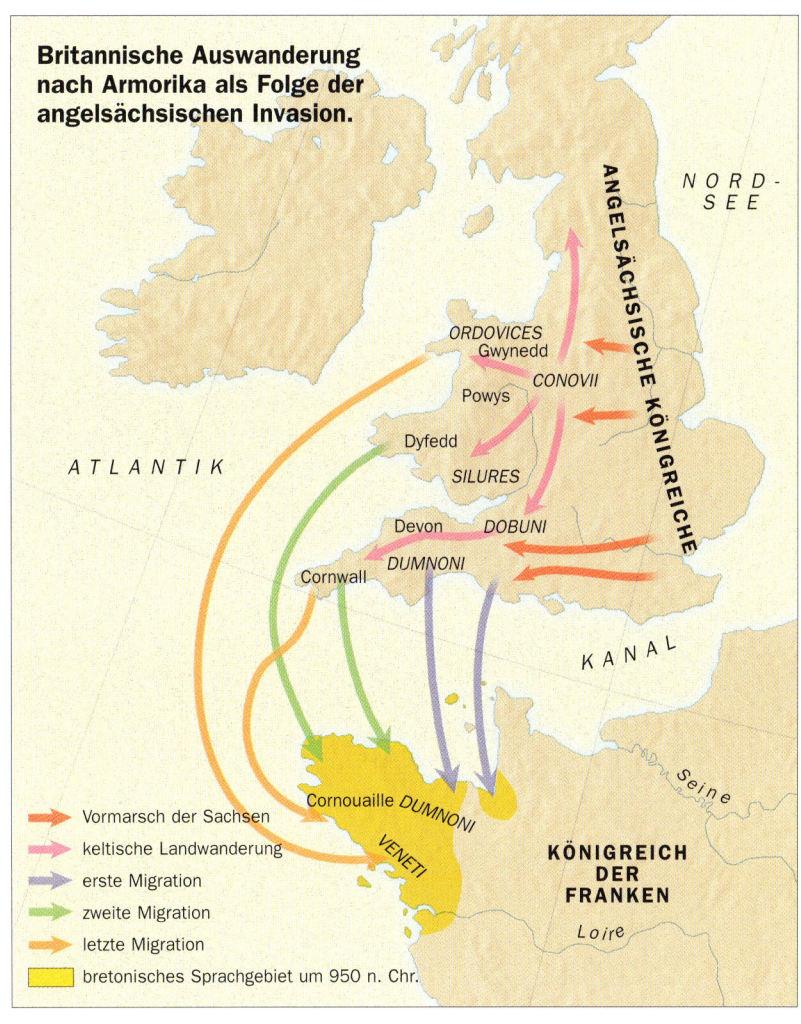

Britannische Auswanderung nach Armorika als Folge der angelsächsischen Invasion.

NORD-SEE

ANGELSÄCHSISCHE KÖNIGREICHE

ORDOVICES
Gwynedd

CONOVII
Powys

Dyfedd

SILURES

ATLANTIK

Devon DOBUNI

DUMNONI

Cornwall

KANAL

Seine

Cornouaille DUMNONI

VENETI

KÖNIGREICH DER FRANKEN

Loire

➡ Vormarsch der Sachsen
➡ keltische Landwanderung
➡ erste Migration
➡ zweite Migration
➡ letzte Migration
⬜ bretonisches Sprachgebiet um 950 n. Chr.

Die iberischen Kelten

Die Kelten, die in der frühen Eisenzeit nach Westen und Süden wanderten, mussten irgendwann die Atlantikküste der iberischen Halbinsel erreichen. Der Einfall anderer Völkerschaften trennte diese Kelten von ihren Stammesbrüdern nördlich der Pyrenäen, aber sie bewahrten ihre Identität. Die dynamische keltiberische Kultur überlebte bis zur Eroberung durch die Römer im 2. Jahrhundert v. Chr.

Rechts: Bronzefigur einer Frau aus dem 7. bis 4. Jahrhundert v. Chr. aus Mérida, Spanien.

Gegen 500 v. Chr. entstand eine neue Kultur, die von den Archäologen nach der charakteristischen Form ihrer Trinkgefäße, die in ihren Gemeinschaftsgräbern gefunden wurden, Glockenbecherkultur" genannt wird . Sie galten als Vorläufer der protokeltischen Zivilisation der Urnenfelderkultur. In der frühen Eisenzeit kehrten die Nachfolger dieser Leute auf die iberische Halbinsel zurück, obwohl der Widerstand der Iberer im Osten sie von der Mittelmeerküste verdrängte.

Um 550 v. Chr. besetzten die Iberer die Hälfte der Halbinsel und einen Großteil der Pyrenäen, so dass die Kelten in Iberien von ihren Verwandten in Gallien abgeschnitten waren. Die Reste von befestigten Siedlungen und Artefakten, datiert vom 5. Jahrhundert v. Chr. an, wurden in ganz Nordspanien verteilt gefunden.

Die Keltiberer, Karthager und Hannibals Eroberung von römischem Gebiet zwischen 218–203 v. Chr.

GALLIER (Kelten)

KELTIBERER

LUSITANIER

IBERER

Arausio

Narbo

Massilia

Emporiae

Tarraco

Saguntum

Balearen

Gades

Carthago Nova

Ticinus River 218

Trebia River 218

Mediolanum

CISALPINES GALLIEN

Trasimeno-See 217

Korsika

ROM

Beneventum

Sardinien

ADRIA

Cannae 216

Tarentum

Croton

MITTELMEER

Sizilien

KARTHAGO

Syracus

Hadrumentum

Malta

BERBER

Nachdem Hannibal die Alpen überquert hatte, erklärte er den Feldzug in Norditalien als Befreiung der gallischen Kelten aus der römischen Tyrannei, wodurch sich viele cisalpine Gallier seiner Armee anschlossen.

■ römisches Gebiet 500 v. Chr.
■ römisches Gebiet 300 v. Chr.
■ römisches Gebiet 218 v. Chr.
■ karthagisches Gebiet 218 v. Chr.

↑ Hannibals Kelten-Rekrutierung
→ Hannibals Feldzug 218–203 v. Chr.
✕ römische Siege
• griechische Städte

Sie weisen eine verblüffende Ähnlichkeit zu den La-Tène-Fundstellen in Gallien auf und belegen eine kulturelle Verbindung zu den Kelten in Südgallien.

Im dritten Jahrhundert v. Chr. hatten die Karthager Kolonien an der Mittelmeerküste von Spanien gegründet und während der Punischen Kriege (264–218 v. Chr.) warben sie keltiberische Söldner zum Kampf gegen Rom. In den ersten Jahrzehnten des 3. Jahrhunderts v. Chr. vertrieben die Karthager in einer Reihe von Feldzügen die Keltiberer von der Küste ins Landesinnere.

Hannibal änderte diese Politik und hofierte die Keltiberer, schickte Gesandte in ihre Siedlungen und bot finanzielle Gegenleistungen für eine Allianz. Er betonte, dass eher Rom als Karthago der traditionelle Feind war und rekrutierte keltische Krieger in großer Anzahl für seine multinationale Truppe. Als er 218 v. Chr. die Alpen Richtung Norditalien überquerte, bestand die Hälfte seiner Armee aus Kelten.

Die Keltiberer und die südlichen Gallier spielten weiterhin eine bedeutende Rolle in den punischen Feldzügen bis zum Ende des Zweiten Punischen Krieges. Während Hannibal in Italien war, vertrieben römische Heere die Karthager aus Spanien. Nach der karthagischen Niederlage von Zama (203 v. Chr.) hatte Rom die Hand frei, sich mit den Keltiberern zu befassen. Doch die schwierige militärische Lage zwang die Römer, statt auf offene Konfrontation auf einen versöhnlichen Kurs zu setzen.

Das keltische Erbe überlebt

179 v. Chr. boten die Römer Friedensverträge und Vorteile an, wenn die Kelten einer römischen Kontrolle zustimmen würden. Viele Stämme weigerten sich, was einen langen Unterwerfungsfeldzug nach sich zog. Der keltische Widerstand hatte sein Zentrum in der befestigten Stadt Numantia und eine Serie von Kriegszügen endete entweder mit einem Patt oder einer römischen Niederlage. 134 v. Chr. sandte der römische Senat Publius Cornelius Scipio mit einer frischen Armee aus, um die Festung endlich zu erobern, und Numantia fiel 133 v. Chr. nach einer blutigen Belagerung.

In den nächsten 60 Jahren drückten die Römer der keltiberischen Gesellschaft ihren Stempel auf und zerstörten alle Spuren eines freien keltiberischen Staates. Zur Zeit Julius Cäsars waren die Kelten Iberiens nicht mehr länger eine politische oder soziale Kraft, sondern in der römischen Provinz Hispania assimiliert. Dennoch blieben einige Aspekte der keltischen Gesellschaft und Kultur erhalten. Nach der Eroberung Galliens erreichte eine Welle von aquitanischen Flüchtlingen das ehemalige keltiberische Gebiet von Galizien in Nordwestspanien. Heute ist dieses keltische Erbe noch in den galizischen und baskischen Bezirken Spaniens festzustellen, deren Bewohner sich als direkte Nachfahren der Keltiberer betrachten.

Links: Dieser vierrädrige Wagen aus Bronze mit einer Reiterfigur war eine Opfergabe. 7. bis 4. Jahrhundert v. Chr., Mérida, Spanien.

Die Galater

Während der La-Tène-Zeit führten nicht alle keltischen Wanderungen nach Westen Es gab einen entgegengesetzten Trend entlang der Donau zum Schwarzen Meer. Im 5. Jahrhundert entstanden an seiner Ostküste von der Halbinsel Krim bis nach Griechenland keltische Siedlungen und die Archäologen fanden auch Anzeichen von keltischen Siedlungen in der Ukraine, Polen und Russland. In den nächsten zwei Jahrhunderten spielten die Kelten Galatiens eine wichtige Rolle in Griechenland und Kleinasien.

Rechts: Keltische Krieger sind bereit zum Angriff auf die griechische Armee in der Schlacht um die Thermopylen.

Unten: Auf dieser Seite der Thermopylen in Griechenland besiegte eine Armee keltischer Angreifer 279 v. Chr ein Heer von Griechen.

Am Beginn des 3. Jahrhunderts v. Chr. hatten die Kelten die Karpaten erreicht und Makedonien, Thrakien und Griechenland waren das Ziel ihrer Raubzüge. Keltische Söldnergruppen wurden auch im Krieg zwischen Athen und Sparta beschäftigt und 274 v. Chr. wird von ostkeltischen Kriegern in Ägypten berichtet. Einige Jahrzehnte vorher, 334 v. Chr., hatte Alexander der Große einen Friedensvertrag mit den Kelten an der Nordgrenze Makedoniens geschlossen, um ohne Furcht vor ihren Raubzügen seine Armee gegen die Perser führen zu können. Am Beginn des 3. Jahrhunderts hatten die Kelten Thrakien erobert und Tausende zur Flucht nach Makedonien und Griechenland gezwungen. Während gallische Invasionen nach Italien das

Überleben des römischen Stadtstaates bedrohten, zeichnete sich für Griechenland eine noch stärkere keltische Bedrohung ab. 279 v. Chr. drang ein großes keltisches Heer in Makedonien ein und besiegte die Makedonen in zwei Feldschlachten. Eine Abteilung der keltischen Streitmacht unter dem König Brennus zog weiter nach Süden, wo sie bei den Thermopylen eine Armee der vereinigten Griechen schlug und weiterzog, um Delphi zu plündern.

Gegen Griechen und Römer

In der Mitte des 3. Jahrhunderts hatten diese Kelten einen eigenen Staat im Zentrum der anatolischen Hochebene errichtet. Von da an wurden sie Galater genannt, um sie von den Galliern und Kelten im Westen zu unterscheiden. Es war ein Stammesverband der Tolistoboier, Tektosagen und Trokmer, die eine ähnliche soziale Organisation bildeten wie ihre Verwandten im Westen. Die Griechen bezeichneten diese Stämme als „Gemeinschaft von Galatien".

261 v. Chr. schlugen die Galater die Syrer in der Schlacht von Ephesos und sicherten ihre Unabhängigkeit für die nächsten Jahrzehnte. Ihre Versuche, ihr Reich auf Kosten der griechischen Stadtstaaten in Kleinasien aufzubauen, schlug fehl, als sie 241 v. Chr. durch Pergamon besiegt wurden. Im nächsten Jahrhundert rivalisierten Griechen, Syrer und Galater um die politische und militärische Vorherrschaft in Kleinasien.

Die Römer engagierten sich Anfang des 2. Jahrhunderts v. Chr. in Kleinasien, als der Senat Antiochos von Syrien den Krieg erklärte, der große Teile Griechenlands und Makedoniens kontrollierte. Die Syrer und ihre galatischen Verbündeten wurden in der Schlacht von Magnesia 191 v. Chr. geschlagen und zwei Jahre später wurde eine römische Veteranenarmee geschickt, um Galatien zu besetzen. Die Römer verbündeten sich mit Pergamon und zwischen 189 und 187 v. Chr. wurde die Galater in einer Reihe von Schlachten vernichtet. Die Römer überließen Galatien als unterworfene Provinz Pergamon, obwohl Rom in Wahrheit beide kontrollierte.

Für den Augenblick war Kleinasien unter römischer Kontrolle. Als die Römer durch interne Streitigkeiten jedoch abgelenkt waren, bildeten die Galater mit den Nachbarprovinzen Bithynia und Pontos ein Bündnis, um Pergamon zu schlagen, und 123 v. Chr. war der wieder erstandene galatische Verband die dominierende Macht in Kleinasien. In den ersten Jahren des 1. Jahrhunderts v. Chr. wurde jedoch Pontos zur bestimmenden Macht der Region und 88 v. Chr. massakrierte König Mithridates von Pontos die versammelten galatischen Stammesführer. Die Galater führten einen erbitterten Überlebenskampf gegen Mithridates und als der pontische König den Römern den Krieg erklärte, verbündete sich der keltische Anführer Deiotaros mit diesen. Nach Mithridates' Niederlage kostete dieses Bündnis die Galater ihre Freiheit. In der Mitte des 1. Jahrhunderts war Galatien römische Provinz und die keltische Identität ging in den Verlockungen der römischen Zivilisation unter.

Die Kelten in Thrakien und an der Donau wurden von der entstehenden germanisch-slawischen Kultur der Daker besiegt. 60 v. Chr. zog der letzte keltische Stamm in Osteuropa, die Bojer aus Böhmen, besiegt von den Dakern, in das Territorium der Helvetier in der heutigen Schweiz. Dies war der Vorwand für Julius Cäsar, in Gallien einzugreifen. Die keltische Kultur wurde durch die römische und germanische Expansion vernichtet.

Unten: Porträt von Mithridates VI., nach einer zeitgenössischen Münze. Mithridates ermordete heimtückisch die Gesandten der galatischen Kelten.

Die keltische Invasion von Thrakien und Makedonien (Griechenland) und Anatolien in den Jahren 279 und 278 v. Chr.

SCHWARZES MEER

GALLIER (Kelten)

THRACE

ADRIA

EPIRUS

Byzantium

BITHYNIA

GALATIA

Pergamon

ÄGÄIS

Athen

keltische Invasionen
Mazedonier
Seleukidenreich
Ptolemäerreich
Römisches Reich

Kreta

Zypern

MITTELMEER

Kelten in Italien

Die keltischen Wanderungen der späten Hallstattzeit bewegten sich nicht nur entlang von Rhein und Donau, sondern auch über die Alpenpässe nach Süden. Dies brachte die Kelten nach Norditalien in die fruchtbare Po-ebene. In den nächsten drei Jahrhunderten beeinflussten die Kelten die politische Entwicklung in Italien nachhaltig und wurden zu einem unbeugsamen und hartnäckigen Gegner des römischen Staates.

Rechts: Paläovenezi-sche Votivtafel mit einem (vermutlich etruskischen) Krieger mit Helm und Schild aus dem 4. Jahrhundert v. Chr. Damals eroberten keltische Venetier etruskisches Gebiet.

U m 475 v. Chr. schlugen die Kelten ein etruskisches Heer in der Poebene. Am Ende des Jahrhunderts waren der Großteil der Poebene und Norditalien nördlich des Apennin in keltischer Hand. 396 v. Chr. fiel Melpum, das letzte etruskische Bollwerk nördlich des Apennin, an die keltischen Invasoren. Dem rö-mischen Historiker Plinius zufolge war die Eroberung und Besiedlung der Poebene von einer Konföderation der Bojer, Insubrer und Senonen ausgegenagen. Die Kelten bedrohten nun die Halbinsel weiter im Süden.

Die etruskische Stadt Clusium in der heuti-gen Toskana wurde von den Senonen unter ih-rem Häuptling Brennus belagert. Die Etrusker waren mit den Römern verbündet und baten um Hilfe gegen die Eindringlinge. Brennus sah zutreffenderweise in den Römern eine größere Bedrohung als in den Etruskern und marschierte an Clusium vorbei gegen Rom. An der Allia schlug Brennus 390 v. Chr. das römische Heer und plünderte Rom.

Nur das Kapitol wurde verschont, weil seine Befestigung für die Gallier zu schwierig zu erstürmen war. Dann besetzten sie die römischen Ruinen für mehrere Monate, bis die im Kapitol belagerten Senatoren ein Lösegeld für den Rückzug anboten. Römischen Historikern zufolge beschwerten sich die Römer, dass die 100 Pfund Gold auf nicht geeichten keltischen Waagen

Die italienischen Kelten um 250 v. Chr.

ALPEN

ALPEN

südlichste keltische Linie 500 v. Chr.

HELVETII

INSUBRER

Mediolanum (Milan)

Brixia (Brescia)

Verona

Ticinus

CENOMANI

VENETII

Padus (Po)

ALLOBRIGES

Trebia

LINGONES

ADRIA

LIGURIANS

Bononia (Bologna)

BOII

SENONES

südlichste keltische Linie 250 v. Chr.

TYRRHENISCHES MEER

ETRUSKER (nicht-keltisch)

UMBRIER

etruskiches Gebiet vor der keltischen Wanderung 480 v. Chr.

gewogen wurden; daraufhin warf Brennus sein Schwert in die Waagschale und rief aus: „Vae victis" (Wehe den Besiegten). Die Römer zahlten also ihr Lösegeld in Höhe von 100 keltischen Pfund und dem Gewicht eines keltischen Langschwerts.

Rom sichert seine Grenzen

Von da an spielte Roms Erniedrigung eine bedeutende Rolle in den römisch-keltischen Beziehungen und die Römer fürchteten die Kelten bis zur Eroberung Galliens in der Mitte des 1. Jahrhunderts. v. Chr. Gallische Raubzüge nach Latium gingen weiter bis 349 v. Chr., als die Römer die Senonen schlugen und sie zwangen, einen Friedensvertrag zu unterzeichnen, der Rom vor weiteren Angriffen bewahrte.

Zu dieser Zeit hatten sich die Senonen bei Picenum an der Adria niedergelassen, während ihre stammverwandten Verbündeten nördlich des Apennin verblieben. Die Römer betrachteten diesen südlichen keltischen Sporn als direkte Bedrohung, insbesondere als sich die Senonen mit Roms italischen Gegnern verbündeten. 298 v. Chr. schlug eine keltisch-samnitische Armee die Römer bei Camerium, um ihrerseits zwei Jahre später zu unterliegen. Ein weiterer Sieg der Verbündeten hielt die Römer nicht von der Eroberung des Picenum und der Verwüstung des Territoriums der Senonen ab.

Das war jedoch ein teurer Sieg für die Römer, da die verbliebenen gallischen Stämme der Poebene sich auf die Seite der Etrusker schlugen. Erst ein römischer Sieg 283 v. Chr. führte zur endgültigen Eroberung Etruriens.

Die Kelten stimmten einem Friedensvertrag zu, aber diesmal fiel er zum Vorteil der Römer aus. Sie hielten die gesamte südliche Halbinsel und das Gebiet der Senonen. In den nächsten Jahren bauten sie Festungen, um die Nordgrenzen zu sichern und vertrieben alle Kelten. Diese suchten Hilfe bei ihren Stammesbrüdern im Norden.

225 v. Chr. eroberten die Römer die Poebene. Die Kelten starteten einen Präventivangriff und schlugen die Römer bei Clusium, bevor die keltische Streitmacht 224 v. Chr. bei Telamon vernichtet wurde. Die Poebene war den Römern ausgeliefert. Unterstützt von ihren gallischen Verbündeten, widerstanden die Kelten weitere zwei Jahre, aber 222 v. Chr. war ganz Italien südlich der Alpen unter römischer Kontrolle.

Die Situation änderte sich noch einmal im Zweiten Punischen Krieg: 218 v. Chr. überquerte Hannibal die Alpen an der Spitze eines karthagischen Heeres mit Tausenden keltischer Söldner. Durch seine spektakulären Siege kontrollierte es ganz Italien, konnte aber Rom nicht erobern. Nach dem Zusammenbruch Karthagos 203 v. Chr. brauchten die Römer zehn Jahre, um ihre Kontrolle über die Gallier der Poebene wieder herzustellen. 191 wurden als letzte die Bojer besiegt und die Region wurde cisalpines Gallien genannt, damals Roms nördlichste Provinz.

Unten: Silberberner Beschlag eines keltischen Schildes aus Manerbio, Norditalien, mit elf strahlenförmig angeordneten Köpfen von gallischen Kriegern.

Die Verbreitung
keltischer Kunst

Shetland-
Inseln

Orkney-
Inseln

Westliche
Inseln

GALEN

PIKTEN

BRITONEN

London

ATLANTIK

NORDSEE

OSTSEE

Gundestrup

Eigenbilzen

BELGER

Somme-Bionne

Weisskirchen

Rhein

Pfalzfeld

Basse Yutz

Waldalgesheim

Main

Amfreville

Paris

Besseringen

Rodenbach

Schwarzenbach

Parsberg

Manching

Seine

Bouray

Vix

Heidelberg

Holzgerlingen

Donau

Hallstatt

Loire

La Tène

Trichtingen

Einflussgebiet der
keltischen Kunst von
Hallstatt und La Tène

GALLIER

Loire

Saône

Genfer
See

KELTO-LIGURIER

Po

Aurillac

Rhône

Noves

Bononia (Bologna)

Fenouillet

Roquepertuse

Entremont

KELTIBERER

Korsika

Sardinien

Balearen

MITTELMEER

Kapitel 3
Keltische Kunst

Keltische Kunst wurde in den letzten Jahren ungeheuer populär. Keltische Muster sind als Tätowierungen beliebt und keltisches Dekor unterstützt den Verkauf von Produkten, die meist mit der keltischen Welt nichts zu tun haben. Die geometrischen Muster, Spiralen, komplizierten Flechtbänder und stilisierten Gesichter haben inzwischen auf der ganzen Welt einen hohen Wiedererkennungswert, auch wenn ähnlich charakteristische frühere Beispiele weniger bekannt sind. Die Renaissance der keltischen Kunst in Irland und Britannien hat ihre Wurzeln vor der römischen Eroberung der keltischen Welt in der Kunst der La-Tène-Zeit. Diese basiert auf den künstlerischen Stilen des vorkeltischen Europa der Bronzezeit und früher.

Künstlerische Bewegungen entstanden nur selten in einem Vakuum und die keltische Kunst ist keine Ausnahme. Ihre besondere Form verdankt sie verschiedenen Einflüssen wie dem bereits erwähnten älteren einheimischen Kunsthandwerk und Einflüssen aus den Handelskontakten. Die keltischen Handelsverbindungen mit den mittelmeerischen Kulturen der Griechen und Römer hatten deutliche Einflüsse auf die Entwicklung der keltischen Kunst. Einige Kunsthistoriker wollten sogar einen gewissen Einfluss von orientalischen Kunststilen Persiens und der russischen Steppen feststellen.

Viele Beispiele keltischen Kunsthandwerks stammen aus Gräbern: als Besitz der keltischen Elite, der mit ihr begraben wurde, um den Toten auf dem Weg in das andere Leben behilflich zu sein. Der Beginn der Eisenzeit änderte wenig am Charakter dieser Grabbeigaben, die meist aus Bronze gefertigt wurden. Eisen wurde für Waffen und Rüstungen, Hausrat und Werkzeug benutzt. Keltische Metallarbeiter produzierten einige der auserlesensten Bronzen der Antike.

Die Kunstfertigkeit erreichte am Ende der La-Tène-Zeit ihren Höhepunkt. Die Werke informieren uns über die keltische Kultur und Gesellschaft vor der Ankunft der Römer. Die keltische Kunst war ein Spiegel der natürlichen Welt. Diesem Erfassen der Natur und ihrer Übersetzung in Kunstwerke verdanken wir einige der schönsten Metallobjekte, die je geschaffen wurden.

Die Ursprünge der Kunst

Die Muster auf den Bronzearbeiten der späten Urnenfelderkultur wurden in der Hallstattperiode wiederholt,
und ihre Ursprünge lassen sich bis in neolithische Zeit
zurück verfolgen. Typische Formen der protokeltischen
Ornamentik sind geometrische Muster und Tiermotive.
Sie blieben bis in die Eisenzeit in Gebrauch. Beispiele
dafür finden sich auf Bronzeschwertern, Pferdegeschirr
und Votivgaben.

Unten: Der Trundholm-
Sonnenwagen wurde
um 1200 v. Chr. in
einem dänischen Moor
versenkt. Sonnendar-
stellungen waren in
der frühen keltischen
Kunst sehr verbreitet.

Einige Gräber der Urnenfelderperiode
vermitteln bereits einen Einblick in die
verschwenderisch dekorierten Grabkammern
der keltischen Zeit. Bronzeobjekte aus Gräbern
der Zeit von 1300 bis 1000 v. Chr. sind mit
geometrischen Mustern verziert wie die Brust-
platte, die als Grabbeigabe in Fillinges in Süd-
ostfrankreich unter die Erde kam. Ein ähnliches

Stück, das in Marmesse in Nordostfrankreich
gefunden wurde, weist kreisförmige Ornamente
auf, die an den Umriss einer männlichen Brust
erinnern; es ist auch mit einem gleichmäßigen
Rand aus zwei Reihen von kleinen erhabenen
Kreisen verziert, die jeweils noch einmal von
äußeren Bändern noch kleinerer Punkte
eingefasst sind.

Ein verbreitetes Schmuckthema im bronzezeitlichen Europa war der Jahreszeitenzyklus,
der eine wesentliche Bedeutung für eine bäuerliche Gesellschaft hat. Auch Tiere und Vögel,
insbesondere Haustiere des vorkeltischen
Volkes, wurden gerne abgebildet. Beispiele der
Urnenfelderkultur in Ungarn zeigen Pferde,
Schafe, Schweine und Hunde. Auch Wildtiere
wurden dargestellt, insbesondere Wildschweine
und Bären. Um 1500 v. Chr. begannen die
Handwerker der Urnenfelderkultur mit Dar-

Links: Bestattungsobjekt aus Hallstatt (Österreich). Dieser Bronzebehälter wurde mit einem umlaufenden Fries aus Tieren und geometrischen Mustern im griechischen Stil verziert.

stellungen mythischer Ungeheuer zu experimentieren, die teils menschlich, teils tierisch waren. In dieser Zeit begann der Austausch zwischen den bronzezeitlichen Kulturen von Mitteleuropa und dem Mittelmeerraum. Künstlerische Vorbilder aus dem Süden und Osten Europas haben diesen Realismus bzw. Surrealismus beeinflusst. Bemerkenswert ist die Darstellung von „Vogelmenschen". Es ist unklar, ob sie eine religiöse Bedeutung hatten. In der späteren keltischen Kunst war die Verwandlung von Menschen zu Tieren oder umgekehrt ein immer wiederkehrendes Thema.

Unklare Bedeutung

Ein Bronzefund aus einem Moor in Trundholm in Dänemark von etwa 1200 v. Chr. war möglicherweise eine Votivgabe. Es handelt sich um einen „Sonnenwagen", einen sechsrädrigen Wagen, der eine vergoldete Scheibe trägt, die vermutlich die Sonne darstellt. Diese ist mit geometrischen Spiralen dekoriert. Ein stehendes, naturgetreu dargestelltes Pferd überragt die Vorderseite des Wagens.

Hinweise von den Steinkreisen und aus Grabkammern deuten auf die Wichtigkeit der Sonne in der bronzezeitlichen Gesellschaft Europas hin. Die Verzierung von Bronze- und Goldobjekten mit geometrischen Mustern findet sich auch bei weniger spektakulären Beispielen der bronzezeitlichen Metallbearbeitung. Lineare Muster, konzentrische Kreise und dreieckige Zeichnungen scheinen besonders weit verbreitet gewesen zu sein. Diese kurvilineare Dekoration trifft man ebenso in der späteren keltischen Kunst an.

Zwei spektakuläre künstlerische Objekte der Urnenfelderkultur sind Bronzegefäße in Form von Enten oder Gänsen. Sie wurden in den Karpaten gefunden und entstanden zwischen 1200 und 800 v. Chr. Eines ist offensichtlich die Darstellung eines mythischen Vogels mit Hörnern und Schnabel. Das andere ist die peinlich genaue Darstellung einer Ente mit anmutigem Hals und Schnabel. Das Gefäß steht auf typischen Entenfüßen.

Die Eisenverarbeitung verbreitete sich stark gegen 700 v. Chr. und die unklare Trennung zwischen dem Ende des Bronzezeit und dem Beginn der Eisenzeit weist auf eine Übergangsperiode von der Urnenfelder- zur Hallstattkultur hin. Die starke Kontinuität der Kunst von der vorkeltischen zur frühkeltischen Periode spricht dafür, dass es sich bei der Trennung um eine eher willkürliche Grenzziehung von Archäologen und Museumskonservatoren handelt.

Die Hallstattzeit

Die Hallstattkultur wurde nach einer oberösterreichischen Stadt benannt, in der Archäologen im 19. Jahrhundert eine ausgedehnte Begräbnisstätte entdeckten. Sie bezeichnet den Beginn der eisenzeitlichen Kultur in Europa und gleichzeitig den der keltischen Zivilisation. Sie dauerte ungefähr von 700 bis 500 v. Chr. und endete mit jener ausgedehnten Wanderungsbewegung nach Westen, die von germanischen Siedlern in Gang gesetzt wurde. Diese Periode bereitete den Boden für die darauf folgende stürmische künstlerische Entwicklung.

Unten: Mehrere Hallstatt-Funde aus Bronze und Keramik wurden mit Darstellungen menschlicher Figuren verziert.

Für künstlerische Objekte wurde selten Eisen benutzt, weil Eisenschmiede eher funktionale als dekorative Gegenstände herstellten. Bei den Grabbeigaben war Eisen auf die aristokratische Elite beschränkt, während Kunstgegenstände aus Bronze für fast alle Ränge der sozialen Stufenleiter angefertigt wurden. Die Künstler der Hallstattzeit verwendeten Muster, die schon in der vorhergehenden Urnenfelderkultur eingesetzt worden waren. Die Gegenstände aus den Hallstattgräbern zeigen stilisierte Tiere und Vögel und verweisen möglicherweise auf deren religiöse Bedeutung in der späteren keltischen Gesellschaft. Diese Symbole der natürlichen Umwelt der frühen Kelten blieben bis in das beginnende Mittelalter in Gebrauch (nach 500 v. Chr.). Andere Hallstatt-Skulpturen bestehen aus Reiterfiguren und Kesseln mit wilden und zahmen Tieren. Eine der schönsten ist der Bronzestier aus der Höhle von Blansko in Tschechien, ein Teil eines Opfergefäßes.

Einer der spektakulärsten Funde der Hallstattzeit wurde in den späten 1970er Jahren in Eberdingen-Hochdorf in Deutschland bei der Ausgrabung einer frühkeltischen Grabkammer gemacht. Sie enthielt eine Bronzeliege, die um 530 v. Chr. zu datieren ist; darauf lag das Skelett eines gut gekleideten Kriegers. Ihre Rückseite war mit Darstellungen von Wagen und Kriegern geschmückt und sie stand auf Laufgestellen mit acht Rädern in der Form weiblicher Figuren. Der primitive Stil dieser Darstellungen ist erstaunlich und zeugt von Detailfreude und Perfektion.

Eine ähnlich primitive Figur wurde wenige Kilometer ent-fernt in Hirschlanden bei Leonberg in einer Grabsätte von 500 v. Chr. gefunden. Die Steinfigur ist etwa 1,60 m hoch und stellte, obwohl nackt, sicher einen Krieger dar. Er trägt einen Torques um den Hals, einen Helm ähnlich dem, der im Grab von Eberdingen-Hochdorf gefunden wurde, und ist mit einem Dolch oder kurzen Schwert bewaffnet.

Fernhandel

Kunsthistoriker haben in der frühen keltischen Kunst verschiedene äußere Einflüsse festgestellt. Einer kommt aus dem Südwesten. Er lässt sich in dem merkwürdigen Wagen von Strettweg in der Steiermark feststellen. Auch wenn er in einer Grabkammer der Hallstattzeit gefunden wurde, gehört er noch in das Umfeld der Urnenfelderkultur wie der „Sonnenwagen" von Trundholm: Ein bronzener Opfertisch ist mit

einer Reihe von paarweisen Metall-
spiralen dekoriert. Er wird von einer
weiblichen Figur auf dem Kopf balan-
ciert, die von einer Gruppe von Kriegern und Hirschen umgeben ist.

Das Ganze steht auf einem kleinen
vierrädrigen Wagen und ist 23 cm
hoch. „Kultwagen" dieser Art wurden
mit Thessalien in Griechenland in
Verbindung gebracht und es wurde
vermutet, auch dieses Stück käme aus
Griechenland, obwohl die Figuren der
oben beschriebenen Kriegerfigur ähnlich sehen. Ein griechischer Ursprung
wurde auch für einige der hallstatt-
zeitlichen Objekte aus dem Gräber-
fund von Vix in Südfrankreich angenommen.
Auf einem Wagen lag das Skelett einer Frau,
das einen Goldtorques mit griechischen Ornamenten trug. Zwischen den Griechen und den

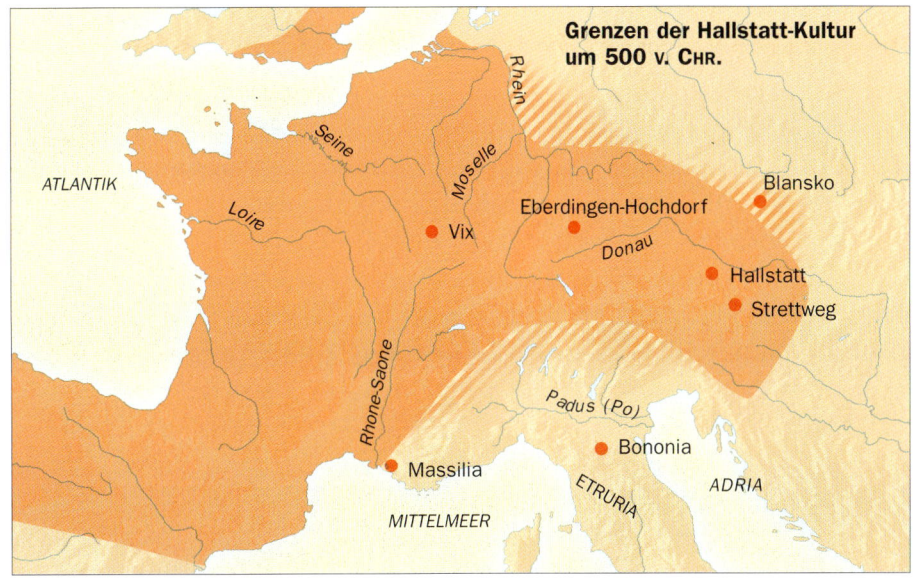

Hallstattkelten gab es Handelsverbindungen
und diese Gegenstände zeigen, dass es einen
keltischen Markt für griechische Kunstgegenstände gab.

Links: Der untere Teil
des Strettweg-Wagens
aus der Steiermark
(Österreich) zeigt be-
rittene Krieger und
Wild rings um eine
nackte weibliche Figur,
die die Basis für eine
bronzene Opferschale
trägt. 6. Jahrhundert
v. Chr., eventuell auch
älter.

Der Gundestrupkessel

1891 wurde im Moor von Raevemosen bei Gundestrup in Jütland, einer Provinz im nördlichen Dänemark, ein großer verzierter keltischer Kessel entdeckt. Es handelt sich um ein zeremonielles Gefäß, das in seine Bestandteile zerlegt worden war, bevor es in das Moor gelangte, mit ziemlicher Sicherheit als Opfergabe. Bedeutung und Herkunft des Kessels werden unter den Historikern diskutiert.

Unten: Der Gundestrupkessel wurde vorsätzlich zerlegt, bevor er in einem dänischen Moor als Votivgabe versenkt wurde. Die Verbindungen der Platten zur unteren Schüssel sind deutlich zu sehen.

Der Gundestrupkessel ist aus vergoldetem Silber und besteht aus 12 einzelnen Platten, die um ein rundes unteres Becken angeordnet sind. Jede davon trägt im Relief (Repoussé-Technik) die Darstellung einer religiösen Szene. Die Ikonographie ist auffällig und lässt verschiedene Einflüsse erkennen, obwohl die meisten Bilder an keltische Kunst erinnern. Mittler-

weile ist man der Ansicht, dass er außerhalb der keltischen Welt, möglicherweise in Thrakien, hergestellt wurde, obwohl dies auch noch bestritten wird.

Ein Teil der Verwirrung geht auf die allgemeine indoeuropäische Natur der Darstellungen zurück. Jütland war germanisches, nicht keltisches Gebiet, und es wurde angenommen, dass die Kimbern den Kessel von den Kelten erbeuteten und ihn dann den Göttern opferten. Aufschlussreich ist die Information, die er über die frühe keltische Gesellschaft und ihren Glauben liefert, da er Stränge keltischer Mythologie und religiöser Praxis zusammenbringt, die die archäologische Information bestätigen.

Der Kessel war mit Sicherheit ein wertvolles religiöses Gerät und wurde wahrscheinlich von den Kelten für rituelle Zwecke benutzt: als

Behältnis für Opferblut oder für kleine Opfergaben. Er maß etwa 175 cm im Durchmesser und entstand im 1. Jahrhundert v. Chr., kurz vor der römischen Eroberung Galliens und dem Zusammenbruch der La-Tène-Kultur.

Unklare Bedeutung

Die Platten der Außenseite tragen Darstellungen von Gottheiten oder mythischen Tieren.

Die Innenseite stellt eine Kultszene dar, vermutlich ein Opferritual. Sie zeigt eine lange Prozession von Priestern, Adeligen und anderen Personen, begleitet von Musikanten, während eine Figur von einem Priester oder Gott in einem Kessel versenkt wird. Die Innenseite des unteren Beckens zeigt einen Mann, der über einem geopferten Stier sein Schwert schwingt. Ein Hund, eine Eidechse und andere Tiere vervollständigen die Szene.

Noch rätselhafter sind die Außenseiten, die von einem anderen Künstler gearbeitet wurden. Ein sitzender Gott, vermutlich Cernunnos, „der Gehörnte", ein Knabe auf einem Delfin, ein bärtiger Gott mit einem Rad und eine Serie von mythischen Tieren sind um die Masken von Gottheiten angeordnet.

Der Gott Cernunnos überwacht im Schneidersitz den Vorgang. Er trägt eine widderköpfige Schlange als Symbol für weltlichen Reichtum und Macht in der einen und einen Torques in der anderen Hand. Einen ähnlichen Torques trägt er um den Hals.

Gold-, Silber- oder Bronzetorques waren ein verbreiteter Schmuck in der keltischen Welt. Sie wurden von Personen gehobenen sozialen Standes getragen. Viele keltische Götter sind mit Torques dargestellt und Cernunnos trägt auf fast allen Abbildungen einen. Er wird auch mit einem Geweih als Kopfschmuck dargestellt das dem in Hooks Cross in Herefordshire, England, gefundenen ähnelt, das zusammen mit römischen Objekten des 4. Jahrhunderts n. Chr. ans Licht trat. Man vermutet, dass keltische Priester diesen Kopfschmuck bei ihren Ritualen trugen, um sich mit der äußeren Natur zu verbinden.

Zu den mythischen und exotischen Tiere gehören Elefanten, eine Katze, Hirsche, Greifen und ein Tiger. Diese unterscheiden sich deutlich von anderen mythischen Tieren, die in der keltischen Kunst dargestellt werden, und könnten für einen östlichen Einfluss stehen; allerdings zeigen auch keltische Münzen, die an anderen Orten gefunden wurden, Elefanten. Auch Greife wurden auf keltischen Metallarbeiten mehrfach abgebildet. Die Opferung von Stieren ist gleich zweimal auf dem Kessel dargestellt.

Was immer seine Funktion sein mag und woher auch immer er kommen mag, der Gundestrupkessel ist eins der schönsten Kunstwerke, das mit der keltischen Welt verbunden ist.

Die frühe La-Tène-Periode

Die La-Tène-Periode gilt als Höhepunkt der vorrömischen keltischen Kultur. Ihre Objekte wurden in einem Großteil Europas gefunden. Für die meisten Kunsthistoriker ist „keltische Kunst" identisch mit dieser Periode vom 5. Jahrhundert v. Chr. bis zur römischen Eroberung Galliens. Die La-Tène-Kunst wurde je nach künstlerischem Schwerpunkt in vier verschiedene Stile eingeteilt: den frühen Stil, den Waldalgesheim-Stil, den plastischen Stil und den Schwertstil.

D ie geografischen Ursprünge des „frühen" Stils konnten ins deutsche Mittelrheingebiet verfolgt werden. Charakteristisch sind die symmetrisch wiederholten Muster, im Allgemeinen floraler Natur. Griechische und etruskische Vorbilder wurden zu einer stärker fließenden Zeichnung umgewandelt. Der Einfluss der Hallstattzeit auf diesen „frühen" Stil besteht in der Verwendung von sich wiederholenden geometrischen Ornamenten und Tiermotiven.

Einige davon wurden ohne Hilfsmittel gezeichnet, andere mit dem Zirkel. Ein Zirkel der La-Tène-Zeit, der möglicherweise von Künstlern benutzt wurde, wurde in Celles in Westfrankreich entdeckt. Die keltischen Künstler verbanden die Schönheit ihrer natürlichen Umwelt mit ihrem Sinn für geometrische

Ordnung. Die Pflanzen und Tiere auf ihren Metallarbeiten sind nur teilweise realistisch, ihre Stängel und Glieder sind überdehnt und miteinander verflochten. Die natürlichen Gegenstände wurden in eine vom menschlichen Künstler gesetzte Ordnung gebracht. In einigen Fällen wurde auch Tier- oder Menschengesichter mit diesen Ornamenten verflochten, so auf den goldenen Trinkhörnern aus dem Grabfund von Weißkirchen in Deutschland, die in einem Widder- und einem Schafskopf enden.

Eine keltische Maske wurde einem importierten etruskischen Gefäß als Henkel angesetzt, sie verband menschliche und tierische Züge miteinander. Die keltische Kunst dieser Zeit war eher symmetrisch und symbolisch als realistisch. Griechische, etruskische und sogar orientalische (persische) Einflüsse wollte man in der frühen keltischen Kunst sehen; Die Künstler ließen sich von importierten Gegenständen und ihrer Umwelt inspirieren. Ein Goldarmband aus Rodenbach in Deutschland war wahrscheinlich von zeitgenössischem orientalischem Schmuck beeinflusst, während andere Stücke aus demselben Friedhof des 5. Jahrhunderts v. Chr. griechischen oder etruskischen Ursprungs sind.

Unten: Ein Paar Achsennägel für einen Wagen, 3. Jahrhundert v. Chr., aus Yorkshire, England. Fahrzeuge jeglicher Art waren extrem kostbar und wurden demgemäß geschmückt. Diese Stücke zeigen die geschwungenen Formen des frühen La-Tène-Stils.

Rheins barg eine große Anzahl von Gräbern und viele enthielten reichen Gold- und Bronzeschmuck, Pferde-, Trink- und Essgeschirr und Waffen. Die meisten Objekte zeigen diesen neuen, frei fließenden Stil. Manche weisen noch einen gewissen Grad an Symmetrie und Einheitlichkeit auf, kombiniert mit weniger gezwungenen Mustern. Die Torques wurden allgemein in dem freien Waldalgesheim-Stil gearbeitet.

Fortlaufende Ranken und Spiralen waren auf diesen Gegenständen üblich. Im 3. Jahrhundert v. Chr. erschienen ähnliche Muster an keltischen Fundplätzen in Norditalien und Westfrankreich. Die Waldalgesheim-Muster waren nicht auf Schmuck beschränkt. Ein bronzener Helm aus Amfreville in Frankreich war mit eine Reihe von getriebenen Reliefmustern (in der so genannten Repoussé-Technik) verziert. Der Rand war mit einem in Eisen eingelegten Fries verziert, während ein wellenförmiges Ornament in griechischem Stil das zentrale Band schmückte.

Obwohl einige Stile regionale Wurzeln hatten, kamen die Einflüsse der keltischen Handwerker aus mehreren Quellen und unterschiedliche Stile konnten nebeneinander benutzt werden.

Links: Der Basse-Yutz-Krug, um 400 v. Chr., zeigt am Griff und Ausguss deutlich den etruskischen Einfluss.

Unten: Bronzeverzierung aus der La-Tène-II-Periode (3. bis 2. Jahrhundert v. Chr), gefunden in einem heutigen Vorort von Paris.

Ein fließender Stil

In Waldalgesheim in Deutschland wurde das Grab einer keltischen Fürstin entdeckt. Die Funde zeigen eine Weiterentwicklung des keltischen Stils. Das Hauptmerkmal ist die Ablösung des symmetrischen geometrischen Musters durch ein unbeschränkt fließendes Dekor. Ähnlich verschwenderisch ausgestattete Frauengräber aus dem 4. Jahrhundert v. Chr. wurden in derselben Gegend gefunden, die als Wiege der keltischen Kunst bezeichnet wurde. Der Eifel- und Hunsrückbereich westlich des

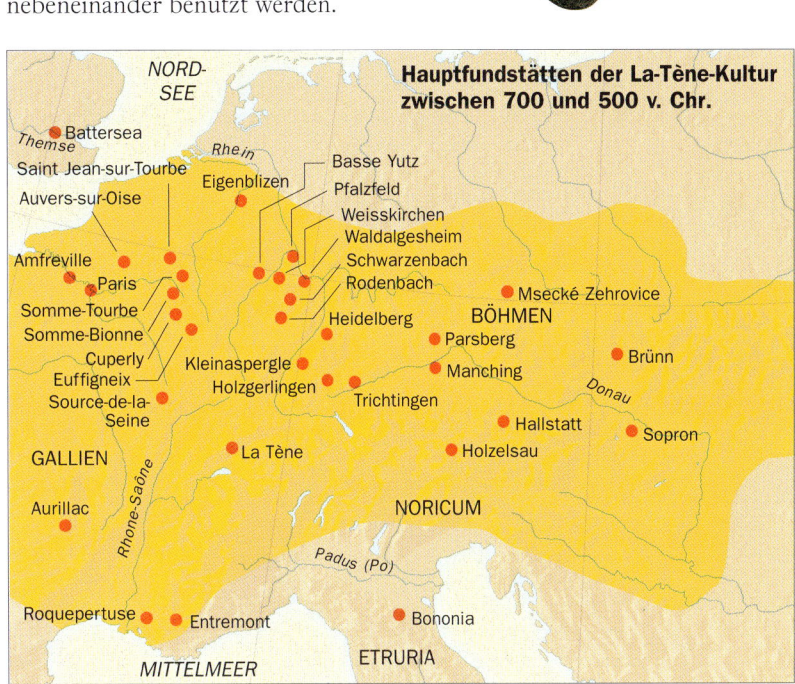

Hauptfundstätten der La-Tène-Kultur zwischen 700 und 500 v. Chr.

NORD-SEE

Themse
Battersea
Saint Jean-sur-Tourbe
Auvers-sur-Oise
Rhein
Eigenblizen
Basse Yutz
Pfalzfeld
Weisskirchen
Waldalgesheim
Schwarzenbach
Rodenbach
Amfreville
Paris
Somme-Tourbe
Somme-Bionne
Cuperly
Euffigneix
Source-de-la-Seine
Kleinaspergle
Holzgerlingen
Heidelberg
BÖHMEN
Mecské Zehrovice
Parsberg
Brünn
Manching
Trichtingen
Donau
La Tène
Hallstatt
Sopron
Holzelsau
GALLIEN
Rhone-Saône
Aurillac
NORICUM
Padus (Po)
Roquepertuse
Entremont
Bononia
ETRURIA
MITTELMEER

47

Die Entwicklung der La Tène

Im Verlaufe der Entwicklung der La-Tène-Kunst entwickelten die Künstler neue Stile wie dreidimensionale Darstellungen. Entgegen der Annahme, dass die keltischen Metallarbeiten im 2. Jahrhundert v. Chr. ihren Höhepunkt erreichten, finden sich viele dieser Stile in Britannien auch noch später. Die La-Tène-Elemente wie die frei fließenden, verwickelten Ornamente und menschliche wie tierische Formen im Hochrelief standen für keltische Kunst schlechthin.

D ie frühen künstlerischen Stile der La-Tène-Periode waren im Allgemeinen zweidimensional. Sie wurden als realistische oder stilisierte Dekorationen auf dreidimensionalen Gegenständen angefertigt, zum Beispiel als Relief auf einer Schale. Im 3. Jahrhundert v. Chr. entstand ein neuer Stil, der ähnlich wie der frühe und der Waldalgesheim-Stil selten in Verbindung mit anderen Formen eingesetzt wurde. Der „plastische" Stil war vom Künstler oder Schmied als dreidimensionale Dekoration angelegt. Die Reliefs dieser „plastischen" Metallgegenstände erscheinen fast freistehend gearbeitet.

Ein charakteristisches Beispiel wurde im Aurillac in Frankreich bei der Stadt Tarn gefunden. Dieses Goldamulett besteht aus zwei miteinander verflochtenen Bändern, die mit ornamentalen Perlstäben bedeckt sind. Diese Stäbe sind in Hochrelief ausgeführt und mit stilisierten Nüssen, Beeren und Zweigen durchzogen. Ähnliche Darstellungen zeigen menschliche oder tierische Masken, die auch mit funktionalen Teilen von Metallarbeiten wie Kesselgriffen oder Schildbeschlägen verbunden sind.

Ein vierter unterscheidbarer Stil der La-Tène-Kunst wird „Schwertstil" genannt, weil die meisten Beispiele für ihn von der Dekoration von Waffen, Schwertscheiden oder Rüstungen stammen. Daraus wurde geschlossen, dass dieser Stil von Waffenschmieden erfunden und ausschließlich von ihnen benutzt wurde.

Unten: Der bronzene Spiegelrahmen aus Desborough in Northamptonshire, England, zeigt ein symmetrisches dreiteiliges verflochtenes Muster. 1. Jahrhundert n. Chr.

Gegenüber: Der Battersea-Schild, gefunden in der Themse in London, gehörte möglicherweise einem angesehenen britannischen Häuptling. Aus dem 1. Jahrhundert v. Chr.

Die Muster waren der Funktion der Geräte angepasst, während der ausufernde „plastische" Stil wenig zweckdienlich für Waffen und Rüstungen gewesen wäre. Beim „Schwertstil" handelte es sich hauptsächlich um eingravierte Dekors auf der Oberfläche von Metallarbeiten.

Man nimmt an, dass dieser Stil in der Gegend des heutigen Ungarn im 4. Jahrhundert v. Chr. entstand, obwohl Beispiele sowohl in West- wie Osteuropa gefunden wurden. Viele waren Votivgaben, die bei einer religiösen Zeremonie in Flüssen oder Seen versenkt wurden. Viele Ornamente des „Schwertstils" waren im „Waldalgesheim"-Stil angelegt: frei fließende Muster und Spiralen, die gelegentlichen mit Darstellungen von Menschen oder Tieren kombiniert wurden. Die Schmiede scheinen paarweise angeordnete Drachen bevorzugt zu haben, die sowohl in Britannien wie in Ungarn gefunden wurden.

Die Kunst der Skulptur

Die keltischen Künstler stellten neben Metallgegenständen auch beachtenswerte Skulpturen her. Sie waren aus Stein, Metall und Holz. Die Beispiele reichen von rohen, einfachen Steingravierungen bis zu hochdetaillierten Bronzearbeiten. Steinplastik war nicht sehr verbreitet und die meisten Stücke stammen aus Süddeutschland oder Südfrankreich. Besonders beeindruckend sind die Fundstücke der Provence, weil sie wie in Roquepertuse oder Entremont in einem Heiligtum in die Landschaft integriert sind. Die Objekte aus Deutschland sind rätselhafter. Ein vierseitiger Pfeiler im Hunsrück basiert auf der Form eines stilisierten menschlichen Kopfes, ein anderer aus Holzgerlingen in Württemberg stellt einen überlebensgroßen Krieger oder Häuptling dar. Vielleicht entstanden sie aus religiösem Anlass, aber ihre Bedeutung kann man heute nur mehr vermuten.

Holzplastiken sind seltener, da sie offenbar der Witterung zum Opfer gefallen sind. Votivgaben wurden in Zeiten der Bedrohung dargebracht. So wundert es nicht, dass viele davon in Südgallien aus der Zeit der römischen Eroberung stammen. In Source-en-Roche in Frankreich wurden mehrere tausend hölzerne Votivstatuen zur gleichen Zeit dargebracht.

BRITANNIA
TRINOVANTES
BELGAE   REGNI   CANTII
MENAPII   NERVII   EBURON
NERVII   ADUATUCI
Portus Itius   MORINI   ATREBATES   Sambre   CONDRUSI
AMBIANI   BELGAE   TREVE

Gallien um 60 v. Chr.
Römische Provinzen Gallia Cisalpina und Transalpina, Aquitanien (nicht-keltisch), keltisches Gallien und die Stämme der Belger kurz vor den Feldzügen Julius Cäsars

MARE BRITANNICUM
(ÄRMELKANAL)

Samarobriva
(Amiens)

Somme

BELLOVACI

CALETES

Rotomagos
(Rouen)

Seine

REMI   MEDIOMETR

Durocortorum
(Reims)

Meuse

UNELLI   BAIOCASSES   VELIOCASSES   SUESSIONES
LEXOVII   PARISII   Lutetia   (Paris)
OSISMI   AULERCI   EBUROVICES   PARISII MELDI   LEUCI
CURIOSOLITAE   AULERCI   DIABLINTES   Marne   SEO

VENETI   REDONES   AULERCI   CENOMANI   CARNUTES   SENONES   LINGONES   Seine
Sarthe   CARNUTES   Cenabum   (Orléans)   MANDUBII
NAMNETES   ANDEGAVI   Loire   Hauptort der Carnutes und Druidenzentrum   Alesia   (Alise Ste.-Reine)
Condevincum   (Nantes)   TURONES   CARNUTES   SENONES   AEDUI   SEQUA
BITURIGES   Avaricum   (Bourges)   Bibracte   Cabillonum
MARE OCEANUM   (ATLANTIK)   PICTONES   BITURIGES   (Mont Beuvray)   (Châlon-sur-Sa
Loire   AEDUI
Limonum   (Poitiers)   Cher   AMBARRI
SEGUSIAVI
Rechts: Für die Kelten hatten Flüsse, Seen, Bäume und sogar Felsen eine religiöse Bedeutung. Man weiß, dass keltische Heiligtümer oft mitten im Wald verborgen lagen. Das keltische Wort *nemeton* (Eiche) deutet möglicher-weise auf diese heiligen Haine hin. Innerhalb der keltischen Welt lassen sich zahlreiche derartige Ortsnamen finden.

GOLF
VON
BISCAIA

LEMOVICES
Charente   SANTONES   AVERNI   Lugdunum   (Lyon)

Saône
PETROCORII   Dordogne   CADURCI   Lot   RUTENI   Rhône

BITURIGES   VIVISCI

Garonne   BOII   TARBELLI   Adour   AUSCI   GALLIA TRANSALPINA

A Q U I T A N I A

Tolosa   (Toulouse)   Arelate   (Arles)

Narbo   (Narbonne)

H I S P A N I A

(KELTISCHES GALLIEN) GALLIA

KAPITEL 4

Keltischer Glaube

Das allgemeine Bild der keltischen Religion ist beherrscht von Druiden und Menschenopfern. Zwar existierten beide und spielten eine wesentliche Rolle im keltischen Glauben, aber ihre Bedeutung wurde doch übertrieben. Die Römer hatten gegenüber den Kelten ein fast rassistisches Vorurteil, weil diese mehr als 200 Jahre lang permanent ihre Grenzen bedrohten. Die Kelten wurden dämonisiert und die offensichtlichen Merkwürdigkeiten ihrer Religion aus Sensationslust aufgebauscht.

Mit Sicherheit spielten die Druiden in der keltischen Religion eine bedeutende Rolle. Sie überwachten nicht nur die religiösen Zeremonien, sondern dienten auch als Schreiber, Diplomaten und Schiedsrichter. Sie wurden vor allem wegen ihres Wissens und ihrer Heilkunst hoch geachtet und nicht wegen ihrer Rolle bei blutrünstigen Opferriten.

Häufigkeit und Bedeutung von Menschenopfern wurden von den römischen Historikern maßlos übertrieben. Sie fanden zwar statt, aber im Normalfall wurden Tier geopfert; Menschen wurden nur in Zeiten extremer äußerer Bedrohung wie der römischen Invasion geopfert. Viel verbreiteter war die weniger spektakuläre „Opferung" von Votivgaben; Bronze- oder Holzstatuen wurden im ganzen keltischen Europa in die Flüsse, Seen und Moore versenkt.

Für die Kelten hatten Flüsse Seen, Bäume und sogar Felsen eine besondere religiöse Bedeutung: Hier zeigten sich ihre Götter. Die römischen Historiker versuchten die führenden keltischen Gottheiten mit römischen Göttern zu verbinden, um die unterworfenen Völker in Gallien, Spanien und Britannien an den römischen Glauben zu binden. Dies war nur zum Teil erfolgreich und die romanisierten Kelten verehrten in der gesamten römischen Zeit und auch später bis zu ihrer Christianisierung weiterhin ihre alten Götter. Der christliche Kalender wurde dem keltischen angepasst und selbst heute finden sich noch Spuren keltischer Gebräuche. Der keltische Glaube beruhte zu einem Großteil auf dem Jahreszeitenzyklus, den Ernten und den Bewegungen der Sonne, wie in einer bäuerlichen Gesellschaft nicht anders zu erwarten.

GERMANIA

Rhein

VERI

NEMETES

ves
ier)

TRIBOCI

Rhein

HELVETII

enburger
See

ELVETII
See

LOBROGES

Der keltische Kalender

Lange vor den Kelten richteten die ursprünglichen Völker Westeuropas ihr Leben nach dem Wechsel der Jahreszeiten aus. Sie beachteten den Zyklus von Mond, Sonne und den größeren Gestirnen. Das Bestehen von Steinkreisen wie Stonehenge legt nahe, dass das Studium von Himmelsphänomenen weit verbreitet war. Die Kelten entwickelten die bestehenden Erkenntnisse auf dem Gebiet der Kosmologie weiter.

Gegenüber unten:
Menhire in Stenness, Orkney. Untersuchungen belegen, dass die Erbauer weit reichende astrologische Kenntnisse hatten.

Der Kalender von Coligny ist der älteste bekannte keltische Kalender; er stammt aus dem 1. Jahrhundert v. Chr. und besteht aus einer Reihe gravierter Bronzeplatten mit gallo-keltischen Inschriften. Seit seiner Entdeckung 1897 wurde er von den Historikern intensiv studiert. Durch den Vergleich mit anderen Quellen können die Forscher jetzt verstehen, wie die Kelten ihren Kalender benutzten und ihn mit der Religion, dem Zyklus des Landbaus und dem Mond- und Sonnenzyklus verbanden.

Er beruht auf einem 30-jährigen Zyklus und bestätigt damit die Beobachtung des römischen Historikers Plinius. Verbindungen mit älteren indoeuropäischen Kalendersystemen sind erkennbar. Der keltische Kalender war sicherlich fortgeschrittener und komplexer als der julia-nische Kalender der Römer, der ihn ablöste. Der Jahreszeitenzyklus war um den Mittsommer-(Samon) und Wintermonat (Giamon) angeordnet. Diese teilten das Jahr in die helle Periode nach dem Mittsommermonat und die dunkle nach dem Wintermonat. Die Monate galten entweder als gut (Mat) oder schlecht (Anm). Jeder Monat bestand aus 29 oder 30 Nächten; die Kelten zählten die Monate nach den Nächten und nicht wie wir nach Tagen. Plinius schreibt, dass die Monate nach dem Mondzyklus eingeteilt (entweder Voll- oder Neumond) waren. Und diese folgten wiederum einem 62-Monats- oder 5-Jahres-Zyklus und nicht dem 12-Monats-Zyklus, der in diesem Kalender sechsmal wiederholt wurde.

Zyklus von Leben und Tod

Der Jahreszyklus war von entscheidender Bedeutung für eine bäuerliche Gesellschaft: Feste markierten den Übergang von einer Jahreszeit in die nächste. Samhain (verbunden mit dem Tod, aber nicht mit Samon zu verwechseln) wird heute als Halloween gefeiert. Beltane (heute der erste Mai) steht für Jugend und Liebe. Mittsommer und Mittwinter sind ebenfalls Wendepunkte des

Rechts: Das keltische Neujahr wird in Burghead (Schottland) nach wie vor durch eine Feuerzeremonie begangen, die keltische Wurzeln hat.

Kalenders als Umbruch von heller und dunkler Phase des Jahres.

Die frühe irische Literatur überliefert Einzelheiten dieser vier Hauptjahreszeitenfeste im keltischen Jahr. Zu Samhain suchten die Geister die Lebenden heim, was den Anlass zum heutigen Halloween bildet, während Beltane den Sommeranfang bezeichnet, wenn das Vieh auf die Weide getrieben wird. Damit sind Licht und Feuer verbunden. Eine irische Chronik des 9. Jahrhunderts berichtet, dass zu diesem Datum das Vieh zur symbolischen Abwehr aller erdenklichen Seuchen zwischen zwei Reisigfeuern durchgetrieben wurde.

Frühlingsanfang wurde als Imbolc am 1. Februar gefeiert und war der Beginn der Lammsaison. Lughnasadh war das herbstliche Erntefest am 1. August, das mit Spielen und Gelagen begangen wurde. Imbolc wird immer noch in der „Celtic-New-Year"-Feier in Burghead in Nordostschottland begangen, auch Erntedank und Halloween haben keltische Wurzeln.

Der Kalender von Coligny liefert den Zeitplan für religiöse Feiertage und legt nahe, dass die Feste der Iren im frühen Mittelalter ebenso von den Galliern des 1. Jahrhunderts v. Chr. begangen worden waren. Nach der römischen Eroberung Galliens wurde offiziell der römische Kalender übernommen. Dennoch wurden manchmal auch lokale Feiertage beibehalten. Auf ähnliche Weise geriet der keltische Kalender im römischen Britannien in Vergessenheit. Auch wurden im römischen Gallien die alten keltischen astrologischen Symbole durch die römischen ersetzt.

Oben: Gallo-römischer Tierkreis aus Holz und Elfenbein aus dem 2. Jahrhundert n. Chr. Aus dem Gebiet der Vogesen (Frankreich).

Tod und Jenseits

Vieles in der keltischen Religion liegt wegen des Fehlens schriftlicher Quellen im Dunkeln. Die Archäologie versorgt uns jedoch mit reichlichen Informationen über die keltische Haltung zu Tod, Begräbnis und Jenseits. Cäsar beschrieb die gallische Sicht des Lebens nach dem Tode und diese einzigartige keltische Auffassung wird von irischen Chronisten noch sechs Jahrhunderte später, gegen Ende der keltischen Ära, bestätigt.

Unten: Rekonstruktion einer Wagenbestattung aus der La-Tène-Zeit, Marne-Gebiet (Frankreich). Ein keltischer Häuptling liegt mit seinen Waffen und anderen Gegenständen zwischen zwei Wagenrädern. Darüber wurde später eine zweite Bestattung durchgeführt, die oberhalb zu sehen ist.

Die archäologischen Quellen zeigen, dass von der frühen Eisenzeit bis in das 7. Jahrhundert v. Chr. die keltischen Toten mit einem Teil ihres weltlichen Besitzes begraben wurden. Seit langem werden antike Kulturen anhand ihrer Begräbnissitten identifiziert. Die Urnenfelderkultur des frühen 1. Jahrtausends wurde als „protokeltisch" beschrieben und ihr Name wurde von der Praxis abgeleitet, die Toten zu verbrennen und in Urnen auf Gräberfeldern beizusetzen. Während der Hallstattkultur (ca. 1200 bis 475 v. Chr.) kehrte man zur Körperbestattung zusammen mit seinen Besitztümern zurück. Die Wagen, die dabei häufig benutzt wurden, scheinen den Einfluss der

östlichen nomadischen Tradition zu spiegeln. Die Entdeckung dieser Bestattungsformen in Nordösterreich und Bayern führten zur Bestimmung der Hallstattkultur in diesem geografischen Bereich. Die Wagen lieferten auch wertvolle Informationen über die Gesellschaft, in der der Tote einst lebte. In den meisten Fällen war die Leiche auf einem vierrädrigen Wagen aufgebahrt, umgeben von persönlichen Besitztümern. Sie waren entweder in einer unterirdischen Kammer oder in einem Grabhügel bestattet.

In der nachfolgenden La-Tène-Kultur erfolgte ein Wechsel der Grabbeigaben. An die Stelle der vierrädrigen Wagen traten zweirädrige Streitwagen, und mehr und mehr verzierter Schmuck wurde die Regel. Kriegergräber ließen sich durch Waffen und Rüstungsteile identifizieren (Speere, Schilde, Helme, Schwerter), andere Gräber enthielten Trinkhörner, Kessel und Servierplatten.

Irische Chroniken erwähnen, dass keltischer Tradition zufolge in der anderen Welt getafelt wird. Die Beigabe von Ess- und Trinkgeschirr zu den Gräbern könnte für eine Kontinuität von

der Eisenzeit bis in das Mittelalter sprechen. Frauen wie Männer wurden mit diesen Gerätschaften begraben und das Hallstattgrab von Vix in Ostfrankreich aus dem 6. Jahrhundert v. Chr. ist eines der frühesten Beispiele dafür.

Dieses Grab weist auch darauf hin, dass Frauen einen hohen Status in der keltischen Gesellschaft erreichen konnten, wie es auch von römischen Schriftstellern wie Tacitus im 1. Jahrhundert n. Chr. berichtet wird. Manche Grabbeigaben deuten durch symbolische Verweise auf das Jenseits hin, wie ein Goldamulett aus einem Grab in Rodenbach in Deutschland aus dem späten 5. Jahrhundert, dessen Darstellungen als Tod und Auferstehung interpretiert wurden.

Extreme keltischer Religion

Eigenartigere Traditionen, die Tod und Jenseits betreffen, finden sich in der letzten Periode Galliens vor der römischen Eroberung. Der Kopf galt als das Behältnis der Seele, und so wurden die abgetrennten Köpfe von Kriegern manchmal in Schreinen aufbewahrt oder in speziellen Grabbezirken beigesetzt. Römische Beobachter mögen daraus geschlossen haben, dass es sich dabei um Menschenopfer handelte.

Rituelle Tötung und Opfer werden im folgenden Abschnitt diskutiert. Einige Familienbestattungen der La-Tène-Zeit legen tatsächlich die Vermutung nahe, dass ein Teil der Familienmitglieder getötet und mit dem Familienoberhaupt gemeinsam beerdigt wurde. Diese Praxis wird mit dem indischen Wort für diese Sitte als „Sati" bezeichnet.

Ein Grab in Hoppstädten in Deutschland weist einen solchen Befund auf, es kann aber auch sein, dass die Familie gleichzeitig an einer Krankheit gestorben ist. Cäsar beschreibt diesen Brauch in der Mitte des 1. Jahrhunderts v. Chr., fügt aber hinzu, dass er außer Gebrauch geriete. Auf jeden Fall deutet er auf einen starken Glauben an das Leben nach dem Tod hin.

Oben: Kriegerbestattung im 5. Jahrhundert v. Chr. Männer senken den Wagen in das Grab, ein Druide singt neben dem Toten und ein weiterer gießt ein Trankopfer ein.

Opfer

Die keltische Religion wurde häufig mit Menschenopfern gleichgesetzt. Dies geht auf die griechischen und römischen Schriftsteller zurück, die vorgaben, dieses Ritual im Detail zu beschreiben. In jüngerer Zeit haben die archäologischen Entdeckungen größere Klarheit über Menschen- und Tieropfer geschaffen. Diese Ritualmorde können nun in ihrem richtigen Blickwinkel als integraler Bestandteil des keltischen Glaubenssystems gesehen werden.

Unten: Römische Historiker beschreiben ein keltisches Opferritual, bei dem Gefangene in einem Weidengeflecht in Menschengestalt verbrannt werden. Wahrscheinlicher ist, dass nur Strohpuppen als Teil einer Opferzeremonie verbrannt wurden, vor allem in Zeiten der Not.

D as Wort „Opfer" kann definiert werden als Gabe von etwas Wertvollem – einem Lebewesen oder einem Gegenstand – an die Götter; entweder, indem man das Opfer in einem Ritual tötet oder den Gegenstand zerstört oder ihn unwiederbringlich deponiert (in einem See oder einem Fluss). Cäsar, Strabo und Diodor beschrieben das gallokeltische Opferritual im 1. Jahrhundert n. Chr. und betonen die Rolle der Druiden dabei. Cäsar vermutete auch, dass die Opfer nicht zufällig ausgesucht wurden: „Sie glauben, dass den unsterblichen Göttern die Tötung eines Opfers eher gefällt, wenn es bei Raub oder Diebstahl oder einem anderen Verbrechen ergriffen worden sei, aber wenn keines dieser Art zur Verfügung stehet, greifen sie auch zu Unschuldigen."

Das Opfer wurde als Antwort auf bestimmte Geschehnisse dargebracht, wie die Bedrohung des Gemeinwesens durch Kriege, Seuchen oder Trockenheit. Menschen, die an Krankheit leiden oder sich in Gefahr befinden, bringen entweder ein Menschenopfer dar oder geloben eines.

Das Skelett eines Mannes wurde hinter der Befestigung der keltisch-britischen Höhenfestung in South Cadbury in Somerset gefunden. Aus seiner Haltung schloss man, dass er gefesselt und als Menschenopfer getötet wurde. Der Krieger von Cadbury war möglicherweise ein feindlicher Gefangener, doch wurden während der Boadicea-Revolte in Britannien auch Frauen und Kinder bei druidischen Zeremonien geopfert. Krieg und Opfer waren so eng miteinander verknüpft.

Die Kelten waren bekannt für ihre Verehrung von Köpfen – sie schlugen die Köpfe von Gefallenen ab und hoben sie auf. Auch wenn es sich um keine Form des Opfers handelt, war die „Kopfjagd" doch ein Teil der keltischen Kriegsführung und galt als Ritual. Diodor berichtet: „In Zeiten großer Bedrohung töteten sie (die Druiden) einen Menschen und erstachen ihn mit einem Dolch … und wenn das Opfer zu Boden gefallen war, lasen sie die Zukunft aus der Art, wie es fiel, aus der Bewegung seiner Lippen und dem Fluss des Blutstroms." Tacitus behauptet, dass sie „… ihre Altäre mit dem Blut von Gefangenen benetzten und den Willen der Götter in menschlichen Eingeweiden lesen…".

Kessel des Todes

Eine andere Art beschreibt der römische Historiker Strabo, nach der „… die Opfer über einem Kessel aufgehängt und ihre Kehle durchschnitten wurde, so dass ihr Blut in den Kessel lief." Der Gundestrupkessel aus dem 1. Jahrhundert v. Chr. zeigt ein keltisches Heer; auf einer Seite hält ein Mann eine kleinere Figur über einen Kessel. Es wurde vermutet, dass hier ein solches Opfer dargestellt ist. Cäsar berichtete, dass die Kelten wegen ihres starken Glauben an das Leben nach dem Tod wenig Angst vor diesem hatten. Die Seele starb nicht, sondern wanderte einfach in den

Links:
Ein Menschenopfer
wird von einem
Druiden über einen
Kessel gehalten.
Detail des
Gundestrupkessels
(*siehe Seite 44*).

nächsten Körper. Seine Beschreibung der Men- schenopfer umfasst auch die rituelle Verbren- nung in großen Figuren aus Weidengeflecht, ein Aspekt, der von der volkstümlichen Vorstel- lungskraft noch ausgemalt wurde: „Manche Stämme bauen riesige Figuren mit Gliedern aus geflochtenen Weidenzweigen, die sie dann mit lebenden Menschen füllen. Dann werden diese Bildnisse angezündet und die Menschen ster- ben in einem Flammenmeer." Heute ist man

der Ansicht, dass diese Berichte unzutreffend sind. Es wurden menschenförmige Figuren aus Holz oder Weidengeflecht verbrannt. Oft wurden Tiere geopfert, meist wertvolle Haus- tiere: Hunde und Pferde wurden häufig mit begraben. Eine Variante war die Herstellung geschnitzter Votivgaben, eine weniger drastische Form des Opfers. Zahllose dieser Schnitzereien von Haustieren wurden in der ganzen kelti- schen Welt gefunden.

Die Moorleichen

In den letzten 180 Jahren wurden zahlreiche Überreste von Menschen aus den Sümpfen und Mooren Nordwesteuropas geborgen. Viele von ihnen waren sehr gut erhalten, obwohl sie seit der Eisenzeit im feuchten Torf gelegen sind.

Oben: Der gut erhaltene Kopf eines Mannes, der stranguliert worden war, ehe er rituell in einem Torfmoor bei Tollund (Dänemark) versenkt wurde.

Nicht all diese Körper waren notwendigerweise Menschenopfer – Kriminelle können ebenso hingerichtet und ihre Körper dann im Moor versenkt worden sein. Der römische Historiker Tacitus erzählt, dass in Germanien „Feiglinge und Deserteure sowie die Anhänger unnatürlicher Laster in Feuchtmooren unter Flechtwerk ertränkt wurden."

1983 entdeckten Torfstecher in Lindow Moss in Cheshire eine Leiche. Nach einigen Betrugsversuchen wurden schließlich die Archäologen zur Prüfung gerufen. Der Lindow-

Mann war Mitte 20, als er starb, hatte einen Schnurrbart und war wohlgenährt und gepflegt. Er fand ein grausames Ende: Er wurde mit schweren Schlägen auf den Hinterkopf betäubt, bevor er mit einer um seinen Hals befestigten Schnur aus Sehnen erdrosselt wurde. Dann wurde ihm die Kehle durchschnitten und die Leiche mit dem Gesicht nach unten im Moor versenkt. Nach der C-14-Datierung wurde er im 1. Jahrhundert n. Chr. getötet, zur Zeit der römischen Invasion Britanniens. Es war sicher eine rituelle Hinrichtung, da er bis auf ein Amulett nackt und sein Körper bemalt war. Seine letzte Mahlzeit enthielt Brot, Getreide und Pollen von Misteln. Dies führte zu der Vermutung, ob es sich bei seinem Tod nicht um den Teil einer druidischen Zeremonie gehandelt haben könnte, mit denen Misteln immer verbunden waren. Nach seinem Aussehen war er von hohem sozialen Rang. Seine rituelle Ermordung mit „drei Todesarten" hat eine Parallele in dem irischen Mythos eines Königs, der mit einer dreifachen Tötung geopfert wurde.

Grausamer Tod

Obwohl Dänemark außerhalb der keltischen Gebiete lag, finden sich hier doch einige materielle Spuren der keltischen Kultur. Verschiedene antike Moorleichen wurden dort gefunden und alle tragen zu unserem Verständnis von keltischen Mooropfern und Bestrafungen bei.

1839 wurde die Leiche einer großen vollständig bekleideten Frau um die 50 in Juthe Fen in Jütland gefunden. Es sieht so aus, als habe sie noch gelebt, als sie ins Moor geworfen wurde. Hölzerne Haken waren durch ihre Knie und Ellbogen getrieben, um sie im Moor festzuhalten. Auf dem Körper lagen große Zweige, die ihn unter die Oberfläche drücken sollten. Die Altertumswissenschaftler des 19. Jahrhunderts, die die Leiche untersuchten, fanden ein schreckverzerrtes Gesicht. Die Exekution fand in der Eisenzeit statt. Die Historiker fragten sich, ob es sich um eine vermeintliche Hexe gehandelt haben könnte.

Eine zweite weibliche Leiche wurde in Windeby in Schleswig-Holstein gefunden. Sie war eine Jugendliche von 12 bis 14 Jahren. Ihr Tod war klar ein ritueller Akt, ein Teil ihrer Haare war abrasiert und sie wurde mit verbundenen Augen getötet. Sie wurde von Birkenzweigen und einem großen Stein unter der Oberfläche gehalten. Es ist unklar, ob sie eine verurteilte Delinquentin oder ein religiöses Opfer war, aber die Archäologen halten das Letztere für möglich. Tacitus berichtet auch, dass Ehebruch durch Ertränken bestraft wurde.

Der Körper eines Mannes der Eisenzeit wurde in Tollund in Dänemark entdeckt. Er zeigte die gleichen Zeichen einer rituellen Hinrichtung wie der Lindow-Mann. Er war nackt bis auf eine Kappe und einen Ledergürtel und war mit einer Sehnenschnur erdrosselt worden. Wie bei dem Lindow-Mann bestand seine letzte Mahlzeit aus einem Brot aus Getreidekörnern, das er unmittelbar vor seinem Tod zu sich genommen hatte. Die Ähnlichkeiten lassen vermuten, dass solche rituellen Hinrichtungen in der keltischen Welt und ihrer Peripherie gebräuchlich waren. Zwei weitere Moorleichen wurden entdeckt: Die eine, der Borre-Fen-Mann, war erdrosselt worden, bei der anderen, dem Grauballe-Mann, war die Kehle durchgeschnitten worden. Wasser hatte für die Kelten eine rituelle Bedeutung und so müssen diese Mooropfer Teil einer lang vergessenen religiösen Zeremonie gewesen sein.

Unten: Der Lindow-Mann erlitt „drei Tode", bevor er vor etwa 2000 Jahren in einem Moor in Cheshire in England versenkt wurde.

Heilige Landschaften

Römische Chronisten berichten, dass der keltische Gottesdienst oft im Freien stattfand, an Plätzen, die als heilig galten. Dazu gehörten Eichenhaine, Quellen, Seen, Inseln, Teiche oder Flüsse. Es gibt kaum archäologische Zeugnisse dafür – nur ein paar Votivgaben oder andere religiöse Gegenstände. Die Kelten errichteten jedoch auch Tempel oder Schreine, deren Überreste noch heute entdeckt werden.

Unten: Der „Hostage's Mound" (Geiselhügel) am Tara Hill, County Meath, Irland. Auf diesem Grabhügel stand der „Fal Stone", an dem die irischen Könige gekrönt wurden.

Der römische Chronist Lukan berichtet, wie Cäsars Armee einen heiligen Hain in Südgallien auffand:

„Dort war ein Hain, seit alten Zeiten von Menschenhand unberührt, dessen verstrickte Äste einen Raum von Dunkelheit und kaltem Schatten einschlossen und das Sonnenlicht von oben abhielten. Kein ländlicher Pan lebte hier …. aber Götter wurden hier mit wilden Riten verehrt, die Altäre waren überhäuft mit grausigen Opfergaben und jeder Baum war getränkt mit menschlichem Blut. Auf diese Äste wagte sich kein Vogel zu setzen, in diesem Dickicht würde sich kein wildes Tier niederlegen, kein Wind strich durch dieses Holz, kein Blitzstrahl zerteilte die schwarzen Wolken, die Bäume breiteten ihre Äste aus. Wasser entsprang reichlich aus dunklen Quellen. Die Bilder der Götter, grimmig und roh, waren unbehauene Blöcke aus gefällten Baumstrünken."

Die Nemetonen

Die keltischen Heiligtümer lagen oft in Hainen tief in den Wäldern versteckt. Das keltische Wort „Nemeton" bezeichnet wahrscheinlich diese heiligen Haine. Es gibt zahlreiche dieser Orte in ganz Gallien und Britannien. Tacitus berichtet von solchen Hainen in Anglesey in Wales, während Strabo ähnliche Orte in Kleinasien erwähnt. Die Galater trafen sich dort an einem Platz namens Drunemeton, was als heiliger Eichenhain zu übersetzen ist. Diese

Orte in den Wäldern lassen sich mit archäologischen Methoden meistens nicht identifizieren. Gelegentlich fand man die von Lukan beschriebenen hölzernen Götterbilder, wie 1880 die roh behauene Figur einer Frau in Ballachulish in Schottland. Außer der Eiche hatten bei den Kelten auch Buche, Erle, Ulme und Eibe eine religiöse Bedeutung. Selbst heute werden Bäumen spirituelle Eigenschaften zugesprochen, und „Lumpenbäume", in die die Gläubigen Stoffstreifen hängen, werden an so weit auseinander liegenden Orten angetroffen wie Zypern, Spanien, Frankreich, Irland und Schottland.

In der späten Eisenzeit begannen manche Kelten, dauerhafte Bauten zu errichten, die die Haine ablösten. Dies waren möglicherweise einfach Tempelbauten wie die des 1. Jahrhunderts in Narvan im County Armagh in Irland. Seit der frühen Bronzezeit wurden auch hölzerne Kreise gebaut. Eine dieser Balkenkonstruktionen wurde bei Welshpool in Wales (Sarn-y-Bryn-Caled) wieder aufgebaut. Sie umgibt eine Grube, die verbrannte menschliche Reste enthielt. Einige Archäologen sind der Ansicht, dass sich aus diesen Plätzen später richtige Tempelbauten entwickelten.

In Irland wurde Tara mit der Krönung der irischen Hochkönige während der keltischen Periode in Verbindung gebracht und es wurde in den irischen Annalen als religiöser Ort beschrieben. Auch Verteidigungswerke der Kelten wie die irische Küstenfestung von Dun Angus bei Inishmore in Galway County in Irland oder die Höhenfestung in Závist in Böhmen weisen Zeichen religiöser Nutzung auf. In diesen Befestigungen befand sich ein Schrein auf dem höchsten Punkt des Hügels. Eine mächtige Mauer umschloss wahrscheinlich ein religiöses Gebäude ähnlich dem von Narvan. Die Befestigungen (das Oppidum) von Roquepertuse in Südfrankreich und von Liptovska Mara in Böhmen beherbergten beide Schreine und Säulenhallen im Hauptgebäude; das französische Beispiel war mit menschlichen Schädeln geschmückt.

Diese Tempel waren offensichtlich wichtig und eng mit den Zentren militärischer und politischer Macht verbunden. Doch die Kelten behielten immer eine Vorliebe für natürliche Landschaften und verehrten ihre Götter dort in abgelegenen Hainen.

Oben: Rekonstruktion des heiligen Holzkreises in Sarn-y-Bryn-Caled nahe Welshpool in Wales.

Heilige Gewässer

Der römische Historiker Strabo erwähnt die Verehrung heiliger Gewässer. Auch archäologische Funde weisen darauf hin, dass in der La-Tène-Zeit religiöse Zeremonien an Seen und Teichen stattfanden. Die prähistorischen Europäer versenkten bis in die späte Eisenzeit Votivgaben in Seen. Wasser hatte im keltischen Glauben eine besonders starke symbolische Bedeutung und bestimmte Wasserflächen scheinen ihre religiöse Kraft behalten zu haben.

Gegenüber: Die Doon-Holy-Quelle in Donegal in Irland war den Kelten heilig. Heute lassen irische Katholiken hier christliche Opfergaben zurück.

Unten: Am Grund des Römerbades in Aquae Sulis im heutigen Bath in England entspringt Wasser, das der Göttin Sulis geweiht ist.

Im Jahr 1857 fiel der Wasserspiegel des Neuenburger Sees und legte neben der eisenzeitlichen Siedlung von La Tène (die dieser keltischen Periode ihren Namen gab) ein System von hölzernen Brücken und Stegen frei. Dazwischen lagen mehr als 3000 metallene Votivgaben. Die meisten stammten aus der Blütezeit der La-Tène-Kultur (3. bis 1. Jahrhundert v. Chr.).

Der walisische See Llyn Cerrig Bach auf Anglesey (einer Insel, die von Tacitus als von besonderer religiöser Bedeutung für die alten Britannier erwähnt wird) war ein ähnlicher Platz, der für die Weihung von Votivgaben benutzt wurde. Die meisten stammen aus dem 1. Jahrhundert v. Chr., als Anglesey die letzte Bastion der druidischen Macht in Südbritannien wurde. Es handelte sich um verschiedene Metallgegenstände von kleinen Skulpturen über Waffen, Hausrat und Wagenbeschläge bis zu Kesseln. Die meisten waren aus Bronze. Anglesey wurde 61 n. Chr. von den Römern eingenommen.

Im Fort von Narvan in Ulster wurden Menschen- und Tieropfer und Metall- und Keramikvotive in einem künstlichen Becken des 9. Jahrhunderts v. Chr. dargebracht. Der Platz wurde später mit einem keltischen Tempelbau verbunden. In Gallien galt die Quelle der Seine als ein Bereich besonderer spiritueller Kraft. Ausgrabungen in Fontes Sequana bei Dijon ergaben über 200 geschnitzte Holzvotive aus der Mitte des 1. Jahrhunderts n. Chr. Viele waren ganze Statuen, manche stellten Personen mit physischen Deformierungen dar. Die Quelle galt als heilkräftig und war wahrscheinlich Ziel von Wallfahrern, die Heilung von ihren Leiden suchten. Sequana ist der Name einer Heilgöttin – eine Bronzestatue von ihr wurde in einem Schrein bei der Quelle gefunden.

Keltisch-römische Götter

Bath in England galt ebenfalls als heilkräftiger Ort für die Gebrechlichen, und zu Heilzwecken „Wasser zu nehmen", blieb bis ins späte 19. Jahrhundert populär. In Sulis (römisch Aquae Sulis) entsprangen heiße Quellen mit mineralreichem Wasser. Die Göttin Sulis wurde von den alten Britanniern in ähnlicher Weise wie Sequana verehrt. Auch Votivgaben wurden in dieser Gegend gefunden, obwohl viel von dem vorrömischen Betrieb durch die folgenden römischen und nachrömischen Bauten überdeckt wurde. Die Verehrung der Sulis ging bis in römische Zeit weiter, in der Sulis-Minerva als Heilgöttin betrachtet wurde.

Strabos Beschreibung eines heiligen Sees bezieht sich auf den Schatz von Votivgaben der Volker und Tektosagen bei der südgallischen Siedlung von Tolosa (Toulouse), der von den Römern 106 v. Chr. geplündert wurde. Vieles von diesem Schatz bestand aus Gold und Silber, darunter ein bemerkenswerter Anteil bester Metallarbeiten, die ihrerseits aus Delphi geplündert waren. Ein Großteil der römischen Beute stammt aus diesem „hoch verehrten Tempel auf dem Lande", aber Strabo fügt hinzu, dass sich weitere Reichtümer unerreichbar in den Seen um das religiöse und politische Zentrum befanden.

Die Sitte, Votivgaben im Wasser zu versenken, starb unter den gallischen und britannischen Kelten nach der Ankunft der Römer nicht aus. Irische Beispiele lassen sich sogar bis ins 6. Jahrhundert n. Chr. verfolgen. Gregor von Tours schrieb, dass am Ende des 6. Jahrhunderts n. Chr. die Bauern immer noch Tiere, Speisen und Getränke als Votivgaben in den nahe gelegenen Seen

versenkten. Nach dem Zusammenbruch des römischen Reichs lebten diese alten Bräuche kurzzeitig wieder auf, bevor sie schließlich durch die Verbreitung des Christentums in der keltischen Welt endgültig untergingen.

Unten: Das Römerbad in Aquae Sulis, um 200 n. Chr., mit dem Tempel der Minerva Sulis im Vordergrund.

Götter und Gottheiten

Unsere Kenntnis der keltischen Götter beruht meist auf den Schriften der griechischen und römischen Historiker, da die Kelten bis zur Ankunft des Christentums nichts Schriftliches hinterließen. Diese Zeugnisse lassen auf Hunderte von keltischen Göttern und Göttinnen schließen. Die Historiker versuchen seit längerem, die Hierarchie der keltischen Götter zu bestimmen und sie mit spezifischen Glaubensinhalten zu verbinden.

Es ist gelungen, eine Anzahl von Göttern zu identifizieren, die in der gesamten keltischen Welt verehrt wurden. Andere waren nur regional von Bedeutung und waren mit bestimmten Stämmen oder heiligen Örtlichkeiten

verbunden. Jeder Gott und jede Göttin hatte eine ergebene Anhängerschaft. Ihr Verhältnis untereinander ist unklar. Historiker vergleichen die keltische Religion oft mit der keltischen Mythologie, über die in den irischen Annalen berichtet wird. Diese basiert jedoch auf einem sehr viel älteren und komplexeren Glaubenssystem. Eine Kombination dieser späten Zeugnisse, der Berichte zeitgenössischer nichtkeltischer Beobachter und die Überreste von religiösen Objekten und Schreinen, führt zu einem bruchstückhaften Verständnis der keltischen Religion.

Das keltische Glaubenssystem war polytheistisch. Selbst wenn wir von nur regional

Rechts: Darstellung des keltischen Gottes Cernunnos, Detail des Gundestrupkessels. Er hält eine Schlange und einen heiligen Torques.

bedeutsamen Gottheiten absehen, haben wir es immer noch mit über 100 Göttern und Göttinnen zu tun, die in der gesamten keltischen Welt verehrt wurden. Römer und Griechen setzten sie mit ihren eigenen Gottheiten gleich, was die Verwirrung noch vergrößerte. Die Religionen von Römern und Kelten unterschieden sich trotz gewisser Ähnlichkeiten. Cäsar zufolge hielten die Kelten die Götter für ihre Vorfahren, gaben ihnen aber keine Menschengestalt.

Zentrale Gottheiten

Eine Ausnahme war Cernunnos, der mit Dagda (dem „guten Gott") der irischen Mythologie gleichgesetzt wurde. Er wurde in menschlicher Gestalt dargestellt, allerdings mit einem Hirschgeweih. Dieser führende keltische Gott erschien oft zusammen mit Tieren. Historiker versuchten, ihn mit dem „Herrn der Tiere" gleichzusetzen, aber er wird auch als Schöpfer und Erhalter des Lebens gesehen. Eine andere Version zeigt ihn mit einem symbolischen Phallus. Als Herr über das Leben wird er oft mit einer Keule dargestellt, wie in der Zeichnung im Hügel von Cerna Abbas Gint in Dorset in England. Die Römer sahen in ihm Herkules.

Die keltische Muttergottheit war Danu, die als göttliches Wassergeschenk einen Fluss schuf (die Donau?). In der irischen Mythologie bewässerte dieser eine göttliche Eiche, aus der alle weiteren keltischen Götter und Göttinnen (Danus Kinder) entsprangen. Danu wurde mit der irischen Göttin Anu gleichgesetzt, der „Mutter aller irischen Götter". Venus war ihre römische Entsprechung. Moderne New-Age-Jünger würden sie als „Erdmutter" bezeichnen.

Ogmios (auch Ogmia oder Ogma) war der Gott des Wissens. Er wurde mit Sonnenstrahlen um seinen Kopf dargestellt (wie in späteren christlichen Darstellungen) und gilt auch als Gott der Beredsamkeit. Im irischen Mythos war er der Sohn von Dagda und wurde mit dem römischen Herkules verbunden. Lugus (oder Lugh), der ebenfalls in der gesamten keltischen Welt verehrt wurde, war mit der Ernte und dem Fest des Lughnasadh verbunden. In der irischen Mythologie ist er ein Kriegsgott, der mit dem Licht identifiziert wird, und der Gott der

Künste, des Handwerks und der Erfindungen. Die Römer setzten ihn mit Merkur gleich.

Brigantu (auch Brigantia oder Brigit) war die Göttin der Fruchtbarkeit, die Minerva der Römer. Sie wurde nur in Britannien verehrt und war auf dem Kontinent unbekannt. Vielleicht war sie eine Entsprechung der Danu. Sie wurde mit dem Imbolc-Fest verbunden. Camulos war der keltische Kriegsgott und die Römer verbanden ihn natürlich mit Mars. In den irischen Annalen ist er als Cumal bekannt, dem irischen Wort für Krieger.

Links: Bronzefigur der Göttin Caldevigo, 5. Jahrhundert v. Chr.,

Eine vielseitige Religion

Einige Götter wurden in der gesamten keltischen Welt verehrt, andere dagegen nur in bestimmten Regionen. Die Kelten verehrten auch Plätze in der Natur und sahen in ihrer Umwelt auch übernatürliche Elemente: in Tieren, Bäumen, Hügeln und Flüssen. Für die Hauptgötter konnten römische Pendants ausgemacht werden, andere Aspekte hingegen waren einzigartig und beeinflussten auch eine aufsteigende nichtpolytheistische Religion: das Christentum.

Unten: Steinskulptur eines zweiköpfigen Gottes, 4. Jahrhundert v. Chr., Roquepertuse, Frankreich.

Der regionale Aspekt der keltischen Frömmigkeit war bedeutend. So wurden in den Berichten der Geschichtsschreiber und in den Funden von den 400 namentlich bekannten Göttern nur 100 mehr als einmal erwähnt. Die gallische Göttin Sequana wurde nur in der heutigen französischen Provinz Burgund verehrt und war anderorts unbekannt. Von ihr ist nur ein einziger Schrein bekannt, wie von der Göttin Sulis in Westengland. Manche Götter wiesen regionale Unterschiede auf und wurden von einer überregionalen Figur abgeleitet. Andere waren auf Stammes- oder Bezirksgrenzen beschränkt, wie Lenus, der Gott der Treverer im Gebiet der heutigen deutschen Stadt Trier. Die Remer im nördlichen Gallien verehrten einen dreigesichtigen, bärtigen Gott, über dessen Namen oder Bedeutung nichts bekannt ist.

Keltische Gottheiten wurden häufig als Dreieinigkeit oder mit drei Gesichtern abgebildet und hatten sogar drei Namen. So zum Beispiel eine janiforme Büste aus dem Heiligtum von Roquepertuse aus dem 3. Jahrhundert v. Chr. und ähnliche Figuren aus Leichlingen in Deutschland aus dem 4. Jahrhundert v. Chr. und aus Reims in Frankreich aus dem 2. Jahr-

hundert v. Chr. Die Drei galt wie auch in anderen indoeuropäischen Religionen als heilige Zahl, aber darüber hinaus ist die genaue Bedeutung dieser drei Köpfe unbekannt. Die Unterteilungen in drei Einheiten (Erde, Feuer, Wasser; Körper, Seele, Geist; Himmel, Meer, Unterwelt) sind seit langem eine Konstante im religiösen Glauben. Die heilige Dreifaltigkeit ist die christliche Parallele dazu.

Der Glaube an das Jenseits

Spirituelle Macht konnte überall in der Landschaft ausgemacht werden, in der Fauna und Flora, die die Kelten umgab. Der Gott Vosegus bewohnte die Vogesen in Zentralgallien, andere Götter tragen die Namen von Quellen, Flüssen, Wäldern oder Sümpfen. Diese Ortsgeister wurden oft mit der Fruchtbarkeit des Landes und dem jährlichen Anbauzyklus in Verbindung gebracht. Sie wurden während Aussaat, Ernte oder bei Trockenheit angerufen und die keltischen Bauern brachten ihnen regelmäßig Votivgaben dar, da sie von ihrem Willen abhängig waren.

Die Keltische Religion beruhte auf einem einfachen moralischen System von Richtig und Falsch, Gut und Böse. Christliche Überzeugungen wie die Vorherbestimmung oder die Erbsünde waren den alten Kelten unbekannt. Jeder Mensch war für sein eigenes Schicksal verantwortlich, auch wenn es von den Göttern beeinflusst wurde.

Die Druiden waren für Kulthandlungen, Rituale und Opfer zuständig und galten als geistliche Ratgeber der Gemeinschaft, nicht nur als einfache Vermittler bestimmter fest stehender religiöser Werte. Aus irischen Quellen geht hervor, dass zum Ideal der Kelten das Leben in Harmonie mit ihrer Umwelt ebenso gehörte wie die eigenen Tugenden und Laster zu akzeptieren und Geburt und Tod als Teile eines göttlichen Plans für die Menschheit anzuerkennen. Moralische Schwäche, Mangel an Mut und böse Taten wurden als Sünde betrachtet, die göttliche Vergeltung hervorriefen, während Wahrhaftigkeit als Tugend galt.

Das grundsätzliches Problem bei der Interpretation des keltischen Glaubens besteht darin, dass er nur durch dem Blickwinkel von griechischen oder römischen Außenstehenden oder von den viel später lebenden irischen Chronisten überliefert wurde. Noch später verzerrte das

Christentum das keltische Glaubensgebäude, übernahm teilweise aber auch ältere keltische Inhalte, um denjenigen, die den alten Überzeugungen anhingen, den Übertritt zum neuen Glauben zu erleichtern.

Nach der weiten Verbreitung des Christentums gaben die übrig gebliebenen keltischen Völkern ihre polytheistischen Bräuche auf.

Doch wenn wir die Wurzeln vieler frühchristlicher Praktiken untersuchen, können wir dort die letzten Spuren der alten keltischen Religion wieder finden, die überall in der vorchristlichen und vorrömischen keltischen Welt praktiziert worden war.

Oben: Auf der Rückseite dieser Statue einer unbekannten keltischen Gottheit aus Kalkstein sind drei weitere Götter dargestellt. Etwa um 30 bis 40 n. Chr., Saintes, Charente-Maritimes, Frankreich.

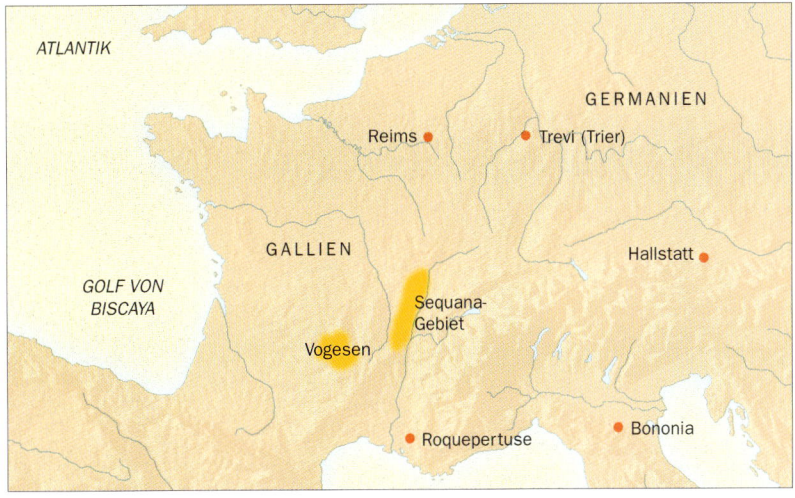

Die Gebiete der keltischen Stämme auf den Britischen Inseln um 44 n. Chr und die Struktur des römischen Britannien um 120 n. Chr.

- ■ wichtiges römisches Zentrum oder Fort
- ○ römisches oder Stammeszentrum
- ▬ Hauptstraßen
- ─ Nebenstraßen
- PICTES keltischer Stamm
- ⋯ Antonius-Wall 142 n. Chr.
- ⋯ Hadrianswall 117 n. Chr.

ORCADES INSULAE
(Orkney-Inseln)

CORNAVII
CARNONACAE
CAERENI
LUGI
SMERTAE
CREONES
DECANTAE
VACOMAGI
CALEDONI
TAEXALI
EPIDII
VENICONES
C A L E D O N I A
DUMNONII
VOTADINI
SELGOVAE
NOVANTAE

OCEANUS GERMANICUS
(Nordsee)

Veluniate
(Carriden)

Onnum
(Halton)
Segedunum (Wallsend)
Pons Aelius (Newcastle)

Luguvalium
(Carlisle)
CARVETII

DARINI
PICTES
DUMNONII
ULSTER

CONNAUGHT
MEATH

H I B E R N I A
GÄLEN
CAUCI

LEINSTER

GANGANI

MUNSTER

IVERNI
BRIGANTES
MENAPII

OCEANUS HIBERNICUS
(Irische See)

MONAVIA
(Isle of Man)

(Lancaster)

B R I G A N T E S

Cataractonium
(Catterick Bridge)

PARISI

Eburacum
(York)

MONA
(Anglesey)

Namuclum
(Manchester)

CORITANI

Segontium
(Caernarvon)
DECEANGLI
Deva
(Chester)
GWYNEDD
ORDOVICES
(Littlechester)
Lindum
(Lincoln)

Viroconium
(Wroxeter)
CORNOVII
Ratae
(Leicester)
CORITANI

Branodunum
(Brancaster)

POWYS
Bravonium
(Leintwardine)
SILURES
Venonis
B R I T A N N I A
Venta Icenarum
(Caistor St. Edmund)

DEMETAE
DYVET
CATUVELLAUNI
ICENI

Glevum
(Gloucester)
Fosse Way
DOBUNI
Corinium
(Cirencester)
Watling Street
Ermine Street
TRINOVANTES

Venta Silurum
Camulodunum
(Colchester)

Aquae Sulis
(Bath)
ATREBATES
Londinium

OCEANUS ATLANTICUS
(Atlantik)

BELGAE
Calleva Atrebatum
(Silchester)
Durobrivae
(Rochester)
Rutupi
(Richborou...)

DUMNONII
DUROTRIGES
Venta Belgarum
(Winchester)
REGNI
CANTII
Durovernum
(Canterbury)
Dubris
(Dover...)
Lemanis
(Lympne)

Isca
Dumnoniorum
(Exeter)
Noviomagus
(Chichester)
Portus I...

Durnovaria
(Dorchester)
VECTIS INS (Isle of Wight)

Sorviodunum
(Salisbury)
MARE BRITANNICUM
(Ärmelkanal)

Kapitel 5

Die Kelten der Britischen Inseln

Viele der kulturellen und technologischen Errungenschaften, die sich in der keltischen Welt verbreiteten, erreichten nur langsam die Britischen Inseln. Auch die Römer hatten es nicht leicht, die keltische Zivilisation in die Knie zu zwingen: Nach der römischen Eroberung von Britannien in der Mitte des 1. Jahrhunderts n. Chr. gediehen weiter unabhängige keltische Staaten, allerdings nur in den äußersten Ecken und Enden der Insel, die nicht für erobernswert gehalten wurden. Während sich die Britannier des späteren England und

Wales der römischen Herrschaft unterwarfen und eine wirtschaftliche Blüte erlebten, blieben doch viele Spuren ihrer keltischen Vergangenheit lebendig. Die Römer versuchten erst gar nicht ernsthaft, Schottland und Irland zu unterwerfen – dort ging das Leben weiter wie gewohnt.

Obwohl die Britischen Inseln von Kelten bewohnt waren, hatten sie keine richtige gemeinsame Sprache. Während die Stämme in Südbritannien einen ähnlichen Dialekt wie auf dem gallischen Kontinent sprachen, herrschte weiter im Norden eine andere Version vor. Ähnlich verhindert im heutigen Schottland und Irland die sprachliche Barriere die Vereinigung dieser keltischen Inseln. Sowohl Irland wie Britannien bestanden aus einem Flickenteppich kleiner Stammeseinheiten ohne bedeutende größere Einheit. Es gab zwar die „Hochkönige" in Irland, aber Bündnisse waren meistens nur ein vorübergehendes Arrangement der Stämme gegen eine äußere Bedrohung.

Nach der römischen Unterwerfung von Südbritannien waren die dort lebenden Kelten Untertanen des römischen Kaisers. Da der Handel blühte, nahmen sie auch an den wirtschaftlichen Segnungen und den kulturellen Errungenschaften der römischen Welt teil. In Wales und Cornwall blieb die keltische Gesellschaftsstruktur trotz des römischen Einflusses relativ intakt. Der Grund hierfür war wohl die Randlage innerhalb der Provinz.

Aber auch in Irland und Schottland, wo die Kelten nicht unter römischer Herrschaft standen, ging die Entwicklung weiter. Als sich der römische Griff auf Britannien lockerte, unternahmen die dortigen Völker regelmäßige Plünderungszüge ins römische Britannien. Die keltische Kultur wurde durch die Römer keineswegs beendet, sondern war an vielen Stellen nur mit einem dünnen Firnis römischer Zivilisation überzogen.

Als die Römer Britannien eroberten, kannte und verwendete die keltische Gesellschaft bereits seit Jahrhunderten hoch spezialisiertes Werkzeug. Komplizierte Werkzeuge wurden aus Eisen in Steinformen wie dieser gegossen.

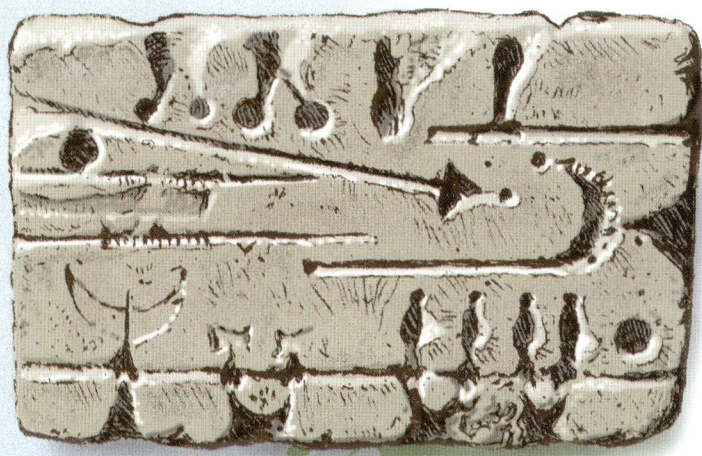

Römische Soldaten, die erstamals in Britannien waren, mögen sich über die belgischen und gallischen Münzen gewundert haben, die der florierende Handel über den Kanal mit sich brachte. Diese Münze, die in Nordgallien geprägt wurde, zeigt ein griechisches Motiv: den geschmückten Kopf des Gottes Apollo.

MENAPII

ATREBATES

Die Kelten von Südbritannien

Vor der Ankunft der Römer bestand Britannien aus einer Vielzahl von Stammesgebieten mit eigenen Königen. Es gab keine Einigkeit, obwohl einige Anführer im Krisenfall die benachbarten Stämme zur Unterstützung riefen. Die Römer nutzten diese Zersplitterung aus, wodurch es für die Kelten fast unmöglich war, der römischen Invasion Widerstand entgegenzusetzen.

Unten: Das Pimperne-Haus (benannt nach einem wichtigen Fundort) in Buster, Hampshire, England, ist ein Nachbau eines keltisch-britannischen Rundhauses.

Im Jahre 43 n. Chr. wussten Britannier und Römer eine Menge voneinander. Cäsar unternahm 55 und 54 v. Chr. zwei bewaffnete Vorstöße nach Südostbritannien. Militärische und politische Verstrickungen in Rom verschoben die Invasion um ein Jahrhundert, aber Römer und romanisierte Gallier auf dem Kontinent trieben Handel mit den Kelten von Südbritannien. Darüber hinaus etablierten die Römer Informanten und Spitzel in Britannien und

bemühten sich, die Region durch Bündnisse mit den britannischen Häuptlingen zu destabilisieren. Die zerteilte Stammeslandschaft begünstigte die römische Politik des „Teile und herrsche", die Cäsar bei der Eroberung Galliens so nützlich gewesen war.

Im Südosten Britanniens hatte sich eine Reihe von belgischen Stämmen auf Kosten von keltischen Stämmen ausgebreitet, die nach Norden verdrängt wurden. Sie waren Gallier, die die Bevölkerungszunahme und der Druck der Germanen über den Kanal getrieben hatte. In der Mitte des 1. Jahrhunderts erstreckte sich ihr Gebiet von Kent bis zu den Quellen der Themse in den Cotswolds im Westen. Außer dem Stamm der Belger gab es auch andere belgische Stämme wie die Atrebaten südlich der Themse oder die mächtigen Catuvellaunen südlich des Wash.

Manche unterhielten bereits Beziehungen zu den Römern in Gallien wie die Icenier, die Cantier und die Trinovanten, die alle in

Segelentfernung von den gallorömischen Kanal-
häfen siedelten. Nach dem Zusammenbruch des
britannischen Widerstandes bei Colchester
reihten sich die Stammeshäuptlinge unter
die Klientelstaaten Roms ein.

Widerstand

Weiter nördlich waren die
britannischen Stämme
jedoch sehr viel weniger
gewillt, sich zu unter-
werfen. Die Parisier,
die Siluren und die
Briganten in Zentral-
britannien hatten zuvor
kaum oder gar keinen
Kontakt mit den Rö-
mern und suchten mit
allen Mitteln ihre Unab-
hängigkeit zu bewahren.
Auch weiter westlich im
heutigen Wales vereinigten sich
die Stämme mit allen, die gewillt
waren, sich der römischen Macht
zu widersetzen. Dieser Widerstand
hielt bis zur Zerstörung der keltischen
und der druidischen Macht in Anglesey im
Jahre 61 n. Chr. an.

Die 20 Stammesgruppen südlich des Solway
Firth im 1. Jahrhundert v. Chr. wiesen außer
den kulturellen Verbindungen zu den belgischen
Stämmen und den wirtschaftlichen Verbindun-
gen zu denen der Ostküste keine klaren
Allianzen auf. Militärische Anführer wie die
Königin Boadicea einten die Stämme in Krisen,
aber nur vorübergehend. Das grundsätzliche
Fehlen einer politischen Einheit führte zum
Untergang der keltischen Zivilisation.

Der Handel blühte während der vorrömischen Zeit in Britannien. Eine eigene Münz-
prägung wurde zuerst von den Belgern eingeführt und Mitte des 1. Jahrhunderts n. Chr.
wurden in mehreren Orten Südbritanniens
Münzen geprägt. In keltischen Fundstellen
dieser Zeit wurden Gegenstände aus ganz
Europa entdeckt. Es gibt sogar Anzeichen für
einen zwar nicht umfangreichen, aber lebhaften
Weinhandel zwischen Südbritannien und dem
Mittelmeergebiet. Der Name des modernen
Dover ist abgeleitet von dem keltischen Wort
„dovr" oder „dwfr" für Wasser, und über diesen
Hafen lief der Handel zwischen den belgischen

Stämmen beiderseits des Kanals. Südbritannien
war vor der Ankunft der Römer eine pulsieren-
de, geschäftige Gesellschaft. Doch sie war
unfähig, diese Energie zu ihrem eigenen Schutz
zu bündeln.

Oben: Diese Münze
trägt den Namen von
Tincomarus, einem
britannischen König
des späten 1. Jahr-
hunderts v. Chr., und
zeigt auf der Rücksei-
te ein heiliges Pferd.

Die keltischen und
belgischen Stämme
Südbritanniens vor
den Feldzügen von
Julius Cäsar.

ICENI
DOBUNI
CATUVELLAUNI
BELGISCHE STÄMME
TRINOVANTES
Colchester
Handel über
den Kanal
London
Rochester
Richborough
ATREBATES
Canterbury
Dover
BELGAE
CANTII
Lympne
REGNI
DUROTRIGES
Belgische Wanderung
über den Kanal
KANAL

Die Iren

Während die Britischen Inseln mit Ausnahme des hohen Nordens unter die Römer fielen, wurde Irland niemals erobert. Tacitus erzählte in seiner Biografie des Agricola, dass der römische General von der Westküste Schottlands aus über die Irische See auf die Grüne Insel blickte. Obwohl er erwog, sie zu erobern, versuchte er es nie, wahrscheinlich, weil es in Irland nichts gab, worauf die Römer Wert legten. Zusammen mit Nordschottland blieb Irland eine uneroberte keltische Bastion am Rande der römischen Welt.

Unten: Modell eines Schiffes, Brouighter, County Kerry, Irland, eine zeitgenössische Darstellung der Boote, die irische Piraten benutzten, um die römisch-britannische Küste anzugreifen.

Irland wurde während der Bronzezeit vom Volk der Erainn (oder Iverner, wie Ptolemaios sie nennt) besetzt. Spätere irische Chronisten behaupteten, dass dieses Volk in vier Stämme geteilt war, die den vier Provinzen Ulster, Leinster, Munster und Connaught entsprachen. Diese frühen Iren gehörten wahrscheinlich zur protokeltischen Kultur, die auch den Rest von Westeuropa beherrschte. Der irischen Mythologie zufolge herrschte in dieser Periode ein Hochkönig in Irland und das Land

war unter seiner Herrschaft geeint. Es bleibt eine Spekulation, ob es sich wirklich so verhielt oder ob die politische Geografie Irlands so zerrissen war wie später. Im 1. Jahrhundert wurde Munster zur beherrschenden Provinz und deren Häuptling oder König hatte Einfluss auf einen Großteil des Südens. Sein Hof befand sich in Tara in Meath County, wo sich eine befestigte Höhensiedlung (oppidum) befand und ein Versammlungsplatz, der später „Rath of the Synods" genannt wurde.

Außer gelegentlichen archäologischen Funden oder sagenhaften Berichten späterer Chronisten ist wenig über die irische Kultur und Gesellschaft der La-Tène-Zeit oder früher bekannt. Genauere Informationen stammen aus der Zeit des römischen Rückzugs aus Britannien am Beginn des 5. Jahrhunderts n. Chr. Zu dieser Zeit existierte in Irland dieselbe kleinteilige Stammesorganisation wie in Gallen 500 Jahre früher. Irland war ein Flickenteppich kleiner, voneinander unabhängiger Stammeskönigtümer. Es gab keine Spur eines

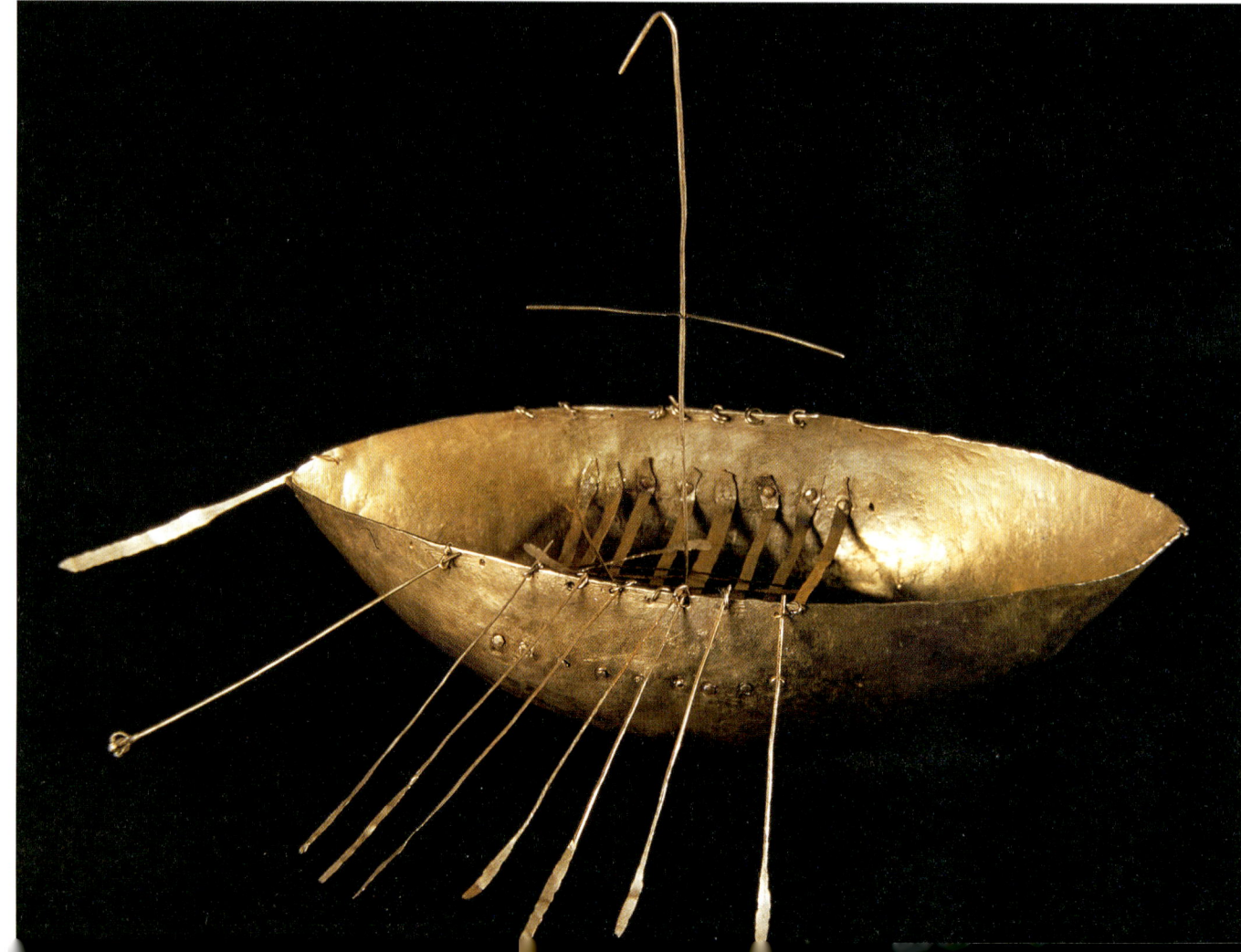

Hochkönigs oder eines einheitlichen Staates. Die einzigen gemeinsamen Merkmale waren Sprache, Religion und Sozialstruktur.

Christianisierung

Als die Römer Britannien räumten, soll Niall Noígiallach König von Munster gewesen sein. Seine Residenz befand sich in Tara. Nachdem er die zentrale Provinz von Meath und Ulster im Norden Irlands erobert hatte, soll er irischen Chroniken zufolge sein Land zwischen seinen Söhnen aufgeteilt haben. Sein ältester Sohn Leary Uí Néill (O'Neall) regierte den Süden von Tara, seine Brüder den Norden, wo sie in Derry und Donegal residierten.

Während der Herrschaft Learys kam St. Patrick nach Irland und begann die Iren zum Christentum zu bekehren. Von Tara zog er nach Armagh im Norden weiter, wo er sein großes Kloster begründete. Dadurch wurde St. Patrick zum höchsten Heiligen Irlands. Er wurde von den Uí Néills beschützt. Dieser Schutz war wichtig, weil in diesen Zeiten der politischen Uneinigkeit Reisen außerhalb des eigenen Territoriums ein großes Risiko war.

Während der letzten Jahre der römischen Besatzung begannen irische Raubzüge an der Westküste Britanniens. Die Iren hatten auch entlang der Küste des Severn Estuary und der Südküste von Wales Fuß gefasst – dessen Königreich wurde in der Folge eine irische Kolonie. Eine ganze Reihe von verheerenden Raubzügen der Normannen oder Wikinger, die aus Norwegen einfielen, beendeten jedoch die relative Stabilität. Ihren Überfällen auf die Küste folgten Angriffe auf Städte und Klöster, und 870 n. Chr. ließen sie sich dauerhaft in Irland nieder.

Das Gebiet von Dublin wurde für mehr als zwei Jahrhunderte zu einer skandinavischen Provinz. Die nordischen Handelsverbindungen der Wikinger brachten den Iren kaum Vorteile. Die normannische Vorherrschaft wurde 1018 beendet, als ein irisches Heer die Wikinger bei Clontarf schlug. Doch die Normannen waren nur das erste einer ganzen Reihe von Völkern, die Irland zu kolonisieren versuchten. Die Engländer erwiesen sich als die hartnäckigsten. Irland blieb eine keltisches Land, aber seine Geschicke waren jetzt unauflöslich mit denen von England verstrickt.

Links: Die Glocke von St Cuiléin, aus Glankeen im County Tipperary, wurde um um 650–750 n. Chr. hergestellt, die Verzierungen wurden im frühen 12. Jahrhundert hinzugefügt.

Die Kaledonier und Pikten

Im abgelegenen, uneroberten Norden von Britannien widerstand ein als Kaledonier bezeichnetes Volk den römischen Eroberungsversuchen. Sie erwiesen sich als Stachel im Fleisch Roms, so dass gegen sie der Hadrianswall gebaut wurde. Zwei Jahrhunderte später nannte man sie „Pikten", bemalte Leute. Diese mysteriöse Gruppe hinterließ wenig Spuren außer Hunderten rätselhaften Monolithen und Gravierungen.

Rechts: Der Meigle-Stein II, aus einer Serie von piktischen Steinreliefs aus dem frühen 8. Jahrhundert, stellt eine Jagdszene dar.

Seit spätestens 7500 v. Chr. leben Menschen in Schottland. Etwa um 4000 v. Chr. wurden sie zu neolithischen Bauern, die mächtige Grabhügel errichteten. Steinkreise wie der Ring von Brodgar in Orkney zeugen heute noch von den Errungenschaften dieser frühen Schotten. Es gibt Anzeichen dafür, dass der ausgedehnte kulturelle Austausch der Bronzezeit mit dem Festland während der keltischen Zeit stark zurückging. Schottland war am Beginn der

Die Zersplitterung des Piktenlandes von der römischen Invasion bis zur Mitte des ersten nachchristlichen Jahrhunderts.

Birsay
Buckquoy
ORKNEY-INSELN

NORDSEE

INSEL LEWIS

NÖRDLICHE PIKTEN

CAIT

Hilton of Cadboll
Nigg
Burghead
Portknockie
Cullykhan
Deer

Craig Phadrig
✕ Mons Graupius 84 N. CHR.

INSEL SKYE

Loch Ness

DRUIMALBAN

FIDACH
Monymusk

Restenneth
SÜDLICHE PIKTEN
CIRCINN
Aberlemno
Nechtansmere

ATLANTIK

ATHFLOTLA
Meigle

MULL
DÁL RIADA
nach 500 n. Chr.
Dundurn
Tay
St. Andrews

FORTRIU FIB
Abernethy
Forth

JURA

Antoniuswall
Clyde
NÖRDLICHE BRITONEN

BERNICIA

ISLAY
ARRAN

KINTYRE

NORTH CHANNEL

Hadrianswall

ULSTER

BRITANNIA

IRISCHE SEE

Eisenzeit ähnlich isoliert wie Südbritannien und Irland. Die Kelten in Schottland waren nicht aus anderen Gegenden zugewandert, sondern direkte Nachkommen der ihnen vorangegangenen bronzezeitlichen Bevölkerung.

Während des 1. Jahrhunderts n. Chr. war Schottland eine keltische Stammesregion, die auf 16 einzelne Stämme aufgeteilt war. Vier davon lebten südlich des Forth of Clyde und von den restlichen nördlichen Stämmen bewohnten die Kaledonier den Great Glen, jenes eiszeitliche Gletschertal mit dem Loch Ness. Nördlich davon lagen die Territorien der Creonen, Dekanten, Smerten, Luger und Cornavier. In Nordostschottland waren die Vacomager, Taexaler und Veniconen beheimatet, während die Epidier das moderne Argyll bewohnten.

Der griechische Geograph Ptolemaios, der im 2. Jahrhundert n. Chr. lebte, überliefert alle diese

Namen. Falls es weitere kleinere Stämme gab, blieben sie unbeachtet und wurden vergessen. Als es im späten 1. Jahrhundert n. Chr. zum ersten Kontakt mit den Römern kam, wurden diese nördlichen Stämme kollektiv als „Kaledonier" bezeichnet. Tacitus berichtet, dass sie im Unterschied zu ihren südlichen Nachbarn rote Haare und einen massigen Körperbau hatten. Diese Stämme scheinen sich auch zu einer größeren kaledonischen Konföderation zusammengeschlossen zu haben.

79 n. Chr. marschierte Agricola in Schottland ein und schlug 84 n. Chr. die Kaledonier am Mons Graupius. Trotz des Sieges zog er seine Truppen nach Südschottland zurück. Auch wenn es später noch römische Strafexpeditionen nach Schottland gab, so wurde doch kein Versuch mehr gemacht, das Land zu besetzen. Im 3. Jahrhundert wurde die Bezeichnung „Kaledonier" durch die weitaus geheimnisvollere „Pikten" (Bemalte) abgelöst.

Sagenumwobenes Volk

Die Pikten sind eines der am meisten missverstandenen Völker der keltischen Welt. Gegen Ende des 12. Jahrhundert n. Chr. schrieb ein isländischer Chronist, dass es sich um eine Rasse von Pygmäen handele. Eine Quelle des 3. Jahrhunderts n. Chr. behandelt Pikten und Kaledonier als unterschiedliche Völker, meint aber vielleicht auch „Kaledonier und andere Pikten". Anscheinend sind die Pikten dasselbe keltische Volk, das Nordschottland bewohnte,

nur dass es eine neue Sammelbezeichnung erhielt. Während des 4. Jahrhunderts n. Chr. verbanden sich die Pikten mit den Dál-Riada-Schotten, um Siedlungen in Südschottland und jenseits des Hadrianswalls anzugreifen. Wiederholte Raubzüge der Pikten und Schotten setzten sich bis zum Abzug der Römer im frühen 5. Jahrhundert n. Chr. fort. Von da an bis zur Vereinigung der beiden Völker vier Jahrhunderte später gibt es Informationen über sie aus archäologischen Quellen und irischen Annalen.

Das Land der Pikten bestand aus dem heutigen Schottland nördlich des Forth und Clyde mit Ausnahme des südwestlichen Teils, der Dál Riada bildete. Die Region war unterteilt in kleinere Provinzen: Cait, Fidach und Druimalban im Norden und Fortriu, Fib, Athflota und Circinn im Süden.

Der erste historisch greifbare piktische König war Bridei mac Maelcon, der von St. Columban 570 n. Chr. zum Christentum bekehrt wurde. Von da an berichten keltische Missionare über die piktischen Könige und ihren fast ununterbrochenen Krieg gegen ihre Nachbarn oder rebellischen Untertanen.

Ein Jahrhundert lang unternahmen die Pikten Raubzüge nach Süden und Westen. 685 n. Chr. schlugen sie die Sachsen von Northumbria in der Schlacht von Nechtansmere, was die militärische und kulturelle Assimilierung der Britannier durch die Sachsen auf die Gebiete südlich des Piktenlandes beschränkte.

Unten: Protopiktische Broch-Menschen errichteten Mousa Broch in Shetland. In der Piktenzeit diente es als Festung und wurde bis in das frühe Mittelalter verwendet.

Die Schotten

Die Annahme, dass die Bewohner Schottlands zur Zeit der römischen Eroberung „Schotten" hießen, ist falsch. Die antiken Historier bezeichnen die Iren als „Scotii". Nach dem Zusammenbruch der römischen Macht unternahm dieses Volk von der Nordostküste Irlands aus Raubzüge nach Britannien. An der Westküste des heutigen Schottland folgten Siedler diesen Räubern nach.

Die „Schotten" begründeten als Siedler das neue Königreich von Dál Riada, das Ulster in Irland und große Gebiete an der schottischen Westküste umfasste. Im 9. Jahrhundert n. Chr. hatten sich die Schotten von Dál Riada mit den Pikten vereinigt, die den Osten von Alba (Schottland) besetzten, und sie bildeten so ein neues vereinigtes Keltengebiet im Norden von Britannien.

Eine bedeutende Menge von archäologischen Informationen und Dokumenten trägt heute zum besseren Verständnis der Schotten von Dál Riada bei. Irische Chronisten schildern die Entwicklung der Kolonie und von 563 n. Chr. an berichten die irischen Mönche von Iona weitere Details. Ärchäologische Zeugnisse belegen Kontakte zwischen Nordirland und Westschottland seit der Bronzezeit, aus der sich gemeinsame Merkmale finden, so die Reste der „Crannog"-Seesiedlungen, befestigte Dörfer oder „Raths", Grabhügel und Keramiken.

Unten: Mote of Mark, bedeutendes befestigtes Zentrum des Königreichs Rheged-Cumbria im 6. Jahrhundert n. Chr, Dumfries & Galloway, Schottland.

Der erste irische Raubzug an die Westküste von Britannien fand am Beginn des 5. Jahrhunderts n. Chr. statt. Die Berichte sind widersprüchlich, aber die getreueste Version von der Gründung von Dál Riada stammt aus Irland. Sie behauptet, die Kolonie sei um 500 n. Chr. von dem irischen Adligen Fergus Mór, Sohn des Erc aus Ulster, gegründet worden.

Er teilte sie dann mit seinen beiden Brüdern Oengus und Loarn. Eine andere Fassung besagt, dass die Region schon vor 500 n. Chr. besiedelt wurde und die Unterteilung von Dál Riada eine Koalition dreier Siedlungen widerspiegele, Cenel Loairn, Cenel Gabrain und Cenel Oengusa. Gabran und Comgall waren die Enkel von Fergus. Sie festigten die Familienherrschaft über die Kolonie und fügten in der Mitte des 6. Jahrhunderts n. Chr. noch die Insel Arran hinzu.

Gabran, der um 558 n. Chr. starb, führte Feldzüge gegen die Pikten und die Kelten des Clyde- und Forth-Tals durch, aber sein Nachfolger Conall (558–574 n. Chr.) war zu sehr mit internen Streitigkeiten beschäftigt, um die Kriege fortzusetzen. Er bekämpfte Aufstände auf den westlichen Inseln und die Unterkönige von Dál Riada. Die Kolonie wurde dann von seinen Cousins Eoganan und Aedan mac Gabran wieder vereinigt, und die Ankunft des heiligen Columban

innere Struktur von Dál Riada. Das Königreich zersplitterte in kleine Stammesgebiete,
obwohl ein Hochkönig aus dem Geschlecht
von Gabran und Congall eine gewisse Kontrolle ausübte. Ferchar „der Lange" (680–696
n. Chr.), der Herrscher von Cenel Loairn,
stellte die Einheit wieder her. In der ersten
Hälfte des 8. Jahrhunderts n. Chr. gab es eine
politische oder Heiratsallianz zwischen Schotten und Pikten.

Der Piktenkönig Oengus soll die Schotten
741 n. Chr. erobert haben, aber Dál Riada
gewann 778 seine Unabhängigkeit zurück.
Zuerst wurde Dál Riada von den Pikten
kontrolliert, bis die Schotten die Oberhand
über ihren östlichen Nachbarn gewannen. Der
schottische Hochkönig Kenneth mac Alpin
vereinigte 843 n. Chr. Pikten und Schotten –
nähere Umstande und Hintergründe sind
nicht bekannt. Sicher ist jedoch, dass Kenneth
mac Alpin der erste König eines vereinigten
Schottland war. Es blieb unabhängig bis zum
Tod des letzten keltischen Königs Macbeth im
11. Jahrhundert.

Links: Der Kirchturm
von Abernethy in
Angus stammt aus
dem 11. Jahrhundert
und steht auf den
Fundamenten einer
früheren Siedlung, die
von schottisch-irischen
Missionaren der
Kelten im Piktenland
gegründet worden war.

brachte zusätzliche Stabilität. Aedan half den
Kelten gegen die Sachsen von Northumbria und
führte Krieg gegen die Pikten.

Allianz der Pikten und Schotten

Eine keltische Niederlage in der Schlacht von
Degsasten im Jahre 603 n. Chr. setzte dem
Engagement von Dál Riada im britannischen
Widerstand gegen die Sachsen eine Ende. In
den folgenden 50 Jahren vermieden die
Schotten außenpolitische Abenteuer. Diese
Periode der Isolation endete gegen 635, als
der schottische König Domnall Brecc eine
Reihe von erfolglosen Feldzügen in Ulster
und das Piktenland führte. Er starb in der
Schlacht gegen die Kelten von Strathclyde
645 n. Chr., wo „Raben seinen Kopf fraßen".
Sein Tod markiert einen Wechsel in der

Das irische und schottische Dál Riada
von 500 bis 843 n. Chr.

Dál Riadas Vorstöße ins
Piktenland und nach Ulster

Die Waliser

Die Unzugänglichkeit der Waliser Berge sorgte dafür, dass die Region ein Widerstandsnest gegen die römische Besatzung blieb. Nachdem die Römer die Britischen Inseln geräumt hatten, wurden die Einwohner zuerst von den Kelten aus Irland bedroht, dann von den Sachsen. Die Waliser Kelten wurden im Mittelalter von den Engländern unterworfen, aber das keltische Selbstbewusstsein blieb bis auf den heutigen Tag sehr stark.

Die Geschichte der walisischen Britannier liegt wegen des Fehlens schriftlicher Quellen weitgehend im Dunkeln. Die archäologischen Zeugnisse weisen auf Handelsverbindungen zwischen Irland, Wales und dem Rest von Britannien lange vor dem Eintreffen der Römer hin. Vier keltische Stämme wohnten hier: die Deciangeler im Nordosten, die Ordovicen im Nordwesten, die Demeten im Südwesten und die Belger im Südosten. Das Territorium der Letzteren zog sich durch Südbritannien vom Fluss Severn bis zum Solent. Die Insel Anglesey (Mona) war die letzte Zuflucht der keltischen Druiden. Als der römische Präfekt Suetonius Paulinus die Insel in der Mitte des 1. Jahrhunderts eroberte, zerstörte er damit auch die Macht der Druiden, in denen er die Anstifter zum Widerstand gegen die Römer sah. Späteren walisischen Quellen zufolge erlebte die Region unter den Römern eine Blütezeit. Deren Rückzug setzte sie den Angriffen der Iren aus.

Die Römer hatten den lokalen Herrschern erlaubt, ihre Angelegenheiten selbst zu regeln, und so fanden sich diese plötzlich für die Verteidigung eines unabhängigen Reiches verantwortlich. Zusammenstöße zwischen den walisischen Kelten und den anderen Gebieten Britanniens hielten die nächsten Jahrhunderte an, aber nach und nach wurden die nachrömischen Britannier von den sächsischen Eroberern nach Westen gedrängt. Wales wurde zur Zuflucht für die keltischen Flüchtlinge, worauf die lokalen keltischen Herrscher alles daran setzten, den sächsischen Vormarsch zu stoppen. Als die Sachsen im späten 7. Jahrhundert den Severn erreichten, standen sie den Walisern direkt gegenüber.

Zu dieser Zeit hatten sich die alten walisischen Stämme zu einer Hand voll kleiner keltischer Staaten entwickelt. Dyfed im Südwesten war der Nachfolger der Demeten, das in der spätrömischen Zeit von einer irischen Dynastie regiert wurde. Die Ursprünge von Powys sind unklar. Es lag in den Bergen von Nordwales und unterhielt gute Beziehungen zu seinen römischen und nachrömischen Nachbarn. Gwynedd lag auf dem Gebiet der Ordovicen und hatte seine Namen nach der herrschenden Dynastie. Diese Herrscher wurden von dem Historiker Gildas als böse bezeichnet und mit dem Drachen Maglocunus in Verbindung gebracht, der dann zum walisischen Nationalsymbol wurde.

Land der Weahlas

Das 6. Jahrhundert war eine bewegte Zeit für die Waliser. Diese Periode wurde später als die Zeit der Heiligen bezeichnet. Damals war die Christianisierung beendet und die ersten Schriftzeugnisse zur keltisch-walisischen Kultur entstanden.

Wales, im 1. bis 8. Jahrhundert n. Chr.: römische Eroberungen und spätere keltische Staaten

MONA INS (Anglesey)
MON
Prestatyn
Canovium
Segontium (Caernarfon)
GWYNEDD
Dee
Deva (Chester)
ENGLAND
Damm von König Offa
Mediolanum (Whitchurch)
IRISCHE SEE
Merionydd
POWYS
Severn
Viroconium (Wroxeter)
ENGLAND
● militärische und zivile römische Stützpunkte
Levobrinta
CARDIGAN BAY
Ceredigion
Bravonium (Leintwardine)
■ römische Forts
Bremia
DEHEUBARTH
Severn
Alabum
Brycheiniog
Dyfed
Moridunum (Carmarthen)
Glevum (Cloucester)
Morgannwg
Gwent
Burrium (Usk)
Leucarum
Nidum (Neath)
Isca (Caereon)
Cardiff
ENGLAND
BRISTOL CHANNEL

78

Links und unten: Din Lligwy, ein keltisches Dorf aus spätrömischer Zeit in Anglesey.

Im 7. Jahrhundert hatten die Angelsachsen ihre Westgrenze am Fuß der walisischen Berge gesichert und schlossen so die verbleibenden Kelten auf der walisischen Halbinsel ein, die sie Land der „Weahlas", der Fremden, nannten. Die Kelten wiederum nannten es „Cymru", d. h. Gefährten.

Im 8. Jahrhundert baute der englische König Offa (747–796 n. Chr.) einen Damm, der die Flüsse Severn und Dee verband, und trennte so Wales vom englischen Mercia. In den nächsten fünf Jahrhunderten kämpften die Waliser gegen Engländer und Wikinger um ihre Unabhängig-

keit. Nach der normannischen Eroberung 1066 schufen die Normannen eine Pufferzone entlang der walisischen Grenze. Aber im 13. Jahrhundert waren die Engländer zu mächtig, als dass die Waliser sie hätten aufhalten können. Edward I. (1272–1307) besetzte nicht nur das Land, sondern baute auch mächtige Burgen, um es zu kontrollieren. Wales blieb abgesehen von kurzen Revolten fest unter englischer Oberhoheit. Dennoch behielt es ein großes Maß an Unabhängigkeit. Das heutige Wales (Cymru) ist ein keltische Land, dessen kulturelles und sprachliches Erbe eifrig gepflegt wird.

Die Kornen

Cornwall ist die einzige Region des heutigen England, die ihre keltische Identität behalten hat. Sie überlebte die römische Besetzung mit intakter Sozialstruktur. Cornwall florierte durch den Abbau und Export von kornischem Zinn erst zu mittelmeerischen Völkern wie den Phöniziern, dann in das gesamte römische Reich. Nach dem römischen Rückzug und der nachfolgenden Invasion der Angeln und Sachsen erlaubte ihm seine geografische Isolation, seine zerbrechliche Autonomie aufrecht zu erhalten.

Land's End – das keltische Cornwall blieb von Römern und Angelsachsen unbehelligt und hat bis heute Aspekte seiner Unabhängigkeit bewahren können.

Vor der römischen Invasion war Cornwall das Stammesgebiet der Cornovier und wurde von der römischen Invasion nicht weiter behelligt. Der Handel blühte und die römische Stadt Exeter wurde das Handelszentrum für die Ausfuhr von Zinn und die Einfuhr gallischer Produkte. Auch nach dem Abzug der Römer hielt der Wohlstand an und der Handel zwischen dem nachrömischen Königreich Dumnonia im Osten und dem von Cornouaille in der Bretagne ging weiter.

All das änderte sich erst mit der Ankunft der Engländer.

Als sich die Angelsachsen westwärts durch Britannien kämpften und das Königreich von Wessex begründeten, bildet Dumnonia (heute Dorset und Devon) über hundert Jahre lang ein Bollwerk gegen sie. 577 n. Chr. trieben die Sachsen einen Keil zwischen Dumnonia und den Rest des keltischen Britannien, als sie das Tal des Severn besetzten. Dumnonia fiel schließlich zu Beginn des 8. Jahrhunderts an die angelsächsischen Heere, die von Wessex aus vorrückten. Der letzte König von Dumnonia, Geraint, fiel in der Schlacht und 710 erreichten die Sachsen Exeter. Zu dieser Zeit hatten die Sachsen ihre Herrschaft in dem neuen Territorium gefestigt, aber auch die Britannier ihre Verteidigungsstellungen um Exeter organisiert. 721 schlugen sie die Sachsen in der Schlacht von Camelford am Fluss Camel. Diese Entscheidungsschlacht verzögerte das Vordringen der Angelsachsen nach Devon und Cornwall um ein weiters Jahrhundert.

Cornwall galt im Britannien des späten 8. Jahrhunderts als besondere politische Einheit. Der Bischof Kentsec der keltischen Kirche erhielt den Titel eines „Bischofs von Kernow", der keltischen Bezeichnung dieser Region („Kern" war ein Name für keltische Krieger). Für die Angelsachsen waren die Einwohner die „Kearn weahlas", die „Fremden aus Kern". Die Bezeichnung Cornwall ist hiervon abgeleitet.

Im Mittelalter galten die Kornen auch als „Westwaliser". Am Beginn des 9. Jahrhunderts erstreckte sich Kernow über die modernen Grenzen von Cornwall, das bei dem Fluss Tamar beginnt und bedeckte einen Großteil des ehemaligen Königreichs Dumnonia (jetzt Devon) bis nach Exeter. Die Stadt war damals eine Grenzstadt zwischen Engländern und Britanniern.

Die keltische Halbinsel

814 n. Chr. erneuerte das angelsächsische Königreich die Offensive. Angeführt von Egbert

von Wessex begannen erneut die Einfälle über die Grenze. 825 trug er einen bedeutenden Sieg über die Kornen davon. Obwohl es nicht bewiesen wurde, sollen sie damals bis zum Fluss Tamar zurückgetrieben worden sein, und das Gebiet von Plymouth und Exeter wurde von den Engländern besetzt.

Die Kornen griffen zu verzweifelten Maßnahmen, um ihr Überleben zu sichern: 838 organisierten sie ein Bündnis mit den Wikingern und eine vereinte keltisch-nordische Armee kämpfte bei Hingston in Devon gegen die Sachsen unter König Egbert. Obwohl die Verbündeten geschlagen wurden, starb Egbert im folgenden Jahr und die Engländer konnten aus dem Sieg keinen Vorteil ziehen. Kämpfe unter den Engländern brachten Cornwall für fast hundert Jahre Ruhe vor einer neuen Offensive.

Schließlich feierte 927 der angelsächsische Hochkönig Aethelstan seinen Sieg über die Kelten von Northumbria und Cumbria durch eine Messe, bei der ihm die verbleibenden keltischen Herrscher in Südbritannien huldigten. Unter ihnen war auch König Hywel der „Westwaliser". Drei Jahre später fiel Aethelstan in Kernow ein, obwohl wahrscheinlich ist, dass er einfach die Grenze entlang des Tamar wiederherstellte und die Kelten von Devon nach Westen trieb.

Die englische Krone beanspruchte die Oberhoheit über Cornwall, als König Edmund (939–946) sich „König der Britischen Provinz" (Cornwall) nannte. Dennoch war das kornische Land nur auf dem Papier in das angelsächsische England eingegliedert und die Region behielt ihre eigenen Gesetze, ihre eigene Kirche und Gesellschaftsordnung. Erst nach der normannischen Eroberung 1066 wurde Cornwall

gezwungen, ein fester Bestandteil des englischen Staates zu werden. Für die Kornen ist aber das Bewusstsein einer eigenständigen Identität bis heute lebendig.

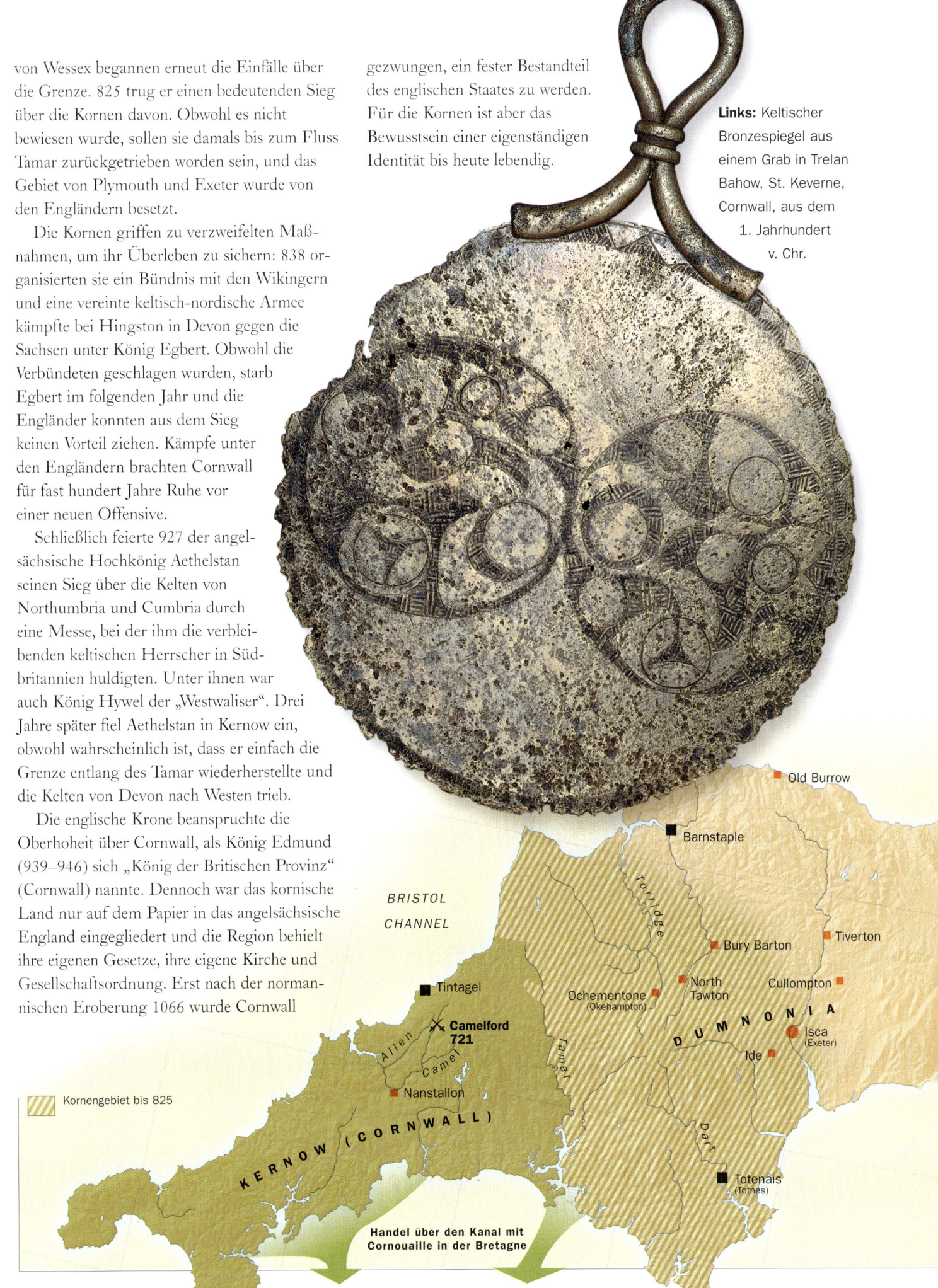

Links: Keltischer Bronzespiegel aus einem Grab in Trelan Bahow, St. Keverne, Cornwall, aus dem 1. Jahrhundert v. Chr.

BRISTOL CHANNEL

Old Burrow

Barnstaple

Tiverton

Bury Barton

Tintagel

North Tawton

Ochementone (Okehampton)

Cullompton

D U M N O N I A

Camelford 721

Isca (Exeter)

Allen

Ide

Camel

Nanstallon

Tamar

K E R N O W   (C O R N W A L L)

Kornengebiet bis 825

Dart

Totenais (Totnes)

Handel über den Kanal mit Cornouaille in der Bretagne

Ausdehnung des Römischen Reichs von 200 v. Chr. bis zur Eroberung Galliens durch Julius Cäsar 58 v. Chr. Grenzen am Ende des Gallischen Krieges 43 v. Chr.

NORDSEE

OSTSEE

ALBION
(BRITANNIA)

GERMANIA

BELGICA

GALLIA

ILLYRICUM

A T L A N T I K

AQUITANIA

GALLIA CISALPINA

Mediolanum
(Mailand)

Aquileia

DALMATIA

GALLIA
NARBONENSIS

Massilia

Salonae

Narbo

I T A L I A

A D R I A

T A R R A C O N E N S I S

Tarraco

KORSIKA

LUSITANIA

Emerita Augusta

Roma

B A E T I C A

Corduba

SARDINIEN

BALEAREN

Brundisium

Gades
(Cadiz)

M I T T E L M E E R

SIZILIEN

MAURETANIA

Karthago

Syrakus

A F R I K A

MALTA

M I T T E L M E E R

Links: Vor Julius Cäsar war Gaius Marius Roms bedeutendster General. Er wandelte die römische Bürgerarmee in eine professionelle Streitmacht um, die schon bald die westliche Welt erobern würde. Die von ihm entwickelten Marschstrategien und die Straßen, die er später baute, unterstützten Julius Cäsars Feldzug in Gallien. Aber es war Cäsar, der die römischen Legionäre schliff, die „Marius' Mulis" hießen, weil sie alles Nötige mit sich schleppten.

römisches Gebiet um 200 v. Chr.

römisches Gebiet um 100 v. Chr.

Kampfgebiet um 58 v. Chr.

römisches Gebiet nach der Eroberung durch Julius Cäsar um 43 v. Chr.

römische Provinzhauptstadt

Kapitel 6
Die römischen Eroberungen

Am Beginn des zweiten Jahrhunderts v. Chr. kontrollierten die Römer Italien, Spanien, Griechenland, Nordafrika und fast den ganzen Rest des Mittelmeerbeckens. Innerhalb von 50 Jahren wurden die keltischen Gebiete von Norditalien und Südgallien diesem Machtbereich hinzugefügt, und so wurde das Mittelmeer zu eine römischen Binnensee. Diese Provinzen dienten als Sprungbrett für die Eroberung der restlichen keltischen Welt.

Unter dem Druck der Germanen von Osten mussten die Gallier der späten La-Tène-Zeit ihre Gebiete östlich des Rheins aufgeben. Während die Daker die letzten keltischen Außenposten an der Donau und in Böhmen überrannten, sicherten die Römer ihre Herrschaft über die südlichen Gallier. Die Bündnisse zwischen diesen südlichen Stämmen und den Römern gaben Cäsar den Vorwand, einen Eroberungsfeldzug in Gallien zu starten. Sein Werkzeug war ideal für diesen Zweck: Nach den Miltärreformen des Marius war der römische Legionär der besttrainierte und fähigste Soldat der antiken Welt und mit Befehlshabern wie Cäsar war der Sieg eigentlich sicher.

In einer wohl inszenierten Kampagne zerstörte Cäsar systematisch den gesamten Widerstand in Gallien und sicherte sogar mit Strafexpeditionen nach Germanien die Rheingrenze. Schlacht um Schlacht unterlagen die Gallier dank ihrer Überheblichkeit und Impulsivität den gut ausgebildeten und disziplinierten römischen Legionen. 52 v. Chr. wurde der gallische Widerstand nach der blutigen Belagerung von Alesia endgültig gebrochen und Vercingetorix, die letzte Hoffnung der Gallier. wurde zum römischen Gefangenen.

Von da an war Gallien eine römische Provinz, nur Britannien war noch frei von römischer Herrschaft. Ein Jahrhundert später landeten die Römer in Südbritannien und überrollten die Britannier, die sich ihnen entgegen stellten. Von Südbritannien aus dehnte eine Reihe von Präfekten die römische Herrschaft trotz der blutigen Revolte der Königin Boadicea 60 n. Chr aus. Der letzte Widerstand in Wales wurde bei dem Blutbad in dem keltischen Heiligtum von Anglesey ausgelöscht. In den nächsten Jahren rückten die Römer bis nach Nordschottland vor, konnten aber die verbliebenen Kelten in den abgelegenen Bergen nicht unterwerfen. Statt dessen bauten sie einen Wall, um die Nordgrenze ihrer Provinz Britannia zu schützen. Irland und ein Großteil Schottlands wurden ihrem Schicksal als die letzten unabhängigen Außenposten der keltischen Welt überlassen.

Die Kimbern

Gegen Ende des 2. Jahrhunderts v. Chr. kam es zum Konflikt zwischen Germanen, Galliern und Römern. Die germanischen Kimbern und ihre keltischen Verbündeten schlugen eine Reihe von römischen Armeen, ehe sie von den nördlichen Galliern nach Italien abgedrängt wurden. Gaius Marius und sein Heer massakrierten die wandernden Stämme. Rom war gerettet und begann in gallische Angelegenheiten einzugreifen.

Im Jahr 113 v. Chr. erhielt das republikanische Rom Nachrichten von der Wanderung einer großen Horde von Barbaren, die aus Böhmen in Richtung Italien zogen. Dem römischen Historiker Plutarch zufolge waren es die beiden germanischen Stämme der Kimbern und Teutonen. Sie hatten eine militärische Stärke von 300.000 Mann. In den meisten Berichten werden sie allerdings unter dem Namen Kimbern zusammengefasst. Den keltischen Bojern in Böhmen gelang es noch, sie zum weiterzie-

hen zu bewegen, aber der Konflikt mit anderen Stämmen war vorprogrammiert.

In der Nähe des heutigen Belgrad trafen sie auf die Skordisker, einen Stamm von Donaukelten. Diese schlugen sie und zwangen sie, nach Westen abzubiegen, nach Noricum (das heutige Österreich). Als sie auf das Gebiet der tauriskischen Kelten vorstießen, begann der römische Senat Notiz von der Wanderung zu nehmen. Die Taurisker waren römische Verbündete und riefen den Senat um Hilfe an.

Der römische Konsul Carbo stellte die Germanen 113 v. Chr. bei Norcia zur Schlacht und erlitt wegen seiner Sorglosigkeit eine vernichtende Niederlage. Er beging Selbstmord und sein Heer marschierte nach Italien zurück. Unerklärlicherweise zogen die beiden Stämme an Norditalien vorbei, das ihnen schutzlos ausgeliefert war, und verbrachten die nächsten drei Jahre im nördlichen Voralpenland. Als sie dann die Rhône erreichten, schlossen sich ihnen

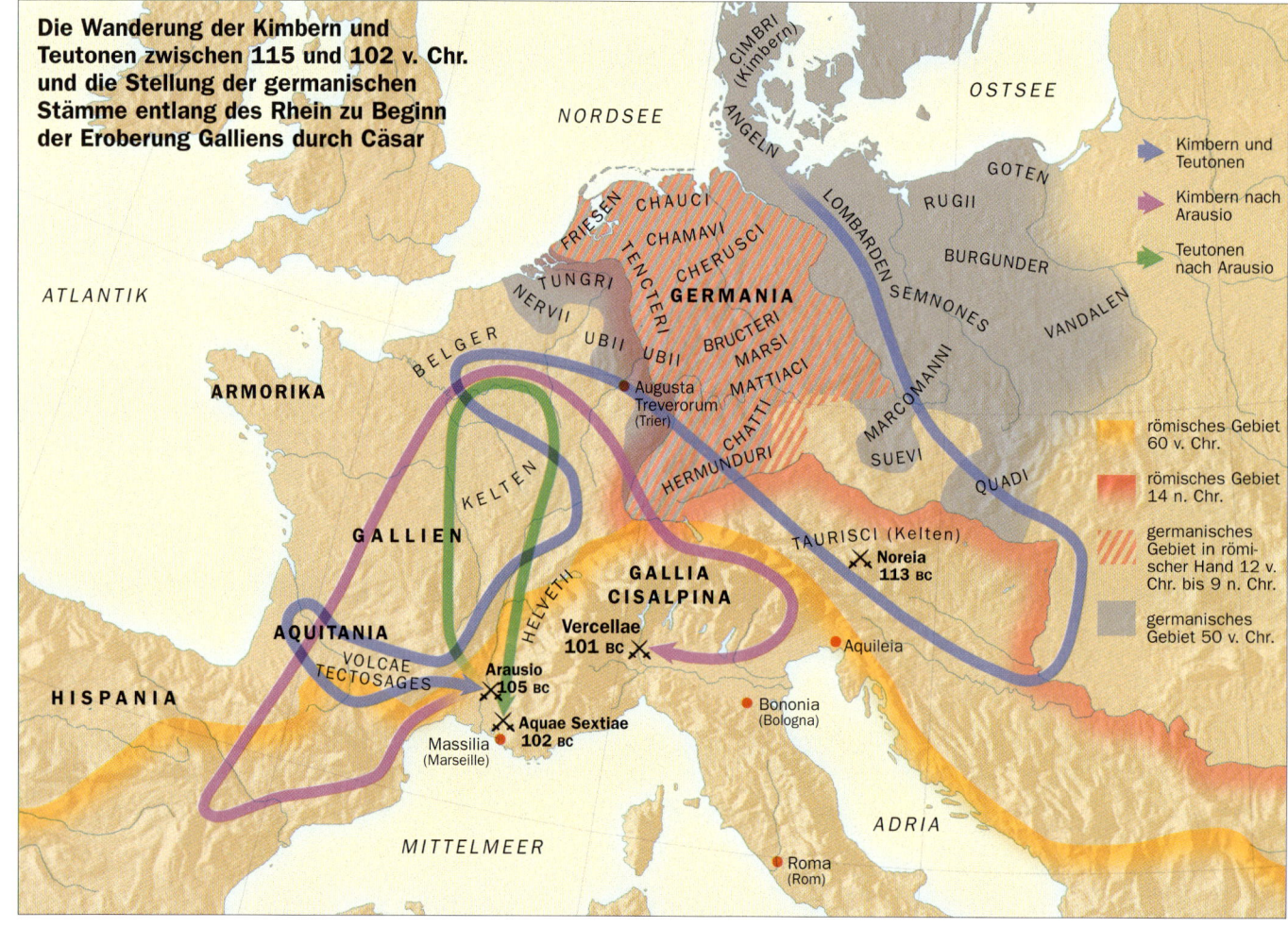

Die Wanderung der Kimbern und Teutonen zwischen 115 und 102 v. Chr. und die Stellung der germanischen Stämme entlang des Rhein zu Beginn der Eroberung Galliens durch Cäsar

eine Reihe gallischer Stämme an, darunter die Helvetier und Tiguriner. 109 v. Chr. marschierte der Konsul Marcus Julius Silanus in das Rhônetal, um die Kimbern zu stellen, doch er wurde geschlagen.

Als sich die Nachricht von der neuerlichen römischen Niederlage verbreitete, schlossen sich weitere Gallier dem Zug an. Die Volsker und Tektosagen aus der Gegend von Tolosa (Toulouse) brachen ihre Verträge mit den Römern, wurden aber von dem Konsul Lucius Cassius Longinus 107 v. Chr. geschlagen. Als er seinen Sieg durch die Verfolgung der Tiguriner vervollständigen wollte, wurde er seinerseits geschlagen.

Der Konsul des Jahres 106 v. Chr. war Quintus Servilius Ceapio, ein erfahrener Soldat, dem man zutraute, die Serie von Niederlagen zu beenden. Nachdem er Tolosa eingenommen (und das sagenumwobene Gold von Tolosa erbeutet) hatte, machte er jedoch den gleichen Fehler wie Longinus.

Rom handelt entschlossen

An diesem Punkt brach im Senat die Panik aus. Ein barbarischer Haufen von Germanen und Galliern hatte jedes Heer geschlagen, das Rom gegen sie geschickt hatte. 104 v. Chr. wurde der Veteran Gaius Marius gegen alle römischen Gepflogenheiten zum zweiten Mal zum Konsul gewählt. Dies zeigt, wie ernst man in Rom die Bedrohung durch die Kimbern beurteilte. Mehr

noch, man war sogar bereit, ihm die Diktatur zu übertragen.

Gaius Marius erkannte, dass die Traditionen eines ehemaligen Bauernstammes den Bedürfnissen eines expandierenden Stadtstaates nicht mehr genügten. Er ergriff die Gelegenheit, die römische Armee zu reorganisieren und schuf ein stehendes Berufsheer, das für die nächsten 500 Jahre die römische Militärmacht begründen sollte. 102 v. Chr. waren die Kimbern nach Südgallien zurückgekehrt und Marius marschierte ihnen mit seinen reorganisierten Legionen entgegen. Er fand sie in drei Gruppen aufgespalten vor. Die Teutonen und Ambronen bewegten sich entlang der Mittelmeerküste nach Osten in Richtung Italien.

In Aquae Sextiae, dem modern Aix-en-Provence, vernichtete Marius 102 v. Chr. beide Stämme in einer zweitägigen Verteidigungsschlacht. Die Kimbern fielen in die Poebene ein und trieben die römischen Garnisonen auf ihrem Weg vor sich her. Als Marius anrückte, gingen die Römer zum Angriff über. In Vercellae wurden 101 v. Chr. die kimbrischen Krieger mitsamt ihren Familien vernichtet.

Die gallischen Tiguriner wichen der Schlacht aus und zogen nordwärts zu den Helvetiern in die Alpen. Rom betrachtete Südgallien jetzt als eine Art Schutzschild, einen Pufferstaat gegen weiteres Eindringen von Barbaren. 50 Jahre später lieferte das den Anlass zur römischen Eroberung ganz Galliens.

Oben: Römer kämpfen gegen Gallier – Relief auf dem Triumphbogen von Les Antiques bei St. Remy in der Provence. In Wahrheit besiegten bis zur Heeresreform des Gaius Marius keltische und germanische Armeen wiederholt die Römer in der Schlacht.

Cäsar erobert Gallien

58 v. Chr. führte Cäsar seine Legionen nach Gallien, angeblich um die Kelten gegen äußere Feinde wie die Germanen oder Helvetier zu schützen. Tatsächlich begann er eine groß angelegte Invasion Galliens. Durch seine Politik des Teilens und Eroberns bahnte er sich mit Intrigen, Allianzen und Gewalt seinen Weg und schlug die uneinigen Gallier in zahlreichen Schlachten. Nach drei Jahren hatte er den Großteil Galliens erobert und sogar Expeditionen nach Britannien unternommen. Nach sechs Jahren war die Eroberung Galliens komplett.

Im Jahr 125 v. Chr. wurde die griechische Kolonie Massalia (Marseille) von den saluvischen Galliern belagert und wandte sich um Hilfe an Rom. Ein römisches Heer eroberte die Hauptstadt der Saluvier und schlug das vereinte Heer der Saluvier und ihrer Nachbarn, der Allobroger. Die Arverner mischten sich ins Geschehen und wurden ebenfalls besiegt. Rom annektierte umgehend die Küstenregionen der Saluvier, Allobroger und Massalia selbst und machte daraus die Provinz Gallia Narbonnensis, benannt nach ihrer Hauptstadt Narbo Martius (Narbonne). Zusammen mit der Gallia Cisalpina, die im 2. Jahrhundert v. Chr. erobert

worden war, bildeten die beiden gallischen Provinzen die Basis für Cäsars Eroberung des restlichen Gallien.

Cäsars Gelegenheit kam 58 v. Chr. Im Jahr 70 v. Chr. hatte der germanische Stamm der Sueben den Rhein überquert und sich im Elsass in Nordostgallien niedergelassen. Zehn Jahre später schlug ihr König Ariovist ein gallisches Heer, das sie wieder nach Germanien zurücktreiben sollte. Zur gleichen Zeit unterwarfen die Daker die Donaukelten, darunter die Bojer, und schlossen mit den Sueben ein Bündnis. Angesichts dieser doppelten Bedrohung von Norden und Osten beschlossen die Helvetier (in der heutigen Schweiz), aus Sicherheitsgründen nach Südostgallien zu ziehen.

Überlegene Taktik

Cäsar weigerte sich, ihnen den Durchzug durch das Territorium der Allobroger zu gestatten und malte für den Senat eine ernste Bedrohung des römischen Gallien an die Wand. Er verstärkte seine Truppen, und als die Helvetier das Land der Sequaner durchquerten, zog er die Rhône hinauf, um sie anzugreifen. In der Schlacht von Bibracte schlug er sie und trieb sie zurück in die

Cäsars Schlacht gegen die Helvetier in Bibracte, 58 v. Chr.: Die Tapferkeit der gallokeltischen Krieger unterlag der überlegenen Disziplin und Taktik.

Die Helvetier greifen die römische Formation auf einem Hügel an.

- ■ römische Legionen
- ■ Helvetier
- ■ Helvetische Verbündete

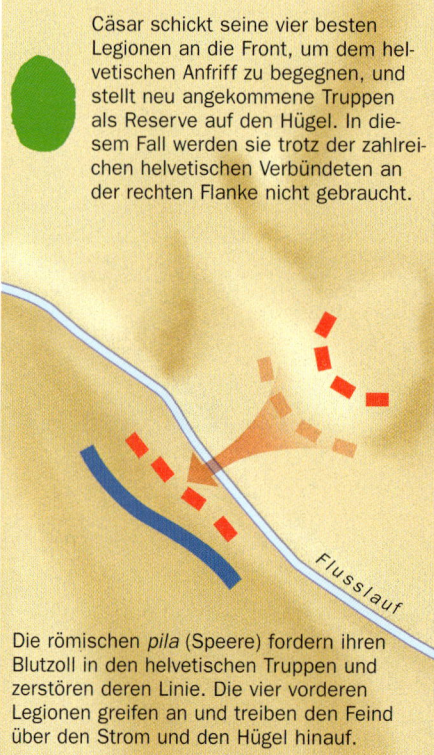

Cäsar schickt seine vier besten Legionen an die Front, um dem helvetischen Anfriff zu begegnen, und stellt neu angekommene Truppen als Reserve auf den Hügel. In diesem Fall werden sie trotz der zahlreichen helvetischen Verbündeten an der rechten Flanke nicht gebraucht.

Die römischen *pila* (Speere) fordern ihren Blutzoll in den helvetischen Truppen und zerstören deren Linie. Die vorderen Legionen greifen an und treiben den Feind über den Strom und den Hügel hinauf.

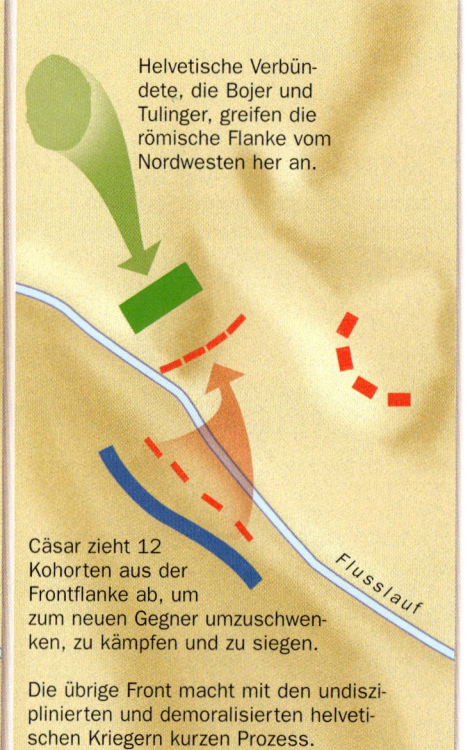

Helvetische Verbündete, die Bojer und Tulinger, greifen die römische Flanke vom Nordwesten her an.

Cäsar zieht 12 Kohorten aus der Frontflanke ab, um zum neuen Gegner umzuschwenken, zu kämpfen und zu siegen.

Die übrige Front macht mit den undisziplinierten und demoralisierten helvetischen Kriegern kurzen Prozess.

Schweizer Alpen. Unterstützt vom pro-römischen Häuptling der Haeduer, Diviaticus, veranlasste er den Senat, ihn zum „Beschützer der Gallier" zu ernennen.

Jetzt hatte er auch einen Vorwand, um weiter nordwärts gegen Ariovist zu ziehen. Cäsar hatte bereits das Land der Sequaner besetzt und war mit den Haeduern weiter im Osten verbündet. Seine Verbindungslinien sicherte er mit Garnisonen und rückte ins Elsass vor, wo er Ariovist schlug. Nachdem er den Winter in Ostgallien verbracht hatte, hörte er von Uneinigkeiten unter den belgischen Stämmen, seinen Nachbarn im Nordwesten. Es gab elf Unterteilungen unter den Belgern. Cäsar griff sie 57 v. Chr. an und vernichtete die Stammesheere eins nach dem anderen, bevor sie sich vereinigen konnten. Seine schwersten Gegner waren dabei die

Nervier und die Aduatucer, die um ein Haar Cäsar geschlagen hätten, ehe er sie an der Sambre besiegte. Im selben Jahr unterwarf sein Stellvertreter Publius Licinius Crassus verschiedene kleine Stämme in der Normandie und Bretagne.

Im Jahr darauf (56 v. Chr.) nötigte eine Revolte des Seefahrerstammes der Venetier Cäsar, eine Flotte zu bauen, die er mit Mannschaften aus dem römischen Gallien und seinen Legionären bemannte. Während sich die Venetier auf ihre Segelschiffe verließen, basierte Cäsars Streitmacht auf Kriegsgaleeren. In einer Seeschlacht in der Morbihan Bucht in der Bretagne griffen seine Galeeren die Venetier bei Flaute an und vernichteten sie. Mit der Kontrolle des Meeres hatte Cäsar freie Hand für eine Expedition gegen die belgischen Stämme in Südostbritannien.

Alesia: Die letzte Schlacht

Cäsar gewann seine Schlachten dank seiner überlegenen Taktik; ein weiterer Grund für den Erfolg der Römer war die Uneinigkeit der Gallier ... bis zu Vercingetorix. Dieser führte die gallischen Stämme in die Rebellion und vertrieb die Römer fast aus Gallien. Doch Cäsar belagerte Vercingetorix und sein gewaltiges gallisches Heer in der Festung von Alesia. Der Ausgang der Belagerung sollte das Schicksal Galliens entscheiden.

Unten: Ehrenstatue des Vercingetorix von Aimé Millet (1819–91)

C äsar plante während seines Feldzugs gegen die Veneter einen Vorstoß nach Britannien. Eine erste Expedition stieß auf massiven Widerstand der Cantier in Kent. Stürme unterbrachen die Verbindung mit Gallien. Im folgenden Jahr kamen die Römer zurück und bahnten sich ihren Weg durch das Herzland der Cantier an die Themse. Cäsar kämpfte gegen einen Stammesbund unter Führung des Cassivelaunus vom Stamm der Catuvellauner und besiegte ihn, ehe er wegen logistischer Probleme und Unruhen in Gallien aufs Festland zurückkehrte. Ein Aufstand der Senonen, Karnuten und Eburonen erzwang seine Rückkehr. Während der ersten Phase seines Feldzuges konnte er noch die Karte der Uneinigkeit unter den gallischen Stämmen ausspielen, was jedoch in dem Maße, wie sich der Widerstand um Vercingetorix, einen Fürsten der Arverner, konzentrierte, immer schwieriger wurde.

Die Karnuten waren die ersten, die zur Revolte aufriefen, und Vercingetorix riet zu einer Strategie, die auf Cäsars Nachschublinien zielte. Er begann Angriffe auf römische Außenposten und Patrouillen. Cäsar musste beweisen, dass er das Heft in der Hand hielt. Er vereitelte eine gallische Invasion in das römische Gallien und verteidigte dann seine Verbün-

deten, die Haeduer. Vercingetorix antwortete mit einer Strategie der verbrannten Erde und rief seine Landsleute dazu auf, ihre verwundbaren Festungen zu zerstören.

Das Ende des Widerstands

Vercingetorix war Realist. Er erkannte, dass seine Leute der römischen Kampfmaschine in einem offenen Kampf nicht gewachsen waren. Er bevorzugte eine Guerillastrategie, die feste Plätze aufgab und offene Schlachten vermied. Dies lief allem zuwider, woran ein keltischer Krieger glaubte, war aber eine entscheidende Wende in der Strategie. Sie schlug jedoch fehl, als die Biturigen sich weigerten, ihr Hauptoppidum zu zerstören, damit Cäsar es nicht besetzen konnte.

Französisches Modell des römischen Ringwalls, der 52 v. Chr. um Alesia errichtet wurde.

Römische Ingenieurskunst überwand den gallischen Widerstand, das Oppidum fiel und mit ihm 40.000 Einwohner.

Als Nächstes belagerte Cäsar Gergovia, die Höhenfestung der Rebellen (nahe Clermont-Ferrand), wurde aber von den Verteidigern zurückgeschlagen. Dies war Cäsars erste Niederlage und er plante einen allgemeinen Rückzug in die Gallia Narbonnensis, um sein Kräfte zu reorganisieren. Jetzt beging Vercingetorix einen fatalen Fehler: Während seine Armee die Römer auf ihrem Rückzug bedrängte, erlaubte er seiner Kavallerie, sich mit Cäsars germanischen Söldnerreitern einzulassen, die sie besiegten. Diesmal war es an den Galliern, sich zurückzuziehen, und Cäsar verfolgte sie nach Norden.

Vercingetorix versammelte seine Truppen auf der Höhenfestung von Alesia, der Hauptstadt der Mandubier. Cäsar errichtete um die Burg nach innen und nach außen gerichtete Befestigungswerke mit einem „Minenfeld" aus angespitzten Pfählen, Fußangeln und Gräben.

Nach einem Monat schickte Verecingetorix Frauen und Kinder aus der Festung, aber Cäsar verweigerte ihnen den Durchgang durch die römischen Linien und ließ sie zwischen den Linien zu Grunde gehen. Eine lange erwartete gallische Entsatzarmee rückte an und von beiden Seiten erfolgten koordiniert Angriffe auf die römischen Linien. Diese hielten aber Stand und nach drei wütenden Angriffen zog sich die Entsatzarmee zurück. Als seine Männer verhungerten, ritt Vercingetorix zu Cäsars Lager und ergab sich.

So endete der letzte Versuch eines organisierten Widerstands gegen die römische Herrschaft in Gallien. Das folgende Jahr verbrachte Cäsar damit, seine Herrschaft zu befestigen, die verbliebenen gallischen Stämme zu unterwerfen und ihre Hauptorte einzunehmen.

Mit der Vernichtung des keltischen Widerstands in Gallien blieben nur noch die Britischen Inseln als Bollwerk der keltischen Zivilisation übrig.

Oben: Münze des Vercingetorix. Es wurden viele Arten von Münzen geprägt. Die Zeichnung unten zeigt eine weitere, auf der Vercingetorix' Haar die traditionelle gallische Stachelfrisur zeigt.

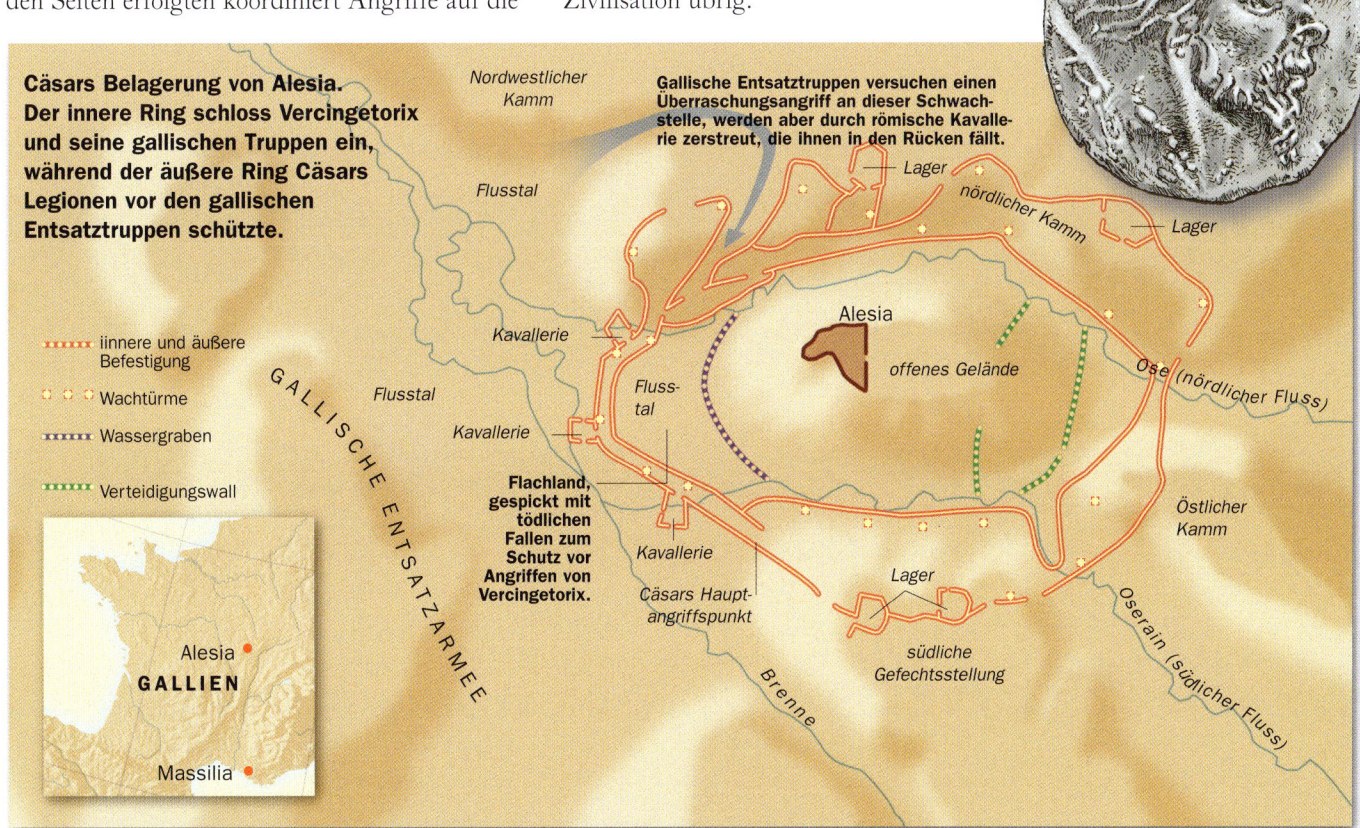

Cäsars Belagerung von Alesia. Der innere Ring schloss Vercingetorix und seine gallischen Truppen ein, während der äußere Ring Cäsars Legionen vor den gallischen Entsatztruppen schützte.

Gallische Entsatztruppen versuchen einen Überraschungsangriff an dieser Schwachstelle, werden aber durch römische Kavallerie zerstreut, die ihnen in den Rücken fällt.

Nordwestlicher Kamm

Flusstal

Lager

nördlicher Kamm

Lager

:::::: iinnere und äußere Befestigung

✦ ✦ ✦ Wachtürme

:::::: Wassergraben

:::::: Verteidigungswall

Alesia

offenes Gelände

Ose (nördlicher Fluss)

Kavallerie

Flusstal

Flusstal

Kavallerie

GALLISCHE ENTSATZARMEE

Flachland, gespickt mit tödlichen Fallen zum Schutz vor Angriffen von Vercingetorix.

Kavallerie

Cäsars Hauptangriffspunkt

Lager

Östlicher Kamm

Alesia
GALLIEN

Massilia

südliche Gefechtsstellung

Brenne

Oserain (südlicher Fluss)

Die Eroberung Britanniens

43 n. Chr. landete eine römische Armee in Kent und legte einen Brückenkopf an. Was als militärisches Unternehmen begann, geriet zu einem längeren Eroberungsfeldzug. Trotz des zähen keltischen Widerstands breiteten sich die Römer über den Süden Britanniens aus und befestigten ihre Macht über die Insel. Dies war der Beginn von vier Jahrhunderten römischer Besatzung, die dem keltischen ‚way of life' bis auf die abgelegensten Ecken der Britischen Inseln ein Ende setzten.

Der Atrebatenkönig Verica bat die Römer um Hilfe gegen benachbarten Catuvellauner. Kaiser Claudius erkannte die Gelegenheit zu kriegerischem Ruhm und stellte unverzüglich in Nordwestgallien eine Streitmacht von vier Legionen mit Hilfstruppen auf. Es handelte sich um die II. Augusta, die XIV. Gemina und die XX. Valeria aus Germanien und die IX. Hispania von der dakischen Grenze sowie

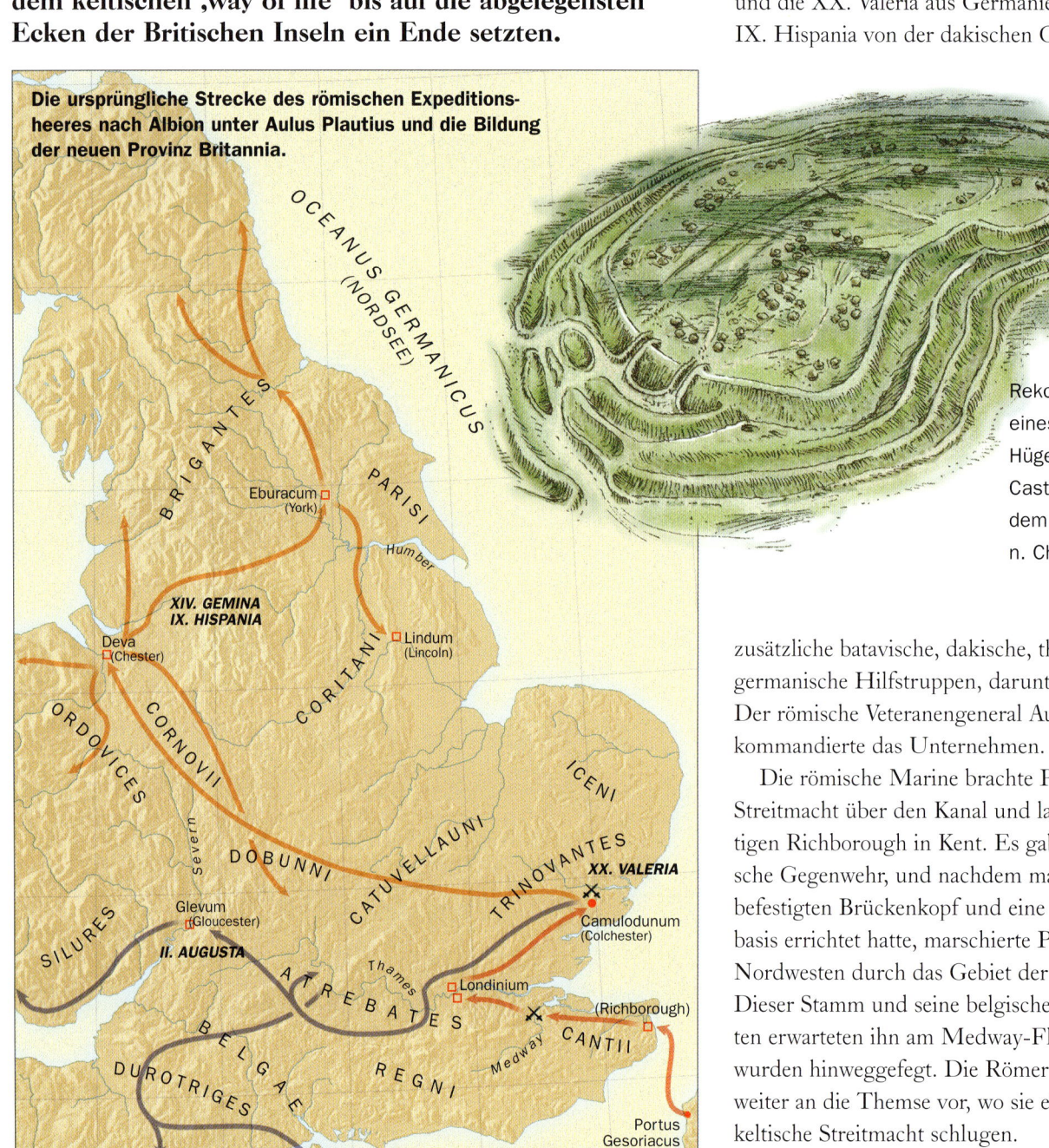

Die ursprüngliche Strecke des römischen Expeditionsheeres nach Albion unter Aulus Plautius und die Bildung der neuen Provinz Britannia.

OCEANUS GERMANICUS (NORDSEE)

BRIGANTES

PARISI

Eburacum (York)

Humber

XIV. GEMINA
IX. HISPANIA

Deva (Chester)

Lindum (Lincoln)

CORITANI

ORDOVICES

CORNOVII

Severn

DOBUNNI

ICENI

Glevum (Gloucester)

CATUVELLAUNI

TRINOVANTES

XX. VALERIA

SILURES

II. AUGUSTA

Camulodunum (Colchester)

ATREBATES

Thames

Londinium

(Richborough)

BELGAE

REGNI

CANTII

DUROTRIGES

Medway

Maiden Castle (Gloucester)

Durnovaria (Dorchester)

VECTIS INS (Isle of Wight)

Portus Gesoriacus

MARE BRITANNICUM (ÄRMELKANAL)

□ Römische Befestigungen
● Keltische/römische Zentren

Rekonstruktion eines britischen Hügelforts. Maiden Castle, Dorset, aus dem 1. Jahrhundert n. Chr.

zusätzliche batavische, dakische, thrakische und germanische Hilfstruppen, darunter Kavallerie. Der römische Veteranengeneral Aulus Plautius kommandierte das Unternehmen.

Die römische Marine brachte Plautius' Streitmacht über den Kanal und landete im heutigen Richborough in Kent. Es gab wenig keltische Gegenwehr, und nachdem man einen befestigten Brückenkopf und eine Nachschubbasis errichtet hatte, marschierte Plautius nach Nordwesten durch das Gebiet der Cantii. Dieser Stamm und seine belgischen Verbündeten erwarteten ihn am Medway-Fluss und wurden hinweggefegt. Die Römer rückten weiter an die Themse vor, wo sie eine zweite keltische Streitmacht schlugen.

Den römischen Schriftstellern zufolge benutzte Plautius in beiden Schlachten nur seine Hilfstruppen für den Angriff und hielt seine Veteranenlegion in Reserve. Am Platz des heutigen London errichteten sie ein weiteres befestigtes Lager (wahrscheinlich in der Nähe des Tower) und warteten auf Verstärkung und Nachschub. Im August besuchte Kaiser Claudius mit seiner Prätorianergarde die Truppen. Unter seinem offiziellen Kommando rückten sie auf die befestigte Stadt Camulodunum (Colchester) vor, die Hauptstadt von Cunobelinus vom Stamme der Catuvellauner. Die Stadt fiel und in ihren Mauern nahm Claudius die formelle Unterwerfung einer Reihe britischer Häuptlinge entgegen.

Teile und erobere

Im Frühjahr 44 n. Chr. teilten sich die Römer in drei Kolonnen. Die XX. Legion blieb in Colchester, die II. Legion machte sich nach Westen auf, um das Land zu besetzen und ihre Verbündeten, die Atrebaten, zu treffen.

Die XIV. und IX. Legion bewegten sich nordwärts in das Gebiet der Cornovier. Im Lauf der nächsten Jahre unterwarfen sie die Dobunner und Durotrigen und eroberten über 20 Städte und größere Siedlungen und die Isle of Wight. Ihr spektakulärster Erfolg war die Erstürmung der massiven keltischen Höhenfestung Maiden Castle in Dorset. Die Archäologen haben reichlich Überreste der Belagerung gefunden und die Reste der Belagerungsanlagen.

Bis 47 v. Chr. hatten die Römer Südbritannien bis zum Severn im Westen und bis zum Humber im Norden erobert.

Im Laufe der nächsten zwölf Jahre konsolidierten die Römer ihre Macht in Britannien und weiteten sie aus. Ein Feldzug gegen die Siluren führte zur Unterwerfung des heutigen Südwales, während andere Feldzüge im Norden die Briganten vom Humber bis hinter den Solway Firth zurückdrängte. Ein Feldzug gegen die Ordovicen im mittleren Wales und entlang des Mersey wurde trotz verzweifelter britannischer Gegenwehr unternommen. Eine Reihe von kleineren Kampagnen schaffte es nicht, die Kelten aus ihren Bergstellungen zu vertreiben, und so führte der Präfekt Suetonius Paulinus 59 n. Chr. zwei Legionen nach Nordwales in dem größten Aufmarsch, den Britannien bis dahin gesehen hatte.

Sein zweijähriger Feldzug führte zur Vernichtung einer Reihe von keltischen Festungen und endete auf der heiligen Insel Mona (Anglesey). Ein Amphibienangriff über die Meerenge von Menai traf auf erbitterten Widerstand, aber schließlich wurden die Verteidiger erschlagen, die Druiden massakriert und die heiligen keltischen Kultplätze zerstört.

Als die Kampfhandlungen in Wales vorbei waren, sah es so aus, als sei der Widerstand in Britannien endlich gebrochen. So waren die Römer völlig unvorbereitet auf die Revolte, die bald kommen sollte.

Unten: Grabstein aus dem 1. Jahrhundert n. Chr. aus Colchester: Ein römischer Reiter reitet einen nackten keltischen Krieger nieder.

Boadiceas Revolte

Die Politik Roms gegen die britannischen Stämme führte zu einer Revolte, die das römische Britannien im Kern erschütterte. Die Kelten wurden von der Kriegerkönigin Boadicea angeführt. Vor ihrer Niederschlagung hatten ihre Anhänger mehrere führende römisch-britannische Städte zerstört und die Römer in der Schlacht geschlagen. Bis auf den heutigen Tag gedenkt man Boadiceas als einer der großen Figuren des keltischen Britannien.

Unten: Die keltische Königin Boadicea wird auf diesem Denkmal aus dem 19. Jahrhundert als patriotische Heldin dargestellt.

Die Ikener waren ein belgischer Stamm, der Teile von Ostbritannien bewohnte (heute Norfolk und Suffolk). Nach der Invasion schloss ihr König Antedios ein Bündnis mit Rom, um vor Zerstörungen verschont zu bleiben. 49 n. Chr. wurde die Garnison von Colchester, die II. Legion, nach Westen zur Bekämpfung der Waliser verlegt und der Südosten der römischen Provinz blieb ohne Schutz. Vorsichtshalber entwaffneten die Römer die Ikener, was Unwillen unter ihren Kriegern hervorrief. Antedios galt als römische Marionette und wurde durch einen Putsch abgesetzt. Obwohl sein Nachfolger Prasutagus den Bündnisvertrag mit den Römern erneuerte, war seine politische Haltung weit weniger prorömisch.

Nach seinem Tod 60 n. Chr. befürchtete der römische Präfekt Suetonius Paulinus, dass die Ikener den Vertrag brechen würden. Er annektierte ihr Land und setzte eine Kolonialverwaltung ein, um die römische Herrschaft zu stärken. Die repressive Politik der römischen Beamten erboste die Ikener und das Klima wurde explosiv. Als dann Boadicea, die Witwe des Prasutagus, zur Strafe für ihre Kritik an der römischen Verwaltung ausgepeitscht wurde, war der Anlass für einen groß angelegten Aufstand gekommen.

Königin Boadicea wurde zur Anführerin einer ausgedehnten Revolte gegen die römische Herrschaft. Ein späterer römischer Historiker beschreibt sie so:

> *„...groß, von furchterregendem Anblick und mit einer mächtigen Stimme begabt. Leuchtendes rotes Haar hing ihr bis zu den Knien, sie trug verzierte Goldtorques, eine bunte Robe und einen schweren Mantel, der von einer Fibel gehalten wurde. Sie hielt einen langen Speer und ihr Anblick verbreitete Furcht.“*

Oft wurde sie auf einem Wagen dargestellt, so auch in einer der bekanntesten Bronzestatuen Londons.

Keltische Grausamkeiten

Die Trinovanten (aus dem heutigen Essex) schlossen sich den Ikenern an und zusammen marschierten sie nach Colchester. Da sich der Präfekt mit seinen Legionen im Westen befand, konnte nichts Boadicea aufhalten. Colchester war eine vorwiegend römische Stadt, die von ehemaligen Soldaten und ihren Familien bewohnt wurde, von denen eine kleine Gruppe im Tempel des Claudius Zuflucht fand. Die 3000 römischen Bewohner wurden

niedergemetzelt, dann wurde der Tempel angezündet und brannte bis auf die Grundmauern
nieder. Ein Entsatzheer von 2000 Legionären
und Reitern der IX. Legion kam, um die
Revolte zu ersticken, geriet aber nordöstlich
von Colchester in einen Hinterhalt, und nur
die Reiter entkamen.

Boadicea tobte weiter durch das Land,
brandschatzte Verulamium (St. Albans) und
rückte auf London vor. Die römischen Verteidiger wurden getötet und die Siedlungen
geplündert und niedergebrannt. Mit den
fliehenden römischen Zivilisten, die zu Schiff
nach Gallien oder in den Süden entkamen,
verbreiteten sich auch die Nachrichten von den
keltischen Grausamkeiten und versetzten die
Provinz in Panik. Als Suetonius Paulinus
davon hörte, setzte er seine Legionen nach
Osten in Marsch.

In einer Reihe von Eilmärschen sammelte
der Präfekt eine Streitmacht von 10000 Legionären der XIV. und Teilen der II. und IX.
Legion sowie 4500 Mann an Hilfstruppen,
vor allem Kavallerie. Er rückte über die
Römerstraße vor, die heute als Watling Street
bekannt ist, und fand seinen Weg von Boadiceas Heer verlegt, das entlang des Anker-Flusses
(nahe Lichfield) lag.

Es war den Römern zahlenmäßig mehrfach
überlegen, aber Paulinus nutzte das Gelände
zu seinem Vorteil und schlug den britannischen
Angriff ab. Er trieb seinen Feind zurück,
sodass er zwischen seinem Lager und dem
Tross gefangen war. Unfähig, sich zu bewegen,
wurden die Britannier völlig aufgerieben.

Die Überlebenden konnten die Revolte
nicht weiter fortsetzen und Boadicea nahm sich
das Leben.

Die Rebellion alarmierte die Römer und
Verstärkung wurde von der germanischen
Grenze in die Provinz gebracht. Während die
Legionäre als Vergeltung die rebellischen
Stämme ausplünderten und ohne Gnade jeden
erschlugen, der der Teilnahme am Aufstand
verdächtigt war, wurden Schritte unternommen,
um eine weitere Revolte zu verhindern.
Festungen und Stadtmauern wurden verstärkt

Trotz seines Sieges wurde Paulinus abbe-
rufen. Sein Nachfolger Petronius Turpilianus
war weniger nachtragend. Er sicherte in den
nächsten Jahren die römische Macht ohne die
Unterdrückungsmaßnahmen, die die Revolte
ausgelöst hatten. Von da an wurde Südbritannien eine weitgehend friedliche Provinz, in der
die alten Stammesloyalitäten nach und nach
von den Bindungen des blühenden Handels
abgelöst wurden.

Oben: Der britanni-
sche Krieger brauchte
auf dem Weg in den
Kampf beide Hände
für Speer und Schild.
Er zog in die Schlacht,
indem er seine Beine
fest gegen die Wagen-
seiten stemmte. Der
Fahrer stand auf der
Achse zwischen den
Pferden. Am Kampf-
platz sprang der Krie-
ger vom Wagen, um zu
Fuß zu kämpfen; der
Fahrer zog sich in si-
chere Entfernung zu-
rück, bis er den Krie-
ger abholen musste.

Die Ausbreitung von Boadiceas Aufstand 60 n. Chr.

Die Römer in Schottland

84 n. Chr. führte der Präfekt Agricola ein römisches Heer in das heutige Schottland. Wie sein Biograf Tacitus betont, waren die Kaledonier in Nordschottland das letzte freie Volk in Britannien. Dahinter war nur mehr das Meer. Obwohl er sie besiegte, waren Agricola und seine Nachfolger dennoch nicht in der Lage, dieses stolze Nordvolk zu unterwerfen. Statt dessen bauten die Römer eine Reihe von Wällen quer durch Britannien.

Unten: Die römischen Baumeister, die den Hadrianswall errichteten, bezogen landschaftliche Gegebenheiten mit ein, um die Befestigungslinie zu stärken.

Nachdem die Revolte der Boadicea niedergeschlagen war, erweiterte der Präfekt Julius Agricola die römische Macht. Zwischen 71 und 74 n. Chr. unterwarf er die Briganten im Norden von England. Dann rückte er bis zu den Flüssen Forth und Clyde weiter vor in das Land der Votadaner, Selgoven, Novanten und Damnonier.

80/81 n. Chr. kam er am Fuß des schottischen Berglands an und schlug ein befestigtes Lager in Inchtuthill am Tay auf. Die römische Provinz reichte jetzt bis nach Südschottland.

Inchtuthill war der äußerste Punkt des Vormarschs auf die Highlands und während eine Reihe von Forts gegen kaledonische Raubzüge in den Süden gebaut wurden, setzte Agricola seinen Feldzug nach Nordostschottland fort. Er wollte das letzte keltische Heer zum Kampf stellen. 84 n. Chr. rückte er von Inchtuthill zur Mündung des Don vor (zum heutigen Aberdeen).

Nachdem er eine Nachschubbasis angelegt hatte, zog er nach Nordwesten und traf am Mons Graupius (wahrscheinlich der Berg Bennachie bei Inverurie) ein kaledonisches Heer, das von Calgacus angeführt wurde. Wie üblich wurden die Kelten ausmanövriert und Agricola gewann eine entscheidende Schlacht. Der Mons Graupius blieb der nördlichste Punkt römischen Vordringens nach Britannien,

da Agricola sich nach der Schlacht wieder nach Inchtuthill zurückzog. Doch obwohl er sie besiegt hatte, unterwarf er die Kaledonier damit noch lange nicht.

Um 100 n. Chr. zogen sich die Römer aus ihren Forts am Ufer des Tay zurück bis zur Linie zwischen dem Firth of Forth und dem Firth of Clyde. Sie forderten die Stämme dazu auf, als „Puffer" zwischen ihren Garnisonen und den Kaledoniern weiter nördlich zu agieren. Wenn diese Grenzstämme den Römern durch Handel verbunden wären, würden sie auch keine Angriffe gegen sie unterstützen.

Ein Aufstand in Nordbritannien veranlasste jedoch 117 n. Chr. den Kaiser Hadrian, die Situation vor Ort zu studieren.

Der große Wall

Hadrian zog Truppen aus dem Norden zurück und errichtete eine Befestigungslinie zwischen Wallsend am Tyne und Bowness am Solway Firth – den Hadrianswall, ein kolossales Ingenieursprojekt. Nach seiner Vollendung unterband er jeden Versuch von Raubzügen der nördlichen Kelten in das südliche Britannien. Noch heute erinnern die Reste des Walls an die Ingenieurskunst und Militärmacht Roms.

20 Jahre später änderten die Römer ihre Politik erneut und besetzten Südschottland, um eine neue Befestigungslinie vom Forth zum Clyde zu errichten. Dieser Torf- und Holzwall wurde nach Antoninus Pius der Antoninenwall genannt. Die Situation blieb gespannt und eine Reihe von Rebellionen in Südschottland und Einfällen über den Wall verringerten kontinuierlich die Menge der römischen Gefolgsleute und Ressourcen.

Im frühen 3. Jahrhundert n. Chr. unternahm der Kaiser Septimius Severus einen Feldzug gegen die Kaledonier. Jetzt wurden die römischen Garnisonen wieder nach Süden zurückgezogen und das Gebiet südlich des Antoninenwalls von prorömischen Stämmen verteidigt. Obwohl erfolgreich, konnte Septimius Severus die Kaledonier dennoch nicht zur Schlacht stellen. So um den Sieg eines Agricola gebracht, kehrte der Kaiser nach Hause zurück.

Der Hadrianswall war eine architektonische Großtat, erforderte zur Verteidigung aber eine starke Garnison. Während des 3. und 4. Jahrhunderts n. Chr. rekrutierten die Römer mehr und mehr Truppen in Nordbritannien. Diese Soldaten aber hatten Verbindungen zu ihren Verwandten im Norden.

Als die inneren Unruhen im römischen Reich die Grenzverteidigung schwächten, wurden die Einfälle der Pikten, Schotten, Iren und Sachsen zur Regel. Am Ende des 4. Jahrhunderts konnte nichts mehr die Kelten Nordbritanniens daran hindern, bis in das Herz der zusammenbrechenden römischen Provinz vorzudringen.

Oben: Rekonstruktion des Hadrianswalls in Richtung Westen bei Chesters mit dem Meilenfort Nr. 26 im Vordergrund. Im Hintergrund sind zwei Türme und ein weiteres Meilenfort erkennbar. Dort erstreckt sich das nördliche Tyne-Tal, in dem das Reiterfort Cilurnum (Chesters) lag.

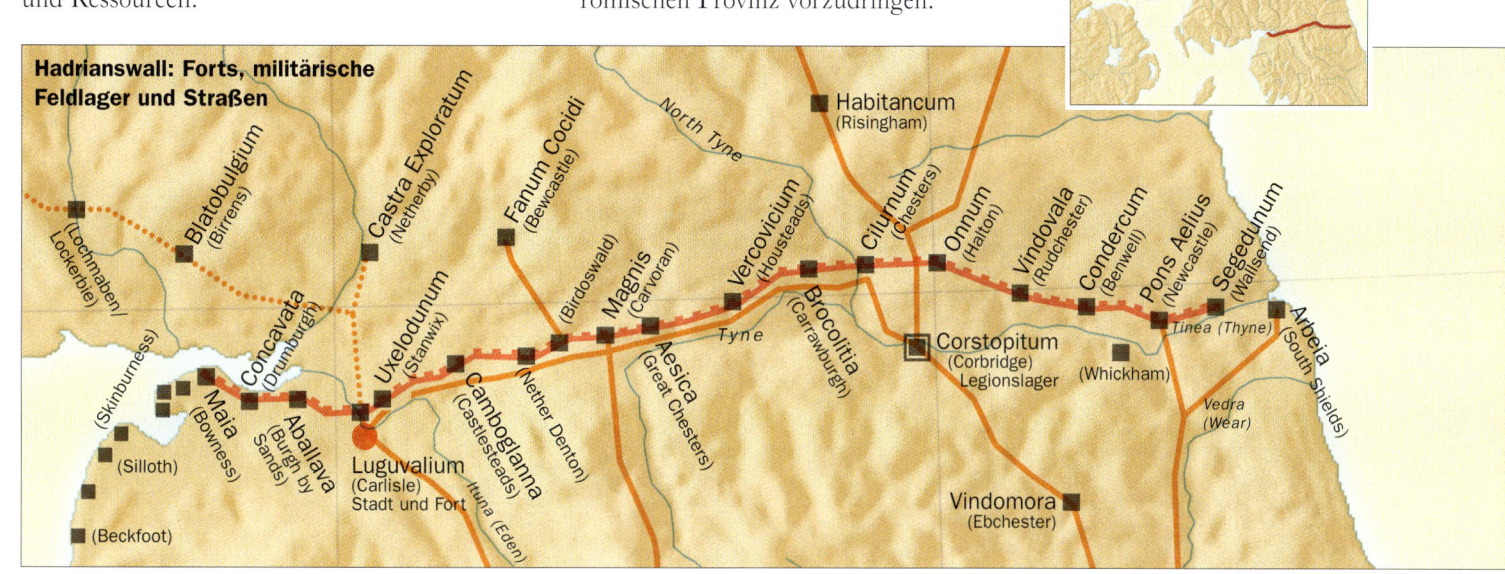

Hadrianswall: Forts, militärische Feldlager und Straßen

Kapitel 7

Die Druiden

Cäsar beschrieb diese mächtige und geheimnisvolle Priesterschaft als hierarchische, stammesübergreifende Organisation. Druiden wurden überall in der keltischen Welt angeworben und einer zwanzigjährigen Ausbildung unterzogen, in der sie das ungeschriebene Wissen dieses religiösen Ordens lernen mussten. Am Ende wurden die Lehrlinge in einen Geheimbund aufgenommen, der einen enormen Einfluss auf die keltische Gesellschaft hatte.

Die Druiden leiteten die religiösen Opfer und Zeremonien, dienten aber auch als Berater der Könige und Stammesführer, als Schiedsrichter bei Streitigkeiten, als Richter und Diplomaten. Als Vermittler zwischen den Monarchen und den Gottheiten hatten sie eine einzigartige Machtposition in der keltischen Gesellschaft.

Man sollte zwar den römische Berichten über die Druiden als Zauberer nicht allzu viel Glauben schenken, aber es gibt durchaus Anzeichen dafür, dass die Kelten an Magie und Hexerei glaubten. Die Fähigkeit, Kranke zu heilen, die Zukunft vorauszusagen und den Willen der Götter durch Zeichendeutung herauszufinden, waren die drei Ecksteine der druidischen Macht. Während ihr Einfluss in Gallien und im größten Teil Britanniens durch die römische Eroberung ein Ende fand, dauerte er in Irland bis zur Christianisierung an.

Es gab zwar auch Priesterinnen, aber sie erreichen nie den Status der Druiden, die in dem gleichen Ansehen wie die vornehmsten Vertreter der Kriegeraristokratie standen. Obwohl unsere Informationen aus römischen oder christlichen Quellen stammen, erlauben sie uns doch einen Einblick in die einzigartige Rolle, die die Druiden spielten.

Ein Druide bereitet eine rituelle Erdrosselung vor. Menschenopfer wurden anstelle der üblicheren Tieropfer nur als letzter Ausweg in Zeiten großer Not und Gefahr dargebracht.

Die Macht der Druiden

In seinem „Gallischen Krieg" gab Cäsar einen kurz gefassten und im Allgemeinen positiven Bericht seiner militärischen Aktivitäten. Er berührte aber auch viele Aspekte der keltischen Kultur, die er zu zerstören versuchte. Natürlich ist darin auch eine Beschreibung der gallischen Druiden enthalten und ihrer Rolle in der gallischen Gesellschaft. Es ist der klarste Bericht über Druiden und ihre soziale Funktion.

Cäsar schrieb: „*Überall in Gallien gibt es zwei Klassen von Männern mit Ansehen: die Druiden und die Ritter. Die Druiden kümmern sich um die Verehrung der Götter, sorgen für das öffentliche und private Opfer und legen religiöse Probleme aus. Viele junge Männer gehen zu ihnen in die Ausbildung und sie werden in hohen Ehren gehalten. Denn sie haben das Recht, fast alle öffentlichen und*

privaten Streitigkeiten zu entscheiden, sie fällen Urteile und setzen Belohnungen und Strafen fest bei Verbrechen und Mord und in Streitigkeiten über Ansprüche und Grenzen. Wenn eine Person oder ein Stamm ihrer Herrschaft nicht gehorcht, dann wird sie von den Opfern ausgeschlossen. Dies ist die härteste Strafe. Die unter diesen Bann gestellt sind, werden als Übeltäter behandelt und gemieden, denn auch der geringste Kontakt mit ihnen bringt Unglück; sie haben keine Rechte und können keine offiziellen Würden bekleiden. Es heißt, das System der Ausbildung wurde in Britannien erfunden und von dort nach Gallien übernommen, und jetzt kommen die besonders eifrigen Kandidaten hierher gereist, um zu studieren. Die Druiden nehmen nicht am Krieg teil, zahlen keine Steuern wie die anderen ... man sagt, sie beschäftigen sich damit, eine gewaltige Menge an Gesängen auswendig zu lernen. Und so setzen einige von ihnen ihre Studien über 20 Jahre fort. Sie halten es für unwürdig, ihre Weisheit der Schrift anzuvertrauen ... Ich glaube, sie haben diese Gewohnheit aus zwei Gründen: weil sie nicht wollen, dass sich ihr Ausbildungssystem unter den gemeinen Leuten verbreitet und weil der Student sich nicht auf die Schrift verlassen soll, weil er dann sein Gedächtnis vernachlässigt. Sie sind vor allem darauf bedacht, dass die Menschen Folgendes glauben: dass die Seelen nicht sterben, sondern nach dem Tod von einem in den nächsten Körper übergehen; sie betrachten dies als den stärksten Ansporn zur Tugend, denn Furcht vor dem Tod wird verachtet. Sie wissen auch viel über die Sterne und ihre Bewegungen, über die Größe der Welt und über die Erde, über die Naturphilosophie und über die Götter. Dies alles geben sie an ihre Schüler weiter."

Cäsars Schlüssel zur Macht

Für moderne Ohren klingt Cäsars Bericht wohl durchdacht, unparteiisch und wohlmeinend den Druiden gegenüber. An dieser Stelle sei in Erinnerung gerufen, dass Rom während seiner Eroberungen lokalen religiösen Bräuchen, Riten und den verschiedenen Gottheiten gegenüber große Toleranz an den Tag legte – bis auf zwei Ausnahmen: die Druiden und – in der Frühzeit des Römischen Reichs – die Juden. Warum

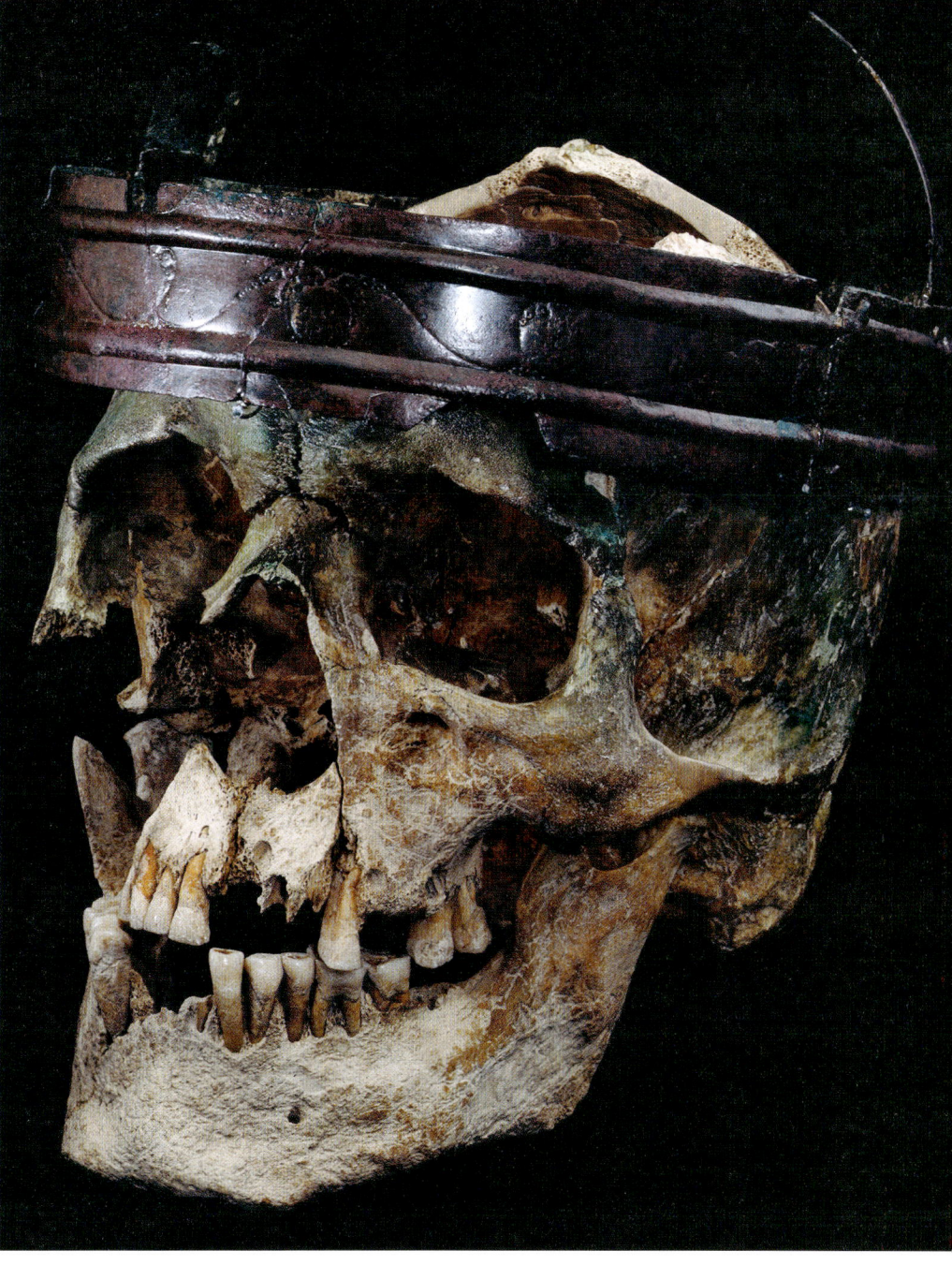

unterschieden sich Cäsars Handlungen so stark von seinen Worten?

Die Lösung: Politik. Er erkannte, dass die Druiden eine Schlüsselrolle in der keltischen Gesellschaft spielten. Sie waren die führenden Organisatoren des Stammes, Deuter der Religion, Historiker, Diplomaten, Sprecher und Schiedsrichter. Sie hatten den gleichen Rang inne wie führende Mitglieder des keltischen Kriegeradels und als solche übten sie großen Einfluss auf ihre Stammesführer, Häuptlinge und Könige aus. Für Cäsar war klar: Brach er die Macht der Druiden, so zerstörte er die Seele der keltischen Gesellschaft und nahm den Galliern ihren Willen und auch die Fähigkeit, Widerstand zu leisten. Diese Erkenntnis führte zur systematischen Verfolgung der Druiden durch die Römer in Gallien und Britannien.

Oben: Eisenzeitlicher Schädel mit Krone aus Deal, England, um 150 v. Chr. Die Priester im römischen Britannien trugen ähnliche Kronen; es könnte sich hierbei also um den Kopfschmuck eines Druiden handeln.

Gegenüber: Die Insel Anglesey ist überhäuft mit heiligen Stätten. Sie war die letzte Bastion der Druiden in Britannien.

Zauberei und Magie

Die Druiden sind lange mit mystischen Ritualen in Verbindung gebracht worden. Manche Römer behaupten, sie seien Zauberer gewesen, um sie in ein ungünstiges Licht zu setzen. Es gibt wenig Indizien dafür, doch obwohl die Druiden keine Zauberer waren, glaubten die Kelten dennoch an Hexerei und an die Macht der Druiden, durch die Kombination von Kräutermedizin und Ritual geheimnisvolle Heilkräfte zu besitzen.

Schriftsteller nach Cäsar spielen auf die Tatsache an, dass die Druiden Magie praktizierten. Der ägyptische Historiker Hippolytos aus dem 2. Jahrhundert n. Chr. bezeichnet sie als Magier. Auch der griechisch-römische Schriftsteller Diogenes Laertius spricht im 3. Jahrhundert n. Chr. von ihren „Rätseln und dunklen Sprüchen". Natürlich haben diese Autoren niemals einen Kelten, geschweige denn einen Druiden getroffen. Dies waren nur die Gerüchte, die sich über die Jahrhunderte auf Grund eines morbiden Interesses an diesem geheimnisvollen Orden gebildet hatten.

Für die Römer verstieß die keltische Religion gegen die Überzeugungen ihres eigenen Glaubens. Die mystischen Aspekte fesselten sie zwar, sie waren ihnen aber fremd, so ähnlich wie heutige Ärzte auf die Praxis der Akupunktur herabsehen. Während des gallischen Krieges trafen die Römer auf Anzeichen von Menschenopfern und blutigen Ritualen und sahen in den Druiden eine böse Macht. Als solche wurden sie auch leicht sinisterer Praktiken wie der Zauberei verdächtigt.

Magie war auch den extrem abergläubischen Römern nicht fremd. Sie beteten regelmäßig zu ihren Göttern um Hilfe, suchten in allen Naturphänomenen nach Omen und Zeichen. Der Wunsch, die Druiden als böse Zauberer hinzustellen, folgte Cäsars Politik und hatte seine Auswirkungen auf alle nachfolgenden Darstellungen der Druiden und den römischen Umgang mit ihnen. Dennoch gibt es keinen Beleg dafür, dass sie Hexerei, Zauberei oder Magie betrieben, außer dass ihre Geheimnistuerei diesen Verdacht ganz einfach nahe legte.

Jedoch gibt es einen Beleg für Zauberei in der keltischen Gesellschaft. Ein Bleistreifen mit einer Inschrift aus der späten La-Tène-Zeit wurde in einem Grab in Südfrankreich gefunden. Sie war gallisch, in lateinischen Buchstaben und in zwei Teile zerbrochen und bedeckte eine Urne mit der Asche einer Frau. Sie beschreibt „zwei Frauen, die mit Magie begabt waren" und

Rechts: Dieser römisch-gallische Waldgott aus Mont St. Jean in Frankreich unterstreicht die spirituelle Bedeutung der Natur für die Kelten.

wie die eine versuchte, der anderen damit zu schaden. Die andere Frau versuchte die Zaubersprüche mit Hilfe weiser Frauen abzuwehren. Bei den Römern gab es ähnliche „Fluchtafeln" (defixiones) in dieser Zeit.

Rituale und Heilungen

Die europäischen Gesellschaften glaubten bis ins 17. Jahrhundert an Hexen, und ebensolche Berichte gab es bei den Kelten, Griechen und Römern. Es gibt auch archäologische Zeugnisse für Hexerei im römischen Britannien: einige Bestattungen von älteren Frauen des 3. und 4. Jahrhunderts n. Chr., die rituell enthauptet worden waren und deren Unterkiefer entfernt war. Dies geschah wohl, um die Tote zum Schweigen zu bringen, auf dass sie nach ihrem Tod keine Zaubersprüche mehr von sich gebe.

Plinius schrieb in seiner „Naturgeschichte":

„Die gallischen Druiden berichten, dass (der Moosfarn) auf dem Körper alle Übel abwehrt und der Rauch gut für Augenkrankheiten ist.."

Für die Druiden war dies also eine Pflanze mit magischen Qualitäten. Plinius beschreibt ferner die Bedeutung der Misteln für Druiden, Rituale, mit denen beide Pflanzen gesammelt wurden, und ihren Gebrauch für Heilzwecke.

Dies ist kaum ein Anhaltspunkt für Zauberei, sondern dafür, dass man sich der Heilkräfte der Natur bewusst war. Es heißt, dass die Zeremonie, die das Schneiden der Mistelzweige begleitete, entscheidend war, weil sie die besondere Stellung der Druiden in der Gesellschaft bestätigte. Wenn jeder Mistelzweige schneiden und heilen konnte, bestand nur noch wenig Bedarf an Druiden.

Oben: Pappelmisteln bei Valencay, Frankreich. Die weißen Beeren der parasitischen Misteln sind giftig und nur Druiden würden sie angreifen.

Prophetie und Weissagung

Den römischen Historikern zufolge war eine Hauptaufgabe der Druiden, den Willen der Götter herauszufinden und daraus die Zukunft vorauszusagen. Dies erfolgte normalerweise aus Vorzeichen, deren genaue Deutung eines der druidischen Privilegien war. Manchmal dienten sie auch als Propheten für ihr Volk, und Indizien dafür liefert sowohl die Archäologie als auch die keltische Literatur.

Unten: Die rituelle Schlachtung von Tieren für die Weissagung war eine übliche Handlung für Druiden. Detail des Gundestrupkessels.

In seinen „Büchern der Geschichte" berichtet der römische Historiker Diodorus Siculus: „Die Gallier bedienen sich ebenfalls der Seher, die sie in großen Ehren halten. Diese Männer sagen die Zukunft aus dem Flug und dem Schrei der Vögel sowie aus geopferten heiligen Tieren voraus. Die Menge folgt ihnen unterwürfig."

Die Fähigkeit, die Zukunft vorherzusagen, war etwas, das den Druiden den Respekt der Stammeshäuptlinge und Könige einbrachte und sie in alle Planungen einbezog, seien es militärische, soziale oder politische Entscheidungen. Dies geschah auf vielfältige Weise, am häufigsten durch die Beobachtung und Deutung von Naturerscheinungen wie das Verhalten von Tieren und Vögeln sowie die Beobachtung des Vogelflugs.

Diese Fähigkeit war nicht auf die Druiden beschränkt: Viele der Methoden, göttliche Vorzeichen zu deuten, wurden auch von römischen Priestern in religiösen Zeremonien angewandt. Sie bezogen ihre Weissagungen aus den Eingeweiden frisch geschlachteter „heiliger" Tiere. Für die Römer war der plötzliche Flug eines Vogels von rechts (dexter) ein gutes Zeichen, kam er von links (sinister), verhieß dies Unglück.

Die Bedeutung der Vorhersage war im alten Europa und dem Mittelmeergebiet weitgehend

Links: Diese Löffel aus Westmorland, um 50 v. Chr. bis 100 n. Chr., könnten eine religiöse Bedeutung haben: Eine Flüssigkeit, vielleicht Wasser, Bier oder Blut, könnte durch das Loch im einen Löffel auf den andern Löffel getropft worden sein, um in die Zukunft zu blicken.

anerkannt. Weniger akzeptiert waren die Menschenopfer.

Es gibt zahlreiche Berichte bei den antiken Schriftstellern, die auch von archäologischen Belegen gestützt werden. Eine Methode war es, eine gefesselten Gefangenen zu töten und dann zu beobachten, wie er starb: wie er fiel, wie viel Blut er verlor etc. Diese Gebräuche stießen die Römer ab (im Unterschied zu den verschiedenen Arten der tödlichen Gladiatorenkämpfe, die sich vermutlich auch von früheren religiösen Riten ableiteten) und die Menschenopfer waren für Julius Cäsar ein Grund, die Tempel und heiligen Haine zu zerstören, die sonst vielleicht unbehelligt geblieben wären.

Die Botschaft der Omen

Cicero erwähnt die Fähigkeit der Druiden, die Zukunft vorherzusagen: der prorömische Druide Divitiacus soll Ereignisse aus dem Vogelflug vorhergesagt haben. Auch spätere römische und griechische Historiker berichteten über die Weissagungen der Druiden. Im 2. Jahrhundert erzählt Dio Chrysostomos in seinem Werk Oratorio von ihren Orakeln und ein Jahrhundert später bezeichnet Hippolytos sie als Propheten.

Diese Beobachtung weitet er noch aus und stellt fest, dass sie auch Ziffern und Zahlen benutzten, um zukünftige Ereignisse zu bestim-

men; dies deutet darauf hin, wie wichtig für die keltische Religion der Kalender war.

Den Kelten zeigten sich die Götter in allem: in Flüssen, Wäldern und den Tieren der Natur. Es ist daher kaum erstaunlich, dass genau diese Bestandteile der Natur Omen werden konnten, die den Willen der Götter offenbarten. Bestimmte Tiere und Vögel waren von den Göttern begünstigt und sowohl Tauben wie Raben hatten „Stimmen". So galten die an diesen Vögeln abgelesenen Vorzeichen als besonders mächtig. Ebenfalls wurden bestimmte heilige Orte von den Druiden in Ehren gehalten, weil sie eine Quelle der göttlichen Inspiration bildeten.

Manchmal gingen Weissagungen von Druiden auch über das Deuten von Omen hinaus. In der irischen Literatur wird von Druiden berichtet, die ihren königlichen Herren als Propheten dienten. Cathbad, der Druide des Königs Conchobar von Ulster, soll ihn beraten und ihm als Wahrsager gedient haben. Spätere Propheten wie der Schotte Brahn Seer setzen diese Tradition bis ins Mittelalter fort. Die Götter gaben ein Zeichen ihres Willens, und die Druiden konnten diese Nachricht deuten. Wie mächtig dieser Glaube war, belegt das Auftauchen von Wahrsagern und „Botschaftern Gottes" durch die ganze Geschichte hindurch.

Frauen und die Priesterschaft

Frauen hatten in der keltischen Gesellschaft eine starke Position. Im Unterschied zu anderen antiken Kulturen konnten Frauen hohe soziale und politische Ränge einnehmen. Bekannte Beispiel sind Boadicea, die Königin der Ikener, Cartimandua, die Königin der Briganten, und die halblegendäre irische Königin Medb (Maev) von Connaught. Obwohl Frauen nicht zum Orden der Druiden zugelassen waren, gibt es Beispiele weiblicher Propheten und Priesterinnen.

Unten: Auf dieser steinernen Votivgabe aus Alesia bringt eine Priesterin einer keltischen Göttin ein Weihgeschenk dar.

Der römische Historiker Strabo berichtet im 1. Jahrhundert v. Chr. über die Rolle, die die Frauen bei den Kimbern spielten. Dies war ein germanisch-gallischer Stamm, der zur Zeit der römischen Eroberung in Nordostgallien wohnte. Priesterinnen werden auch von Cäsar und Tacitus beschrieben. Strabo berichtet, dass „…die Frauen mit dem Schwert in der Hand das Lager betreten, auf die Gefangenen zugehen und sie zu einem bronzenen Kessel führen.

Eine Frau tritt vor und schneidet einem Gefangenen, der über den Rand des Kessels gehalten wird, die Kehle durch, sodass sein Blut in den Kessel rinnt. Andere schneiden den Körper auf, um die Eingeweide zu untersuchen und daraus den Sieg für den Stamm vorherzusagen.

Dies ähnelt den Berichten über Menschenopfer von Kriegsgefangenen durch Druiden. In einer Quelle in Chamalires in Mittelfrankreich wurde die Holzfigur einer keltischen Frau entdeckt. Offensichtlich handelt es sich dabei um eine Votivgabe, ähnlich den zahllosen anderen, die an derselben Stelle gefunden wurden. Sie trägt einen Torques als Abzeichen ihres aristokratischen Ranges und einen Kopfschmuck. Die Figur wurde als Priesterin interpretiert, da auch ihre Kopfbedeckung mit den druidischen Riten zusammenhängt.

Riten und Raserei

Bei Strabo finden wir einen Bericht des Poseidonios über eine religiöse Zeremonie. Eine Kolonie von Priesterinnen bewohnte eine Insel an der Loiremündung an der Westküste Galliens. Männer waren auf der Insel nicht zugelassen, die als heiliger Ort galt, aber Priesterinnen kamen und gingen, wie es ihnen gefiel. Nach Strabo „…war es Sitte, einmal im Jahr das Dach des Tempels abzudecken und es vor Sonnenuntergang neu zu decken. Jede Frau trug einen Teil der Ziegel, aber diejenige, die ihre Last fallen ließ, wurde von den anderen in Stücke gerissen. Diese rannten mit den Stücken solange schreiend um den Tempel, bis ihre Raserei nachließ." Weibliche religiöse Gemeinschaften werden auch in andern Schriftquellen erwähnt. Pomponius Mela beschreibt im 1. Jahrhundert v. Chr. eine Insel namens Sena, einen Teil der Inselgruppe der Casseteriden (Scilly-Inseln). Dort befand sich ein gallisches Orakel, das von neun jungfräulichen Priesterinnen betrieben wurde. Sie beherrschten angeblich die Elemente, sagten die Zukunft voraus und heilten die Kranken.

Das walisischen Heldengedicht Preiddu Annwyfn, das in einer frühmittelalterlichen Version überliefert ist, beschreibt, wie König Arthur in Wales ankommt, um den heiligen Kessel von Annwn (der Unterwelt) zu stehlen. Dieser wurde von neun jungfräulichen Priesterinnen bewacht, genauso wie das Orakel von Sena.

Spätere römische Berichte beschreiben Begegnungen zwischen führenden römischen Persönlichkeiten und gallischen Priesterinnen, die ihnen die Zukunft voraussagten. Noch als einfacher Soldat traf Diokletian eine keltische Priesterin, die ihm verkündete, er werde Kaiser, wenn er „den Eber" (aper) töte. In der Tat wurde er Kaiser, nachdem er Aper, den Prätorianerpräfekten, getötet hatte.

Der Kaiser Aurelian befragte eine gallische Priesterin, die ihm vorhersagte, dass seine Nachkommen ebenfalls Kaiser würden, aber nicht berühmter würden als die Nachkommen des Claudius. Der Kaiser Severus wurde davor gewarnt, seinen Soldaten zu trauen, die ihn dann auch ermordeten.

Auch wenn Priesterinnen und Seherinnen nicht den Respekt genossen wie ihre männlichen druidischen Kollegen, spielten sie doch eine bedeutende Rolle im keltischen Glaubenssystem.

Rechts: Steinernes Reliefbild einer Priesterin oder Göttin aus Alesia.

Druiden und Mythos

Die Macht der Druiden wurde durch die Römer in Gallien und dem größten Teil Britanniens zerstört, blieb jedoch in der keltischen Gesellschaft Irlands erhalten. Die irische Mythologie ist eine reiche Informationsquelle über die Druiden, ihre Macht und ihre Fähigkeiten. Auch wenn es nur Mythen sind, enthalten sie doch einen wahren Kern. Sie bilden eine Verbindung zur Vergangenheit, die nicht übergangen werden kann.

Unten: Eichen waren für die Druiden heilige Bäume. Eichenhaine spielten sowohl für druidische Rituale als auch in der keltischen Mythologie eine bedeutende Rolle.

Es gibt zwei Quellen über die Aktivitäten der Druiden im vorchristlichen Irland: Heiligenlegenden wie die über St. Patrick und irische Sagenberichte wie in den Annalen von Ulster. Beides wurde nach der Christianisierung Irlands verfasst, zwischen dem 7. und 11. Jahrhundert n. Chr. In einer Beziehung haben die Verfasser dieser Darstellungen, die einige hundert Jahre nach Cäsar lebten, mit ihm etwas gemeinsam: Die Mönche, die diese Geschichten verfassten, hatten ein begründetes Interesse daran, diese heidnischen Rituale in

einem schlechten Licht darzustellen. Diese frühen irischen Belege müssen daher – ebenso wie andere frühe Belege – kritisch betrachtet werden, auch wenn sie manche genaue Darstellung beinhalten.

Bei den Kelten Irlands unterteilten sich die weisen Männer in drei Gruppen: Barden, Seher (filidh) und Druiden. Die Druiden hatten eine bedeutenden Macht in ihrer Gemeinschaft und beeinflussten sowohl säkulare wie religiöse Entscheidungen. Sie werden als Ratgeber der keltischen Könige dargestellt wie z. B. der Druide Cathbadh als Berater des Conchobar von Ulster. Sie bedienten sich der Weissagung, um ihrem Herrscher bei seinen weltlichen und religiösen Entscheidungen beizustehen. Die Verbindung von Druide und König war sehr eng, denn der König setzte sein besonders Verhältnis zu den Göttern aufs Spiel, wenn er die Ratschläge seines Druiden ignorierte.

Von den drei Gruppen von Gelehrten war die der Druiden die bei weitem mächtigste. Die

Barden hielten die mündliche Tradition am Leben und unterhielten den Hof mit den Geschichten vergangener Heldentaten. Die Seher hatten zwar wie die Druiden die Gabe der Weissagung, aber es fehlte ihnen deren Macht. Bemerkenswerterweise überdauerten die Seher die christliche Ära und ersetzten die Druiden als Propheten der irischen Könige. Sie waren aber bestrebt, ihre Anweisungen in einem christlichen Kontext vorzutragen. Auch die Barden überlebten die Christianisierung, zweifelsohne wegen ihrer eher weltlichen Funktion als Geschichtenerzähler, die ihre Parallele in den christlichen Heiligenlegenden findet. Die Tradition der Barden an den Höfen von Königen und Lehensherren setzte sich bis ins hohe Mittelalter fort.

Ein vorkeltischer Orden

Dem Buch der Eroberungen zufolge brachten die ersten Siedler drei Druiden mit sich nach Irland. Diese hießen „Einsicht", „Wissen" und „Erkundung". Ihnen folgte das „Tuatha Dé Danann" (Volk der Göttin Danu), das vergeblich versuchte, die Gaelen (Kelten) von Irland fern zu halten. Dieser Mythos belegt, dass es der Überlieferung gemäß bereits vor den keltischen Wanderungen der Eisenzeit Druiden in Irland gab.

Die Kelten brachten ihre eigenen Druiden mit, von denen einer schließlich die Vormacht über die eingeborenen Druiden erlangte. Im „Táin Bó Cuailnge" (Rinderraub von Cooley) gewann der große irische Kriegsheld Cúchulainn eine Serie von Siegen für Conchobar von Ulster und seinen Druiden Cathbadh, bevor er der Magie der Zauberkönigin Medb von Connaught und ihrer Druiden zum Opfer fiel.

Diese Verbindung zwischen Königen, Druiden, Magie und der Geisterwelt blieb ein immer wiederkehrendes Thema in den frühen keltischen Mythen. Könige galten als heilig und von den Göttern auserwählt und ihre Thronbesteigung war von umfangreichen Ritualen

begleitet. Zu den Riten gehörten Opferhandlungen und Weissagungen, die das von den

Göttern vorbestimmte Schicksal des neuen Königs festlegen sollten.

Diese enge Beziehung endete mit der Christianisierung. Von nun an verfallen die irischen Autoren in ein christliches Moralisieren. Könige, die ihre Druiden und ihren heidnischen Glauben behielten, galten als verflucht und St. Patrick stellte die Druiden, die er traf, als feindselig dar. Angesichts der Tatsache, dass das Christentum ihrer Macht ein Ende setzte, ist die Antipathie der Druiden gegen den Heiligen aber nur verständlich.

Oben: In Wales hat die Tradition der Barden die Geschichte überdauert und spielt heute eine wesentliche Rolle bei der Eisteddfod-Zeremonie. Hier wird ein Barde geehrt, indem ihm ein Trinkhorn gereicht wird.

Kapitel 8

Der keltische Krieger

Krieg spielte eine zentrale Rolle in der keltischen Gesellschaft. Ihre Organisation beruhte auf Stammesgruppen, die von einer Kriegeraristokratie angeführt wurden. Diese Gesellschaft mit ihrer lockeren, halbanarchischen Struktur brach zusammen, als sie auf die Militärmacht Roms traf. Denn den Kelten fehlte die politische Einheit, die notwendig gewesen wäre, um den Römern zu widerstehen.

Dieser Mangel zeigte sich in der Kriegführung der Kelten, wo die einzelnen Stammesgruppen oder eher zufällige Allianzen solcher Gruppen ohne weitere Unterstützung und ohne gemeinsames Oberkommando in den Krieg zogen. Dies erlaubte Cäsar zu teilen und zu herrschen und die Gallier und Britannier stückweise zu besiegen.

Aus der Zeit der römischen Eroberung von Italien, Gallien und Britannien stammen zahllose Beschreibungen des Erscheinungbildes, der Bewaffnung und Kampfweise der Kelten auf dem Schlachtfeld. Diese Zeugnisse antiker Autoren werden von der wachsenden Anzahl der archäologischen Funde untermauert: Funde von aufwändigen Bestattungen, Schlachtfeldern, Siedlungen und Einzelfunde. Weit davon entfernt, eine „barbarische" Gesellschaft zu sein, deren Kriegführung primitiv war, hatten die Kelten ein ausgeprägtes Verständnis von militärischer Technik, das noch durch ihren gesellschaftlichen Ehrencodex gefärbt wurde. Sie schätzten persönliche Tapferkeit, Einschüchterungsgesten, herausforderndes Auftreten und Wildheit höher als alle anderen kriegerischen Tugenden. Auch wenn die Römer schließlich die Kelten überwanden, so geschah das nicht ohne eine Reihe von Rückschlägen.

Die keltische Bewaffnung war nicht so fortgeschritten wie die der Römer. Auch wenn die Kelten für ihren Mut bekannt waren, fehlte es ihnen doch an der Disziplin und taktischen Finesse der römischen Legionäre. Nach dem Zusammenbruch des römischen Reiches waren die nachrömischen Kelten besser gegen ihre Feinde gerüstet und sie zeigten eine taktische und waffentechnische Überlegenheit, die ihnen vorher gefehlt hatte.

Heldenkult

Krieg in seinen verschiedenen Formen hatte eine zentrale Bedeutung für die keltische Gesellschaft. Die antiken Schriftsteller bezeichneten die Kelten als kriegerisches Volk. Im 1. Jahrhundert v. Chr. schrieb Strabo: „Das ganze Volk ist verrückt auf den Krieg, immer in der Stimmung und bereit zum Kampf." Der Krieger wurde verehrt und hatte mit den Druiden und Barden eine einzigartige Stellung im keltischen Mythos inne.

Vorherige Seite: Eine befestigte keltische Siedlung (*Oppidum*) wird von einem anderen keltischen Stamm angegriffen. Es war üblich, die abgeschlagenen und aufgespießten Köpfe der Feinde auf den Brüstungen auszustellen..

Die Druiden regelten die religiösen Angelegenheiten der Kelten, die Krieger die weltlichen als Stammeshäuptlinge, Adelige oder deren Gefolgsleute. Spätere irische und walisische Chroniken berichten von dieser Hochschätzung der Krieger, die eine halbfeudale Stammesstruktur beherrschten, in der Macht und Land vom Ausgang der Schlacht abhingen.

Ausgrabungen zeigen, dass die Krieger mit dem Schwert in der Hand und allem, was man für den Krieg braucht, begraben wurden: Wagen, Rüstung, Schild und Speer, sowie Wein und Speise als Stärkung im Jenseits. Die Bedeutung des Kriegers war offenkundig, aber auch an den Erfolg bei der Verteidigung der Gesellschaft gebunden. Die gallische Gesellschaft zerbrach rapide nach dem Verlust einer ganzen Generation von Kriegern auf dem Schlachtfeld und nach der Enttäuschung darüber, dass ihre „Helden" die Römer nicht aufhalten konnten.

Die Kelten galten als tollkühn in der Schlacht und als furchtlos bis zur Selbstaufgabe. Dies wurde mit der Zeit zu einer Art Kult und beeinflusste auch die taktischen Operationen der keltischen Heere zum Guten wie zum Schlechten. Ein römischer Historiker bemerkte 189 v. Chr über die kleinasiatischen Kelten (Galater): „Sie treiben alles vor sich her und selbst Stadtmauern können ihrer Raserei nicht widerstehen." Cäsar war selbst Zeuge des Mutes und der Wildheit der Gallier auf dem Schlachtfeld. Ähnliches wird von keltischen Kriegern in römischen Diensten, in den Schlachten des frühen Mittelalters gegen die Barbaren und sogar von irischen und schottischen Soldaten in jüngerer Zeit berichtet.

Cúchulainns Raserei

Ein hervorstechender, aber nicht einzigartiger kriegerischer Zug war ihr Blutdurst. In den antiken Berichten und der späteren irischen Mythologie steigerten sich die Krieger in eine Art Rausch vor der Schlacht, was aus ihnen fürchterliche und fast übermenschliche Gegner machte.

Im irischen Táin Bó Cuailnge wird der Held Cúchulainn beschrieben:

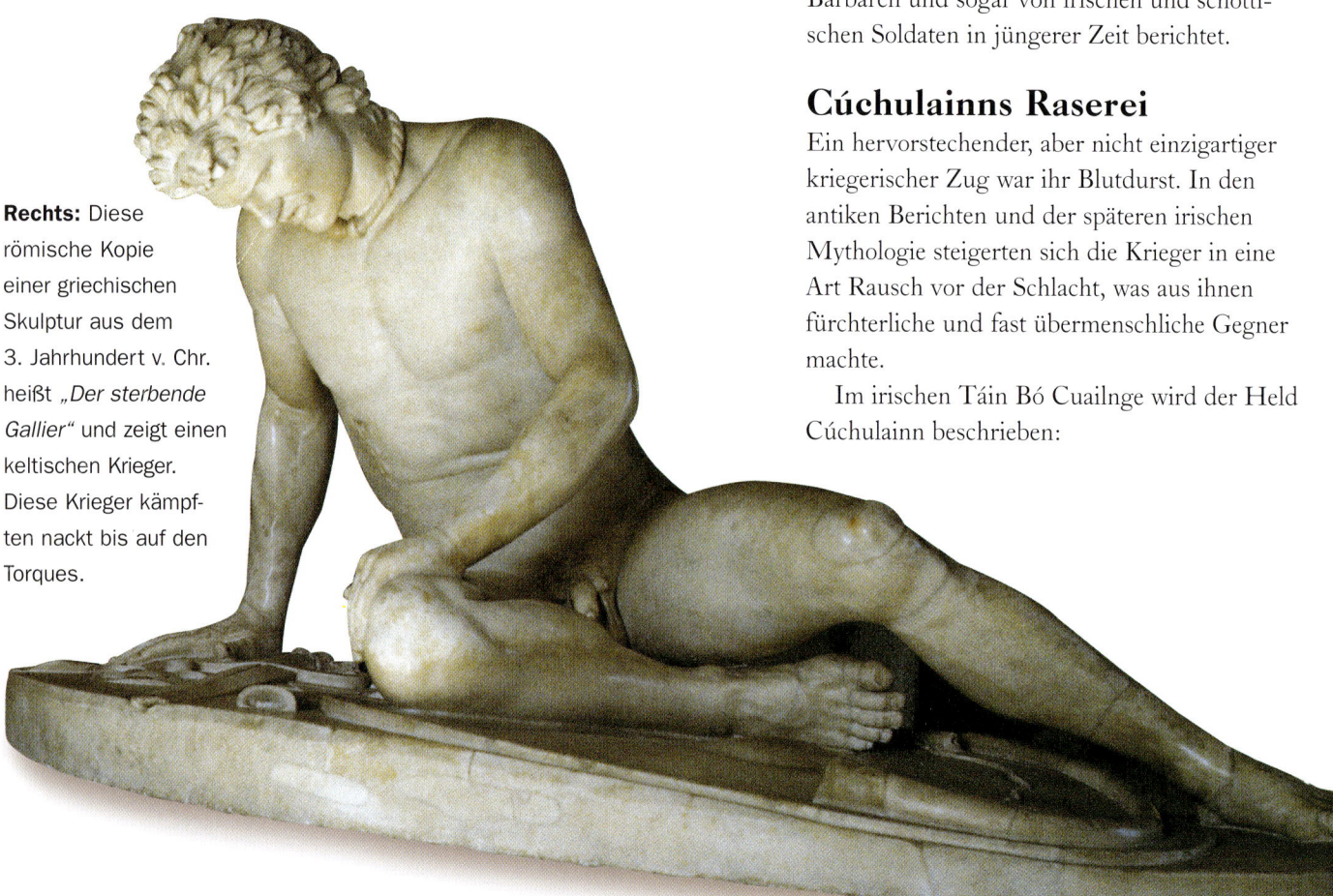

Rechts: Diese römische Kopie einer griechischen Skulptur aus dem 3. Jahrhundert v. Chr. heißt *„Der sterbende Gallier"* und zeigt einen keltischen Krieger. Diese Krieger kämpften nackt bis auf den Torques.

„*Ein Krampf durchzog und schüttelte ihn und ließ ihn wie ein Ungeheuer erscheinen, sein Kopf schwoll an und pulsierte.*"
Die Chronik schildert, wie er von Wut ergriffen wurde und wie ein Tier kämpfte. Nach dem Kampf ging der Blutdurst vorbei. Dieser Zug wurde von den Kelten sehr bewundert und zeigt, dass der Krieger Stoff für einen Heldenmythos abgibt.

Während des 3. Jahrhunderts v. Chr. kämpften einzelne keltische Krieger, die als Gaesatae bezeichnet wurden, nackt. Sie trugen wie die Skulptur des „Sterbenden Galliers" nichts außer ihrem Torques. Die Verbindung der Krieger mit dem Übernatürlichen hat eine Parallele in späteren irischen Chroniken, wo zahlreiche magische Waffen und mystische Kräfte erwähnt werden.

In der keltischen Kriegführung waren Feldschlachten eher die Ausnahme. Unter der Kriegeraristokratie wechselten Feste und Schaukämpfe ab mit Raubzügen gegen benachbarte Stämme, im vorrömischen Gallien mit regelmäßigen Einfällen in die reicheren Länder am Mittelmeer. Später berichteten Barden und Chroniken von den kriegerischen Festen.

Persönliche Tapferkeit stand über fast allem. Berichte über die keltische Kriegführung sind voll mit der Schilderung von großen Kämpfern und persönlichem Mut. Diese Glorifizierung des Kriegers und seiner Fähigkeiten führte zu einer Überschätzung der individuellen Taten und verhinderte ein aufeinander eingespieltes militärisches Vorgehen.

Bei den Römern galten dagegen Disziplin und Ordnung auf dem Schlachtfeld sehr viel. Heroismus und Leichtsinn hatten im römischen Heer nichts verloren. Als die beiden Systeme aufeinander prallten, wurden die Kelten vernichtet.

Links: Dieser Bronzehelm aus dem 1. Jahrhundert v. Chr. wurde nahe der Waterloo Bridge in der Londoner Themse gefunden. Es ist der einzige gehörnte Helm der Eisenzeit, der je gefunden wurde. Er ist im La-Tène-Stil verziert.

Unten: Der Torques hatte für seinen Träger religiöse Bedeutung. Dieses Beispiel aus Snettisham in England wurde aus acht verdrehten Strängen geformt und stammt aus der Zeit, als Julius Cäsar 43 v. Chr. nach Albion zog.

Kriegskunst in der La-Tène-Zeit

Antike Schriftsteller bezeugten den Furcht erregenden Anblick des keltischen Heeres in der Schlacht: Kraftvolle Männer, steter Lärm, kriegerische Gesten und eine barbarische Wut. Meist trug dies zum Sieg bei, doch als sie den disziplinierten Römern gegenüberstanden, reichte es nicht. Berichte dieser Kämpfe aus Italien, Gallien und Britannien zeigen, wie sie kämpften – und verloren.

Der griechische Historiker Polybius beschreibt den Anblick eines keltischen Heeres in der Schacht gegen die Römer bei Telamon 225 v. Chr.:

„Die Insubrer und Bojer trugen Hosen und leichte Mäntel, aber die Gaesatae in ihrem Übermut hatten diese abgelegt und standen nackt vor dem Heer mit nichts als ihren Waffen; denn sie dachten, dass dies wirkungsvoller wäre, da das Feld mit Dornen bewachsen war, die sich in den Kleidern verhaken und sie so am Gebrauch ihrer Waffen hindern könnten. Andererseits versetzten die Ordnung und der Lärm des keltischen Gegners die Römer in Schrecken; denn sie hatten zahllose Trompeter und Hornbläser. Als sie alle zusammen in Kriegsgeschrei ausbrachen, entstand ein unglaublich verwirrender Lärm, der auch aus der Landschaft zu kommen schien, die das Echo zurückwarf. Nicht weniger Furcht erregend war der Anblick und die Bewegung der nackten Männer vor der Front. Alle standen in der Blüte der Jugend und waren wohl gebaut. Sie waren mit goldenen Torques und Armreifen geschmückt. Die Römer waren besonders eingeschüchtert von dem Anblick dieser Männer, doch angetrieben von der Hoffnung zu siegen, waren sie doppelt standhaft im Anblick der Gefahr.“

Überholte Taktik

Dieser Bericht gibt viel Aufschluss über die keltische Kriegführung. Von nackten Kriegern (Gaesatae) berichten auch Erzählungen über andere Schlachten, jedoch scheint dieser Brauch vor Cäsars Kriegszügen in Gallien aufgehört zu haben. Dionysios von Halikarnass nahm dies als Zeichen ihres barbarischen Übermuts. Den großen Lärm erwähnen auch andere Quellen und Beispiele realer und abgebildeter gallischer Trompeten und Hörner zeigen beeindruckende Instrumente mit langen Rohren, die in einem Tierkopf enden. Livius beschreibt die Galater in Aktion:

„Ihr Gebrüll und ihr Betragen und der fürchterliche Lärm der Waffen, die sie nach altem

Brauch auf die Schilde schlagen, hat den Zweck, dem Gegner Furcht einzujagen. "

Ein von Polybius nicht ausdrücklich erwähnter Aspekt war der Einzelkampf; andere Berichte erzählen von Kriegern, die ihre Gegner herausfordern, die Reihen zu verlassen und von Mann zu Mann zu kämpfen. In den meisten Fällen nahmen die Römer die Herausforderung nicht an. Die Hauptschlachtlinie der Kelten wurde von Bogenschützen, Speerwerfern und Schleuderern geschützt und Polybius zufolge erwies sich ihr Fehlen bei Telamon als nachteilig für die Gaesatae, die durch Wurfgeschosse getötet wurden.

Die Kavallerie spielte ebenfalls eine wichtige Rolle und die Kelten waren berühmte Reiter. In Gallien hob Cäsar prorömische gallische Reiter zur Unterstützung aus und nach der römischen Eroberung diente gallische Reiterei bei den Hilfstruppen der Römer. In Britannien wurden noch Streitwagen benutzt, aber außerhalb davon waren sie bereits vor dem 1. Jahrhundert außer Gebrauch geraten.

Archäologische Rekonstruktionen keltischer Streitwagen informieren uns darüber, wie sie bedient wurden, und ergänzen die römischen Berichte. Sie verstärkten die Kavallerie und sollten die feindlichen Linien durchbrechen, bevor diese vorrückten und ihnen danach in den Rücken fallen. Das letzte Mal wurden sie 84 n. Chr. in der Schlacht am Mons Graupius eingesetzt.

Waffen und Rüstungen

Die typische Waffe der Kelten war das lange, gerade Schwert. In der Schlacht jedoch benutzten sie alles, was verfügbar war. Auch bei der Bewaffnung verbanden die Schmiede Funktionalität und ihre künstlerischen Ideen und machten aus Schilden und Helmen Kunstwerke. Obwohl die Kelten gut bewaffnet waren, war ihre Ausrüstung jener der römischen Legionäre unterlegen.

Rechts: Keltischer Schild aus dem 3. Jahrhundert v. Chr., gefunden im Fluss Witham nahe Lincoln.

Gegenüber: Kürass aus Hallstatt, vermutlich 8. Jahrhundert v. Chr.

N ach Jahrhunderten des Krieges zwischen Römern und Kelten wussten die römischen Schriftsteller eine Menge über keltische Waffen und Rüstungen. Der Historiker Diodorus Siculus hat sie am genauesten beschrieben:

„Als Waffen haben sie mannshohe Schilde, die in einer eigenen Art geschmückt sind. Einige tragen Relieffiguren aus Bronze, geschickt ausgearbeitet nicht nur zum Schmuck, sondern auch zum Schutz. Sie tragen Bronzehelme mit großen aufgesetzten Figuren, die den Träger übergroß erscheinen lassen. In einigen Fällen handelt es sich um Hörner; in anderen um Vögel oder Tiere in Relief …

Manche tragen eiserne, mit Ketten zusammengehaltene Brustplatten, andere sind mit den Waffen zufrieden, die die Natur ihnen gegeben hat, und kämpfen nackt. Sie haben statt kurzen lange Schwerter, die an einer Eisen- oder Bronzekette an ihrer rechten Seite hängen. Manche haben gold- oder silberverzierte Gürtel um ihre Obergewänder. Sie schleudern Speere, die „lanciae" genannt werden, mit eisernen Spitzen, die über eine Elle messen und zwei Zoll in der Breite. Ihre Schwerter sind nicht kürzer als die Speere anderer und die Speerspitzen länger als die Schwerter anderer."

Beschwerliche Bewaffnung

Den Römern erschienen die Schwerter und Speere der Kelten außergewöhnlich. Gefundene Schwerter waren um 70 cm lang, aber im 1. Jahrhundert n. Chr. wurden sie noch länger. Sie hatten eine gerade Klinge und waren einschneidig. Sie waren gut gehärtet, was eine Behauptung des Polybius widerlegt, derzufolge sie nach dem ersten Hieb stumpf seien und sich leicht verbögen. Sie waren eher Hieb- als Stichwaffen und Dionysios von Halikarnass be-

Oben: Schwert mit typischer Verzierung im La-Tène-Stil.

schreibt, wie ihre Besitzer das ganze Gewicht in den Schlag legen, wenn sie sich erheben und dann zuschlagen. Das Problem war, dass sie Platz brauchten. Tacitus berichtet, dass die Schwerter der Britannier lang waren und dazu ungeeignet, auf engem Raum zu kämpfen. Das Gegenteil traf auf den römischen Gladius zu, ein kurzes Stichschwert genau für diesen Zweck.

Die andere Hauptwaffe der Kelten war der Speer, entweder einer mit breitem Blatt für den Stoß oder als leichtere Ausführung zum Wurf. Die Speere waren 2,50 m lang mit großen Blättern und Tüllen und metallenen Lanzenschuhen als Gegengewicht. Die Leichtbewaffneten benutzten den Bogen und die Schleuder und es wurden sowohl Pfeilspitzen wie Schleudersteine ausgegraben.

Im ersten Jahrhundert trugen die reicheren keltischen Krieger einen Kettenpanzer aus vernieteten Ringen.

Auch Helme wurden nur von den Wohlhabenderen getragen. Sie bestanden meist aus einfachen Bronze- oder Eisenstücken. Die von Diodor erwähnten verzierten Exemplare wurden nur von einer Hand voll führender Krieger getragen. Ein einzigartiges Stück aus Ciumesti in Rumänien ist mit einem großen Vogel mit ausgebreiteten Flügeln verziert. Die von den Römern erwähnten Hörner waren offenbar eher selten.

Vervollständigt wurde die Ausrüstung durch den Schild. Livius beschreibt ihn als groß und länglich, was von den Funden bestätigt wird. Die meisten waren lange, ovale Holzschilde mit einem zentralen Buckel, der auch den Griff schützte. Den Darstellungen zufolge waren sie bemalt.

Trotz der Qualität der keltischen Bewaffnung sorgten die Artillerie und die praktischen Vorteile der römischen Waffen doch dafür, dass die Kelten gegen einen überlegenen Feind kämpften.

Der Feind trägt nicht nur scharfen Stahl:
Die *ballista* (unten) war eine leichte römische Artilleriewaffe. Die Pfeile hatten eine Reichweite von 430 Metern.

Das Katapult (rechts) zählte zur mittleren Artillerie einer römischen Belagerungsarmee. Es wurde genauso wie die *ballista* durch gedrehte Stränge von Sehnen oder Haaren angetrieben und schleuderte runde, bis zu 100 Kilogramm schwere Steine. Es gab verschiedene Größen und Stärken. Der „*onager*" (oben), der auch viele andere Namen trug, war eine gigantische Schleuder. Seine wilde Kraft brachte ihm den Spitznamen „Skorpion" ein. Er konnte ein 30 Kilogramm schweres Geschoss 800 Meter weit schleudern.

Kleidung der Krieger

Als die Römer und Griechen im 3. Jahrhundert zum ersten Mal gegen die Kelten kämpften, erschienen ihnen diese Furcht einflößend: eine Rasse von hoch gewachsenen und weißhäutigen Barbaren, die niemandem glichen, den sie vorher gesehen hatten. Diese Erscheinung wurde noch durch Kleidung und Frisur unterstrichen. Die Kelten unternahmen alles, um mit ihrem Äußeren den Feind zu verwirren und einzuschüchtern.

Unten: Früher La-Tène-Häuptling und Krieger (spätes 5. Jahrhundert v. Chr.), mit Kleidung aus Wolle und Bronzehelmen.

Diodorus Siculus beschreibt die physische Erscheinung dieser Krieger: Die Gallier sind groß von Wuchs, mit einer feuchten und weißen Haut. Ihr Haar ist nicht nur von Natur blond, sondern sie färben es noch zusätzlich. Manche rasieren den Bart ab, andere lassen ihn kurz stehen. Die Adeligen rasieren die Wangen, aber lassen ihre Schnurrbärte wachsen, so dass sie den Mund bedecken.

Die Erwähnung der gefärbten Haare bezieht sich auch auf die Praxis, dass die Krieger ihr Haar mit Kalkwasser wuschen und es wie eine Mähne hochkämmten. Der Zweck war auch hier, dem Feind durch ihren Anblick Angst einzujagen. Die natürliche Haarfarbe der nordeuropäischen Kelten war blond, rotblond oder brünett; den schwarzhaarigen Bewohnern des Mittelmeerraums erschien

dies alles fremd. Die Kelten waren im Schnitt größer als ihre südlichen Nachbarn und die Römer behaupteten, die Britannier wären noch größer als die Gallier; die größten von allen seien die Germanen.

Polybius beschrieb die nackten Gaesatae als von gutem Wuchs und in der Blüte ihrer Jahre, während Strabo ihm widerspricht und behauptet, die Kelten hätten eine Tendenz zum Übergewicht und die Stammesgesetze bestraften denjenigen, der zu schwer werde. Nach den Anforderungen der keltischen Kriegführung ist es unwahrscheinlich, dass viele Krieger Übergewicht hatten, vor allem nicht nach einem anstrengenden Feldzug.

Bunte Kleidung

Auch die Kleidung der Krieger wurde von den Schriftstellern beschrieben. Einer schrieb: „Sie tragen auffällige Kleidung, gefärbt und bestickt in vielen Farben, und Hosen, die sie „Bracae" nennen. Sie tragen gestreifte Mäntel, die von einer Fibel gehalten werden, dick im Winter und dünn im Sommer, mit variantenreichem, kleinteiligem Karomuster".

Andere berichten, dass sie oberschenkellange Röcke mit Ärmeln tragen. Dies waren vielleicht nur einfache, hemdartige Leinengewänder, die bis zur Mitte der Oberschenkel reichten. Strabo spricht von „Ärmeln und Schlitzen", aber die

kleidung reserviert. Auch hier waren Karomuster am gebräuchlichsten. Andere Autoren erwähnen gestreifte Hosen (Hosen waren für die Römer etwas Neues), und die römischen Reiter übernahmen diese praktische Bekleidung bald von den gallischen Kavalleristen. Wie auch die Röcke konnten die Hosen kariert, gestreift oder einfarbig sein oder aus ungefärbtem Stoff bestehen. Königin Boadicea soll eine bunte Tunika getragen haben und darüber einen schweren Mantel mit einer Fibel. Geschmückte Gewandnadeln, Gürtel und andere Arten von Schmuck wurden von den wohlhabenden Kriegern getragen und goldene Torques waren Abzeichen von Reichtum

meisten Darstellungen lassen an eine einfachere Form denken. Auf zeitgenössischen Darstellungen finden sich Tuniken mit langen und kurzen Ärmeln.

Diese wurden „gefärbt und bestickt" und ergaben so eine bunte Gewandung ähnlich den modernen schottischen Hochlandplaids. Dicke Wintermäntel („laenae" oder „sagi") wurden oft aus einer groben, dicken Wolle gewebt und die feinere, dünnere Wolle war für die Sommer-

und Stand. Andere weit verbreitete Arten von Schmuck waren Armreifen, Ringe, Fibeln und schmückende Gürtel. Von diesen Gegenständen haben sich bis heute Beispiele aus Bronze und aus Gold erhalten.

Links: La-Tène-Krieger (3.–2. Jahrhundert v. Chr.). Bewaffneter Reiter mit Kettenhemd und Eisenhelm und Fußsoldaten, die bis auf ihren Bronzehelm nackt sind.

Mitte: Wegen ihrer Vergänglichkeit gibt es fast keine Funde keltischer Kleidung. Diese Stoffreste (um 300–100 v. Chr.) aus einem Grab bei Burton Flemming in East Yorkshire, England, sind eigentlich zwei Rostklumpen mit Abdrücken eines eisenzeitlichen keltischen Stoffes. Das in den Stoff gewebte Muster ist deutlich erkennbar.

Unten: Keltische Krieger-*casque* (Helm) im Waldalgesheim-Stil. Gefunden bei Amfreville, Frankreich, aus dem späten 4. Jahrhundert v. Chr.

Spätkeltische Kriegführung

Die spätkeltische Kriegführung auf den Britischen Inseln kann unter verschiedenen Blickwinkeln betrachtet werden. Alle Beteiligten – Iren, Schotten, Britannier, Pikten, Sachsen und Angeln hatten unterschiedliche strategische Ziele, aber ähnliche Waffen und taktische Methoden. Schriftliche und archäologische Funde können zusammen eine detaillierte Übersicht über die Kriegführung im frühen Mittelalter in Britannien geben.

Nach dem Abzug der Römer mussten sich die zurückbleibenden nachrömischen Britannier selbst um ihre Verteidigung kümmern. Nachdem sie dies ein halbes Jahrhundert lang versucht hatten, riefen sie das weströmische Reich um Hilfe an. Dieser Hilferuf wurde jedoch ignoriert, da das Reich selbst um sein Leben kämpfte.

Die Bewohner Südbritanniens hatten nur eine begrenzte Bevölkerungszahl, aus der sie Kämpfer rekrutieren konnten, während täglich neue Bootsladungen von bestens für den Krieg gerüsteten Sachsen eintrafen. Nichtsdestoweniger erwähnt die „angelsächsische Chronik" größere keltische Heere, als die statistischen und archäologischen Informationen erwarten lassen, aber vielleicht sollte dies auch nur die sächsischen Siege eindrucksvoller erscheinen lassen.

Die Größe der Heere, die um die Vorherrschaft in Britannien kämpften, war wahrscheinlich eher klein und zählte eher nach Hunderten denn nach Tausenden. Sächsische Berichte von keltischen Verlusten von 2000 bis 5000 Mann können mindesten durch den Faktor 10 geteilt werden. Die größten Heere, über die die Heer-

führer in Britannien vom 7. bis zum 10. Jahrhundert n. Chr. geboten, waren nicht stärker als 4000 Mann.

Die Bewaffnung hatte sich seit der La-Tène-Zeit geändert. Die Archäologen haben eine Reihe von spätkeltischen und frühsächsischen Schwertern, Messern, Pfeilspitzen und Speerblättern ausgegraben, an denen sich bestimmte Unterschiede erkennen lassen. Die Sachsen bevorzugten ein langes, gerades Schwert, ähnlich dem, das die La-Tène-Kelten benutzten. Das Wort „Sax" heißt „Messer" und wurde mit der Bezeichnung „Sachsen" in Verbindung gebracht. Es war wahrscheinlich die Waffe des Adels, denn die Hauptwaffe der Sachsen war der Speer. Auch Dolche und Äxte wurden in der Schlacht getragen. Die Kelten benutzten ähnliche Waffen wie die Sachsen. In Südbritannien, wo auch römische Waffen und Taktiken noch in Gebrauch waren, herrschten leichtere Waffen vor. Bei den Iren und Pikten waren die Speere länger und schwerer als in Südbritannien und bei allen Kelten waren unterschiedliche Speere für Kavallerie, Fußsoldaten und Leichtbewaffnete in Gebrauch. Im Süden waren die Reiter nach Römerart mit Lanze und Schwert ausgerüstet. Im übrigen Britannien trugen sie dagegen leichtere und kürzere Speere.

Einfachere Strategien
Die Sachsen machten wenig Gebrauch von der Kavallerie und ermöglichten es so den Kelten, mit ihren kleinen Schwadronen schwer bewaffneter Reiterei zeitweise das Schlachtfeld zu beherrschen. Diese galt als der militärische Vorteil, der von dem keltisch-britannischen

Unten: Für die Kelten besaßen Waffen einen Teil ihrer Lebenskraft, daher widmeten sie der Verzierung der Metallteile große Sorgfalt: Diese Speerspitze aus der Themse in London wurde im La-Tène-Schwertstil dekoriert und entstand 200 – 50 v. Chr. Die Abbildung besitzt zwei Drittel der Originalgröße.

Kriegsherrn namens Arthur ausgespielt wurde und mag ein bedeutender Faktor bei der Entstehung der Sagen um seine „Ritter" gewesen sein.

Streitwagen wurden nicht mehr benutzt und auch Bogenschützen und Schleuderer werden nicht erwähnt. Die Kriege wurden im Wesentlichen wohl von Speerträgern geführt, die von Leichtbewaffneten und Reitern unterstützt wurden.

Anfangs besaßen die nachrömischen Britannier wohl noch einen gewissen Grad der römischen Militärorganisation und eine große Zahl erfahrener römischer Veteranen wird für ihre Ausbildung verfügbar gewesen sein. Aber die Kriegstaktiken und Strategien der Römer verschwanden bald nach deren Rückzug.

Kettenpanzer waren auf die wohlhabenden Mitglieder der keltischen oder sächsischen Aristokratie beschränkt. Auch wenn Helme wie der aus den Grabungen von Sutton Hoo oder Benty Grange möglicherweise von Königen und dem höheren Adel getragen wurden, kämpften die meisten Armeen ohne jeden Kopfschutz.

Die Feinheiten des römischen Militärsystems wurden durch reine brutale Körperkraft ersetzt und die Schlachten wurden mehr durch Ausdauer und numerische als durch technologische Überlegenheit, durch Organisation oder Ausbildung entschieden. Dem keltischen Krieger dieser Zeit fehlte jeglicher Glanz seiner La-Tène-Vorfahren.

DÁL RIADA

SCHOTTEN (KELTEN)

PIKTEN (KELTEN)

STRATHCLYDE

North Tyne

● Melrose

● Lindisfarne

● Bamburgh

BERNICIA

South Tyne

ANGELSACHSEN UM 600

● Carlisle

Eden

NORTHUMBRIA

CUMBRIA

Tees

Ure

● Catterick

W

Isle of Man

Englische Siedlungen um 500

Englische Expansion bis 600

Englische Expansion bis 660

Englisches Gebiet um 800

Ribble

Ouse

● York

ELMET

Mersey

Der

Anglesey

GWYNEDD

● Chester

Dee

MERCIER

Trent

POWYS

Severn

MERCIA

KELTEN

Teme

● Leicester

MITTEL-ANGELN

St. David's ●

DYFED

Tywi

Wye

● Worcester

Nene

GWENT

Hereford ●

Gloucester ●

● Cirencester

WESSEX

Llantwit ●

Avon

● Bath

WEST-SACHSEN

● Glastonbury

Parrett

Tintagel ●

Tamar

● Sherborne

● Sarum (Salisbury)

Winchester ●

Exeter ●

● Hamton

KELTEN

DUMNONIA

Wight

Se

Kapitel 9

Kelten und Angelsachsen

Vierhundert Jahre der Romanisierung haben die keltische Gesellschaft in Britannien sehr deutlich verändert. Die Barbaren wurden zivilisiert. Nach dem Rückzug der römischen Armeen waren die keltischen Britannier mit vielen Gefahren konfrontiert, die über den Kanal und die Nordsee kamen. Zwischen dem späten 4. und dem mittleren 7. Jahrhundert n. Chr. zerbrach das römische Britannien und mehrere keltische Königreiche entstanden. Mit der Rückkehr zur Dezentralisierung und der damit verbundenen Bildung von getrennten Armeen und dem Aufkommen von Stammesfehden waren die Kelten Überfällen durch Angreifer von den Küsten schutzlos ausgeliefert.

Die Angriffe der Jüten, Angeln und Sachsen (die als Angelsachsen zusammengefasst wurden) hatten noch während der römischen Besatzung begonnen, doch die großen, gut organisierten Legionen schlugen die Piraten an die Küsten und Flussmündungen des Südostens zurück. 50 Jahre nach dem Abzug der Römer wurden die Angriffe verstärkt, da ihnen keine nennenswerte Gegenwehr entgegengesetzt wurde. In der Mitte des 5. Jahrhunderts nahmen die Angriffe das Ausmaß einer Invasion an. In den nächsten 200 Jahren befanden sich Kelten und Sachsen in einem Kampf um Überleben und Oberhoheit – dem Kampf um Britannien.

Im Norden und Westen waren die Iren, Pikten und Schotten mit ihren eigenen Streitigkeiten beschäftigt und kaum beteiligt am großen Konflikt. Sie waren betroffen, als die siegreichen Angeln und Sachsen ihre Expansion fortsetzten und versuchten, die unabhängigen Königreiche von Schottland und Irland zu unterwerfen.

Obwohl sie den Sachsen eine tapfere Gegenwehr entgegensetzten, waren die Kelten in Südbritannien den Sachsen zahlenmäßig einfach unterlegen. Für die Kelten bedeutete ein Sieg nur eine Atempause, aber den Sachsen brachte er neues Land. Der Kampf fand seinen Höhepunkt im 7. Jahrhundert, als die Niederlage von Cadwallon von Gwynedd jede Hoffnung auf einen keltischen Endsieg beendete. Obwohl die Schlacht zwischen Kelten und Sachsen noch etliche Jahrhunderte weitergehen sollte, war das Schicksal Britanniens damit besiegelt. Die keltische Welt war für immer an die äußersten Enden der Britischen Inseln verbannt.

Ende der römischen Ordnung

Gegen Ende des 3. Jahrhunderts n. Chr. gerieten die Römer in Britannien durch Raubzüge der Iren, Pikten und Sachsen unter steigenden Druck. Römische Truppen waren rar, weil der fortlaufende Kampf im Reich nach frischen Truppen verlangte. Als die römischen Garnisonen Britanniens nach Gallien aufbrachen, mussten die verbliebenen Britannoromanen ihre eigene Abwehr gegen die eindringenden Barbaren organisieren.

Der größte Fehler der Römer in Britannien bestand darin, dass sie die Inseln nie ganz unterwarfen. Schottland, Irland und in gewissen Maße auch Wales befanden sich außerhalb ihrer Kontrolle, und im späten 4. Jahrhundert unternahmen diese Barbaren erfolgreiche Einfälle nach Britannien. Münzhorte in Wales bezeugen diese Plünderungen. Für die Verteidigung der Provinzen waren nun regionale Legionen zuständig, die meist durch einen ortsansässigen Offizier angeführt wurden. Die wenigen „echten" Römer hatten mit dem ursprünglichen Rom nur mehr wenig gemein. Manche waren frühere „Barbaren". Es wurde immer schwieriger, die Situation zu kontrollieren, vor allem, wenn manche der Legionäre eine gewisse Sympathie für ihre keltischen „barbarischen" Vettern hegten.

Nördlich des Hadrianswalls konnten die Pikten und Schotten noch eingedämmt werden, bis 367 n. Chr. eine lokale römisch-britannische Allianz diesen nördlichen Kelten erlaubte, in das nördliche Britannien einzudringen. Das Disaster von 367 war insofern bedeutend, als es sich nicht nur um eine Allianz der Iren, Schotten und Pikten, sondern auch um abtrünnige Grenztruppen handelte. Nach zwei jahren und unzähligen Raubzügen, die tief in das südliche Britannien vordrangen, war die römische Ordnung wiederhergestellt. Es wurden engere Beziehungen zu den Votadanern, einem Pufferstamm zwischen den Pikten und dem Wall, geknüpft.

Ernster waren die Raubzüge der Sachsen an der Süd- und Ostküste. Im späten 3. Jahrhundert n. Chr. wurde eine Reihe von „Sachsenforts" errichtet, um die „Sachsenküste" zu schützen. 383 n. Chr. zog der römische Feldherr Magnus Maximus viele seiner Garnisonstruppen von Britannien nach Gallien ab, um die kaiserliche Macht an sich zu reißen. Er wurde besiegt. Diese Truppen kehrten nie nach Britannien zurück und die in Britannien verbliebenen

Unten: Pevensey Castle war ursprünglich eine spätrömische Festung: eines der Forts der „Sachsenküste".

Truppen engagierten sich in der Verteidigung der Grenzen des römischen Britannien.

Wandalen in Britannien

Im späten 4. Jahrhundert war der Wandale Stilicho verantwortlich für die Verteidigung des römischen Westreichs. Obwohl er Expeditionen gegen die Pikten und die Sachsen führte, zog er 401 n. Chr. weitere Truppen aus Britannien für die Verteidigung Italiens ab. 406 n. Chr. überquerten die Wandalen den Rhein nach Gallien und 410 verließen die letzten Truppen Britannien, um die Lage in Gallien wiederherzustellen. Britannien war nun ohne Verteidigung und hört damit offiziell auf, ein Teil des römischen Reichs zu sein. Statt dessen war Britannien jetzt unabhängig und wurde von einer Hand voll britannoromanischer Häuptlinge regiert.

Von den ersten Jahren des nachrömischen Britannien ist wenig bekannt, da die römischen Schriftsteller die Ereignisse auf der Insel nicht weiter kommentierten. Der Bischof St. Germain aus Auxerre besuchte Britannien 428/9 und 445/6 n. Chr. Während seiner ersten Visite schien das Leben weiterzugehen wie unter der römischen Herrschaft, und die Insel wurde von einem Hochkönig („superbus tyrannus") namens Vortigern (der Name bedeutet „oberster Herr") regiert. Der Bischof nahm an der Vertreibung eines großen Haufens sächsischer Seeräuber teil und in seiner Messe danach nannte er die Schlacht den „Hallelujah-Sieg". Für ihn ging es dabei eindeutig um den Kampf zwischen Christen und Heiden.

Bei der zweiten Visite des Bischofs im Jahre 445 n. Chr. war Vortigern die Kontrolle weitgehend entglitten. In den Jahren davor war die Provinz unter den wachsenden Druck der sächsischen, piktischen und irischen Raubzüge geraten. Ein Hilferuf an das weströmische Reich verhallte ungehört und gegen 450 n. Chr. meuterten Vortigerns jütische Söldner. Sie verwüsteten Teile von Südostbritannien; Vortigern war gezwungen, den Sachsen Hengist um militärische Hilfe zu bitten; dafür sollte er die Kontrolle über die sächsische Küste erhalten. Die Jüten wurden geschlagen, doch die Sachsen waren durch die Hintertür nach Britannien gelangt. In den spätkeltischen Annalen wurde Vortigern als Verräter angesehen, aber vielleicht hatte er keine andere Wahl.

Links: Die Festung Viroconium, die an der Kreuzung zweier römischer Hauptstraßen lag, wurde 200 n. Chr. eine bedeutende britisch-römische Stadt.

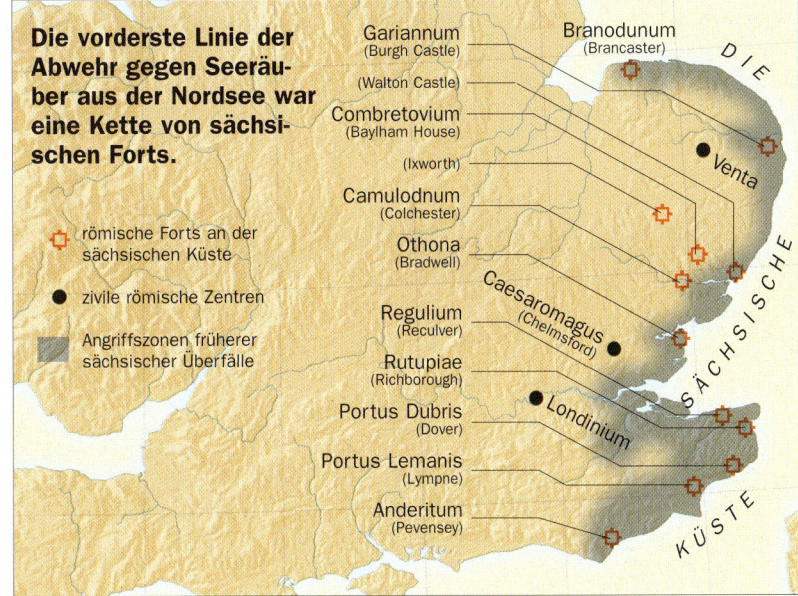

Die vorderste Linie der Abwehr gegen Seeräuber aus der Nordsee war eine Kette von sächsischen Forts.

Gariannum (Burgh Castle)
Branodunum (Brancaster)
(Walton Castle)
Combretovium (Baylham House)
(Ixworth)
Camulodnum (Colchester)
Othona (Bradwell)
Regulium (Reculver)
Rutupiae (Richborough)
Portus Dubris (Dover)
Portus Lemanis (Lympne)
Anderitum (Pevensey)
Caesaromagus (Chelmsford)
Venta
Londinium
DIE SÄCHSISCHE KÜSTE

⊕ römische Forts an der sächsischen Küste
● zivile römische Zentren
▨ Angriffszonen früherer sächsischer Überfälle

Die nachrömischen Kelten

Nach dem Abzug der Römer wurde die ehemalige Provinz von nachrömischen Häuptlingen beherrscht und bildete vom Land der Pikten bis zum Kanal einen Flickenteppich von Königreichen. Aus Aufzeichnungen und archäologischen Funden erfahren wir einiges über die zerbrechliche politische Situation. Die spätkeltischen Königreiche hatten vor allem die Last der angelsächsischen Invasionen des 6. Jahrhunderts zu tragen.

Über die Struktur des nachrömischen Britannien vor der Mitte des 6. Jahrhunderts ist wenig bekannt. Wir wissen, dass nördlich der Ruine des Hadrianswalles die Pikten unter den Druck der iroschottischen Kolonie von Dál Riada gerieten. Seit der Mitte des 5. Jahrhunderts ließen sich die Sachsen in Kent nieder, während die Jüten die Küsten von Essex besetzten.

Die Iren hatten noch eine andere Kolonie in Gwynedd in Wales gegründet. Im übrigen Südbritannien hatten die Britannoromanen die politische Ordnung übernommen. Anscheinend folgte die Unterteilung des Territoriums den Grenzen der römischen kirchlichen Diözesen, die wiederum auf älteren Stammesgrenzen aufbauten – das ist allerdings nicht gesichert.

Von dem Mönch Gildas und seiner Schrift „De excidio et conquestu Britanniae", die er 560 verfasste, wissen wir, dass Britannien zu dieser Zeit aus elf Königreichen bestand, einschließlich dem der Pikten. Das Reich der Dumnoner lag im Südwesten um das moderne Dorset County. Es wurde mit dem vorrömischen Stamm der Durotrigen in Verbindung gebracht und mit Sicherheit wurden alte keltische Höhenfestungen wieder aktiviert und gegen die Sachsen

Aufteilung des nachrömischen Britannien nach 450 n. Chr.

ATLANTIK

Piktenland

Dál Riada

NORD-SEE

Ulster

Dál Riada

Gododdin

Strathclyde

Bernicia

Meath

Isle of Man

Rheged

IRISCHE SEE

Leinster

Gwynedd

Elmet

Powys

Dyfed

Gwent

nachrömisch-britisch

Kernow

Dumnoni

Isle of Wight

Unten: Dumbarton Rock (Alcluyd), Hauptstadt des keltischen Königreichs von Strathclyde.

ausgebaut. Weiter westlich behauptete Cornwall (oder Kernow) seine Unabhängigkeit vom Rest Britanniens.

Ein anderes kleines Königreich war Gwent, die alte Heimat der Siluren im Severntal. Dyfed war das Stammesgebiet der Demeten, die Namen haben dieselbe Wurzel. Gildas bezeichnet König Vortepor von Dyfed als „Tyrannen der Demetäer".

Weiter im Norden war das Königreich von Powys eine Bergfeste in Zentralwales, die letzte Bastion des vorrömischen Stammes der Cornovier. Unter der Herrschaft des Königs Cuneglas war das Königreich berühmt für seine Militärstärke. Das Königreich von Gwynedd war ursprünglich eine irische Kolonie, deren Siedler die eingeborene Bevölkerung beherrschten. Gildas berichtet, dass es von König Maelgwyn beherrscht wurde.

Geteilt und zerstört

Das Königreich Elmet nahm eine großen Teil von Zentralbritannien ein und in der Mitte des 6. Jahrhunderts hielt sein König Gwallawg die Angeln von Bernicia in ihren Schranken. Es entsprach annähernd dem Stammesgebiet der vorrömischen Briganten. Im Nordwesten lag das Königreich von Rheged mit der Hauptstadt Caerliwelyd (Carlisle). Dahinter lag das Königreich Strathclyde. Seine Hochburg war die imponierende Felsenburg von Alcluyd (Dumbarton). Es war in dieser Zeit hauptsächlich mit der Verteidigung gegen die Schotten von Dál Riada beschäftigt.

An der Südküste des Firth of Forth lag das Königreich Gododdin, dessen König in der noch imposanteren Höhenfestung von Edinburgh residierte. Die Römer nannten dieses Volk Votodaner.

Jenseits des Forth lebten die Pikten in Ostschottland und die Schotten im Westen, wie auf Seite 74/75 bereits geschildert wurde.

Obwohl die nachrömischen Britannier unter der Führung des Hochkönigs Vortigern von etwa 425 bis 455 vereinigt wa-

ren, konnten sich die keltischen Königreiche für die meiste Zeit danach nicht auf einen gemeinsamen Oberherrn einigen.

Für kurze Perioden fanden sich eine Anzahl von Königreichen unter einem Anführer für den Krieg zusammen und so überlebten sie zumindest eine gewisse Zeit. Angesichts ihres eigenen Mangels an Einigkeit war jedoch einer ihrer wichtigsten Verbündeten der ebenso große Mangel an Koordination unter den Königen und Anführern des angelsächsischen England. Nichtsdestoweniger sollte selbst dieser Flickenteppich von keltischen Königreichen unter dem Druck der angelsächsischen Expansion zerbrechen.

Oben: Das Hügelfort Traprain Law war Hauptstadt und Festung der keltischen Votadaner und wurde später zum Sitz der Gododdin.

Unten: Edinburgh Castle wurde auf dem Vulkanstumpf errichtet, der einst die keltische Festung Dun Eidyn beherbergte, den Sitz der Könige der Gododdin.

Die Angelsachsen

Um 450 n. Chr. errichtete eine Gruppe von sächsischen Seeräubern einen Brückenkopf in Südostbritannien. In den folgenden 50 Jahren wurden mehrere Festungen entlang der Süd- und Ostküste errichtet, die eine Kette von germanischen Siedlungen bildeten. Diesen frühen Angeln und Sachsen folgten Siedler, die ihr Gebiet stetig ausdehnten und so die neue angelsächsische Nation von England bildeten.

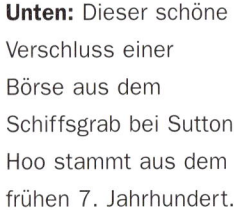

Rechts: Detail der Verzierung einer hängenden Schale aus dem Schiffsgrabschatz von Sutton Hoo in Sussex, England.

Unten: Dieser schöne Verschluss einer Börse aus dem Schiffsgrab bei Sutton Hoo stammt aus dem frühen 7. Jahrhundert.

D ie Angeln, Sachsen und Jüten kamen nach Südostbritannien zuerst als Seeräuber, dann als Siedler. Ihre ursprünglichen Wohnsitze können nach Norddeutschland zurückverfolgt werden; die Sachsen lebten zwischen Weser und Elbe, die Jüten auf der Halbinsel Jütland. Dazwischen lebten die Angeln im Bereich der heutigen Städte Bremen und Hamburg. Der Übergang von der Plünderung zur Landnahme erfolgte um 450 n. Chr.

Der sächsische Häuptling Hengist erhielt Kent von dem nachrömischen Hochkönig Vortigern als Gegenleistung für seine Unterstützung gegen die Jüten. Hengist brach bald darauf das Bündnis mit den Britanniern und als ihm sein Sohn Aerc nachfolgte, war Kent bereits eine stabile sächsische Machtbasis.

Gegen 480 n. Chr. erschien der sächsische Anführer Aelle an der Küste von Sussex (abgeleitet von „Südsachsen"). Er trieb die Kelten in den Wald von Weald. Aelle eroberte das „Sachsenfort" Anderida und tötete die Besatzung, die sich ergeben hatte. Sussex wurde als sächsische Niederlassung ausgebaut. Weitere Sachsen landeten bei Southampton und legten hier die Basis für das Königreich Wessex („Westsachsen").

Unaufhaltsame Siedler

Während des 6. Jahrhunderts trugen neue Wellen von Siedlern die weitere Expansion ins Inland und brachten die Angeln nach Wessex und East Anglia nördlich der Themse. Dies führte zur Ausdehnung von Wessex auf Kosten des Königreiches von Dumnonia. 501 n. Chr. landete der sächsische Anführer Port bei „Portes mutha" (Portsmouth), während andere Eroberungen die Küstensiedlungen von Wessex mit denen von Sussex verbanden. Der Sieg von Wessex über die Kelten durch Cerdic 508 n. Chr. begründete die Kontrolle über den Bereich von New Forest, obwohl Kelten und Sachsen sich noch in den 520er Jahren um das Gebiet nördlich von Southampton stritten.

Dies war die Zeit des legendären keltischen Kriegers Arthur, dessen Sieg über die Sachsen bei Badon 516 n. Chr. den sächsischen Vormarsch für ein Jahrzehnt aufhielt. 523 n. Chr. gewannen die Angeln durch die Eroberung der Küstenfestung von Din Guoaroy, die sie in „Bebba's Burgh" (Bamburgh) umbenannten, die Initiative zurück. Sie war das Zentrum des neuen Königreiches von Bernicia.

Als sich die Angeln entlang der Südküste vorwärtskämpften, begründeten sie ein neues Territorium namens Deira (nach dem Wort „dere" für Wassersiedlung). Der keltische Widerstand verhinderte eine Verbindung zwischen den Angeln von Deira und denen im Süden bis zur zweiten Hälfte des 7. Jahrhunderts. Andere Angeln strömten weiter nach East Anglia ein, das in die Gebiete des Nordvolkes (Norfolk) und Südvolkes (Suffolk) aufgeteilt wurde. Im Westen wurde aus West Anglia Mercia, als die Angeln aus den Mooren nach

Westen in Richtung des Trent vordrangen. Dieser Fluss bildete den größten Teil des 6. Jahrhunderts n. Chr. die Grenze zwischen dem keltischen Königreich und dem sächsischen Mercia. In der zweiten Hälfte des 6. Jahrhundert entstand ein weiteres sächsisches Königreich im Themsetal: das Land der Mittelsachsen, „Middlesex". Dies war bedeutsam, weil es London einschloss, das Mitte des 6. Jahrhunderts an die Sachsen fiel. Die Kontrolle von London sicherte den Zugang zu beiden Ufern der Themse und zum gesamten sächsischen Territorium von Mercia bis nach Wessex. Als St. Augustinus 596 n. Chr. als Missionar in Kent ankam, waren diese angelsächsischen Gebiete zum Königreich England vereinigt.

Oben: Goldene Gürtelschnalle aus Sutton Hoo mit den für den La-Tène-Stil typischen keltischen Flechtmustern.

Unten: Sächsische Räuber aus dem 5. Jahrhundert.

Sächsische Eroberungen

550 bis 650 n. Chr. dehnten sich die angelsächsischen Königreiche von Wessex, Bernicia und Mercia bis in die keltischen Gebiete aus und bildeten einen stabilen englischen Gürtel vom Firth of Forth zum Solent. Obwohl einige keltische Siege die Expansion zeitweise aufhielten, konnten die Britannier sie doch nicht verhindern. In der zweiten Hälfte des 7. Jahrhunderts waren die Angelsachsen zur entscheidenden Macht geworden und blieben es bis 1066.

Als der keltische Kriegsherr Arthur um 539 n. Chr. in der Schlacht fiel (evtl. der halbmythischen von Camlann), lebte die sächsische Expansion wieder auf. Diese hatte sich bereits weit von ihren Ausgangspunkten entfernt. 530 n. Chr. eroberte Cerdic von Wessex die Isle of Wight, nach seinem Tod 534 n. Chr. stieß sein Nachfolger Cynric nach Norden in das heutige Hampshire vor. Nach dem Fall der keltischen Burgen von Sarum (Salisbury) 552 n. Chr. und Barbury Castle (Swindon) vier Jahre später erlangten die Angelsachsen die Kontrolle über die östliche Verteidigungslinie von Dumnonia. An einer groß angelegten Offensive hinderte sie der Tod Cynrics und der Machtkampf zwischen Ceawlin und Aethelbert von Kent um die Kontrolle von Middlesex. 570 n. Chr. nahmen sie die Offensive wieder auf. Im Jahr darauf vertrieben sie die Kelten aus dem Gebiet des heutige Bedfordshire und mit der Einnahme von Limbury erweiterten sie die Grenzen des sächsischen England zu einer diagonalen Linie vom New Forest bei Southampton bis zum Unterlauf des Trent.

Chancenlos

577 n. Chr. eröffneten die Westsachsen ihren entscheidenden Feldzug durch Dumnonia auf den Fluss Severn zu. Nach dem Sieg über eine Reihe von nachrömischen Armeen nahm Ceawlin Gloucester und Bath und trennte so Dumnonia vom Rest des keltischen Britannien. Dies löste eine groß angelegte Wanderung der Kelten von Dumnonia nach Armorika aus (Bretagne oder Kleinbritannien). Der Rest von Dumnonia war sturmreif.

Der weitere Vordstoß nach Norden wurde gestoppt, als die Westsachsen 584 n. Chr. von den Kelten nördlich des heutigen Oxford geschlagen wurden. Für kurze Zeit war die Expansion von Wessex zum Stehen gebracht. Dies fällt mit den Berichten über einen neuen britannischen Kriegsherrn

Gleichzeitig erfolgte ein Schlag der Sachsen gegen die christlichen Missionare, die aus Essex vertrieben wurden, und der heidnische Glaube wurde sicher auch noch in Northumbria praktiziert.

Aethelfrith wurde von seinem Rivalen Edwin im Jahr darauf getötet, der ihm die Krone abnahm. Er wurde um 625 n. Chr. zum Christentum bekehrt. Im folgenden Jahr führte er seine Streitmacht in das keltische Königreich Elmet und besiegte König Ceredig. Northumbria umfasste jetzt einen Großteil von Zentralbritannien und erstreckte sich vom Forth zum Humber an der Ostküste und vom Solway bis zum Mersey im Westen. Um 650 n. Chr. bedrohte die Expansion von Mercia die letzten Hochburgen der keltischen Macht in Britannien.

namens Mouric zusammen. Der Legende nach hatte er für einen christlichen Sieg gebetet; sein Sieg in der Schlacht von Feathenleag 584 hielt die sächsische Expansion nach Norden für weitere 30 Jahre auf.

Die zweite Phase der Expansion fand in Bernicia statt, dem kämpferischen Königreich der Angeln an der Ostküste. 592 n. Chr. wurde Aethelfrith König von Bernicia und hielt es gegen die Angriffe der Pikten, der Britannier und der Schotten von Dál Riada. Der bedrohlichste Angriff erfolgte von den Schotten, die er 603 schlug. Er vergrößerte dann sein Gebiet um das des südanglischen Staates Deira und 604 vereinte er die zwei Königreiche zu einem einzigen namens Northumbria (das Land nördlich des Humber). Dann marschierte Aethelfrith gegen Selyf von Powys und schlug die keltische Armee bei Chester. Nach der Schlacht erschlugen die Sachsen tausend keltische Mönche, die ihren Landsleuten zu Hilfe gekommen waren.

Ausbreitung der Angelsachsen in Britannien zwischen dem 5. und 7. Jahrhundert

angelsächsische Eroberungen bis 500

Eroberungen bis 650

Heidnische Grabstätten und Hügelgräber zeigen die Ausbreitung der Angelsachsen am Ende des 7. Jahrhunderts.

Arthur von Britannien

Von allen Helden des späten keltischen Britannien ist Arthur der bekannteste, vorwiegend wegen des halbmythischen Status, den er von späteren mittelalterlichen Dichtern erhielt. Er war kein König, sondern ein führender Kriegsherr, der sich für einige kurze Jahre der Welle des sächsischen Vormarschs entgegenstemmte. Nach seinem Tod führten die Sachsen die Eroberung der keltischen Königreiche in Britannien fort.

Gegenüber: Cadbury Hill in Somerset wurde lange mit Arthur von Britannien in Verbindung gebracht. Der Hügel ist die Fundstätte eines spätkeltischen Forts, das während der Zeit von Arthur erobert wurde.

Rechts: Glastonbury Tor in Somerset ist ebenfalls die Stätte einer Festung oder einer spätkeltischen Siedlung um ein Heiligtum, die mit Arthur in Verbindung gebracht wird.

Es gibt wenige historische Zeugnisse für Arthurs Existenz. Im Gedicht „Y Gododdin" aus dem späten 6. Jahrhundert wurde die Niederlage keltischer Kriegsherren damit begründet, dass sie nicht Arthur waren. Wir wissen, dass ein nachrömischer Sieg über die Sachsen am Mount Badon die sächsische Expansion für eine Generation aufhielt, und der keltische Chronist Nennius schrieb diesen Sieg Arthur mit elf anderen zu. Er beschreibt ihn außerdem als Kriegsherrn (dux bellorum).

Arthur war General, kein König. Ein Manuskript aus dem mittleren 10. Jahrhundert behauptet, die Schlacht vom Mount Badon habe gegen 516 stattgefunden, und fügt hinzu, dass Arthur zusammen mit Medraut (Mordred) in der Schlacht von Camlann um 537 fiel. Diese wenigen Berichte ergeben das Skelett der späteren Arthurlegende. Arthur wurde der führende Held des spätkeltischen Britannien und spätere Chronisten spannen seine Biografie aus, bis ihn schließlich im 12. Jahrhundert Geoffrey von Monmouth zum populären König Arthur (Artus) der Mythologie machte. Sein Name wurde mit dem britannoromanischen Namen Artorius verbunden, geht aber eher auf keltische Wurzeln zurück.

Die erste Serie von Siegen über die Sachsen führte in das heutige Lincolnshire und legt nahe, dass er ein Feldherr im Heer des Königreichs Elmet war. Seinen ersten Sieg über die Angeln errang er am Fluss Glein bei Peterborough. Weitere Begegnungen fanden wohl in derselben Gegend statt, an der Südgrenze von Elmet. Nachdem diese Südgrenze gesichert war, marschierte er nach Norden, um den Einfall der Pikten und Schotten aufzuhalten. Er schlug eine Schlacht bei einer Burg namens Guinnion, die nie identifiziert wurde.

Ein großartiger Stratege

Arthur wandte sich dann nach Süden, um einem irischen Angriff auf Chester entgegenzutreten. Die Schlacht wurde in der Stadt ausgefochten, so hatte Arthur sie wahrscheinlich erstürmt. Ein zweiter schottischer Angriff führte ihn wieder nach Norden, wo er ihn an der heutigen schottischen Grenze zum Stehen brachte. Er wurde nach Süden zurückgerufen, um einer neuen Offensive der Angeln entgegenzutreten. Als er die Grenzen von Elmet gesichert hatte, konnte er den südlichen Kelten in ihrem Kampf gegen die Sachsen beistehen.

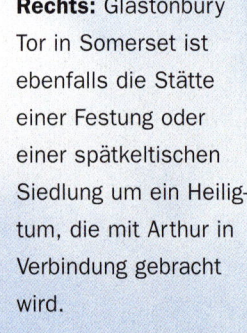

In der Entscheidungsschlacht gegen die Westsachsen am Mount Badon etwa 516 rieben Arthurs Kelten die Sachsen auf und sicherten Dumnonia für eine weiterer Generation. Die Gelehrten streiten sich seit Jahren um den Ort: Es handelt sich höchstwahrscheinlich um Solsbury Hill in Somerset. In der Schlacht führte er das christliche Kreuz in seinem Banner. Der Historiker John Morris meint, dass die Kelten drei Tage lang von dem sächsischen Gegner belagert wurden, bevor Arthur den Belagerungsring aufbrach und die Sachsen schlug. In den nächsten 20 Jahren blieb Dumnonia von sächsischen Einfällen verschont.

Wenig weiß man von seinem Tod außer einer kurzen Notiz über eine keltische Niederlage in der Schlacht von Camlann (Camluan) 537, in der Arthur und Metraut erschlagen wurden. Wahrscheinlich starb er in einer Schlacht gegen die Schotten oder vielleicht gegen einen keltischen Usurpator, möglicherweise Metraut (der in der Arthursage als Mordred wieder auftritt). Ein möglicher Schlachtort ist in der Nähe des Hadrianswalls in Cumbria.

Arthurs Zeitalter ging von einer nebelhaften Geschichte in die Legende über und die Kelten in Britannien mussten den Sachsen ohne einen siegreichen Kriegsherrn entgegentreten, der sie vereinigte.

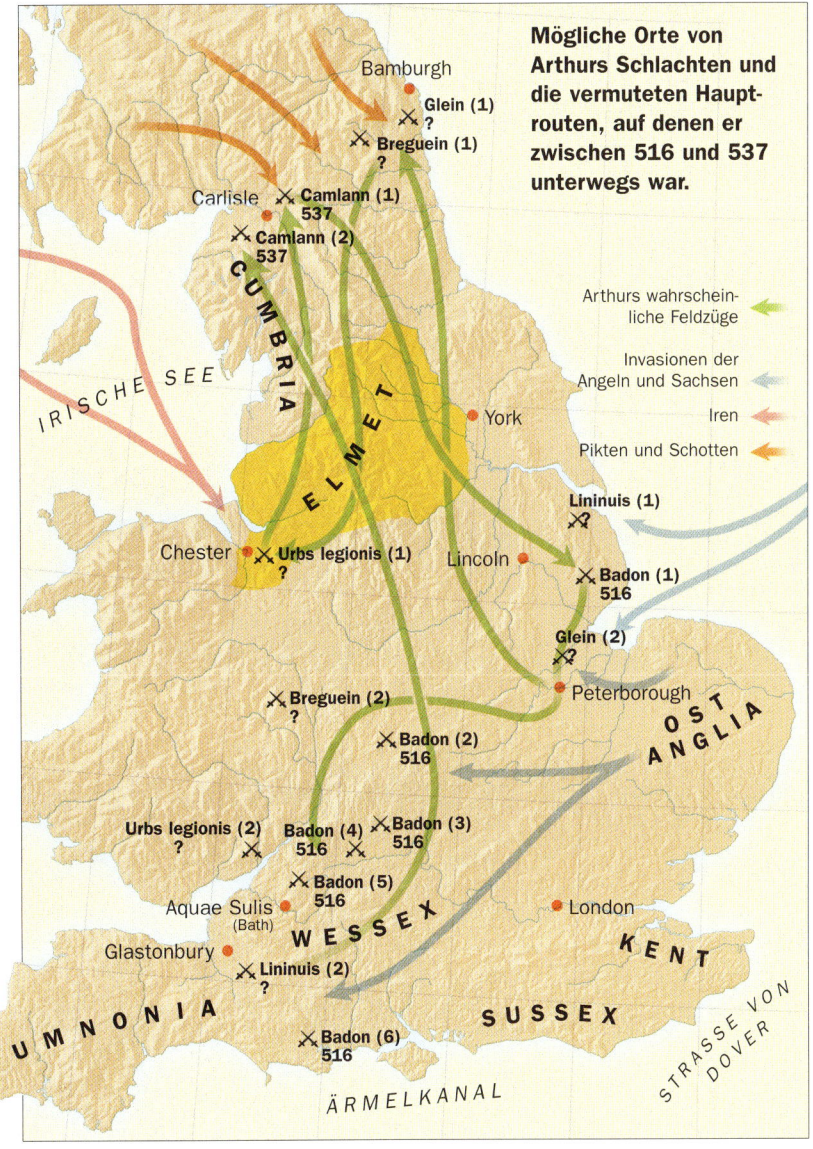

Mögliche Orte von Arthurs Schlachten und die vermuteten Hauptrouten, auf denen er zwischen 516 und 537 unterwegs war.

Arthurs wahrscheinliche Feldzüge

Invasionen der Angeln und Sachsen

Iren

Pikten und Schotten

Bamburgh
Glein (1) ?
Breguein (1) ?
Carlisle
Camlann (1) 537
Camlann (2) 537
CUMBRIA
ELMET
York
IRISCHE SEE
Lininuis (1)
Chester
Urbs legionis (1) ?
Lincoln
Badon (1) 516
Glein (2) ?
Peterborough
OST ANGLIA
Breguein (2) ?
Badon (2) 516
Urbs legionis (2) ?
Badon (4) 516
Badon (3) 516
Badon (5) 516
Aquae Sulis (Bath)
London
WESSEX
KENT
Glastonbury
Lininuis (2) ?
DUMNONIA
SUSSEX
STRASSE VON DOVER
Badon (6) 516
ÄRMELKANAL

Die keltische Dämmerung

Im 7. Jahrhundert hielten die Kelten den Angelsachsen stand und nutzten die Uneinigkeit der sächsischen Führung aus, um Zeit zum Überleben zu gewinnen. Nach und nach wurden die Kelten Südbritanniens in die walisischen und schottischen Berge abgedrängt und nur im Land der Pikten konnten sie den Spieß umdrehen. Im frühen 8. Jahrhundert war die Kraft der Kelten erloschen und die angelsächsische Hegemonie gesichert.

Gegenüber: Über 1200 Jahre sind vergangen, seit König Offa seinen großen Wall baute, um die Kelten fern zu halten. Abschnitte des Offa-Dammes sind bis heute erkennbar.

Im Jahr 731 vollendete der angelsächsische Chronist Beda seine „Historia Ecclesiastica Gentis Anglorum", in der er über den Endkampf von Kelten und Sachsen um die Herrschaft in Britannien berichtete. Hundert Jahre vorher hatte 633 der keltische König Cadwallon von Gwynedd König Edwin von Northumbria in der Schlacht von Hatfield geschlagen. Bis auf den Sieg der Pikten über die Northumbrier in Nechtansmere 684 war dies der letzte Sieg der Kelten über die Sachsen.

Die Krone von Northumbria ging auf Oswald über, der ein frisches Heer aushob und Cadwallon 634 besiegte und erschlug. Cadwallon wurde von den Chronisten als brillanter König gefeiert, als christlicher Monarch, der die keltische Kultur vor der Zerstörung zu bewahren suchte. Nach seinem Tod wurde das angelsächsische Königreich Northumbria zur bestimmenden Macht in Britannien. Auch wenn Oswald 642 getötet wurde, breitete sich das Königreich weiter aus. Bei seinem Tod hatte es die Linie des Firth of Forth erreicht und bedrohte die Pikten.

Cadwaladr folgte seinem Vater Cadwallon und stachelte die sächsische Rivalität in Northumbria auf, um der Expansion von Mercia entgegenzuarbeiten. König Penda von Mercia, ein politischer Rebell, schloss Bündnisse mit den keltischen Königen von Gwynedd. Er zog gegen die Sachsen von Northumbria und Wessex ins Feld, aber Mercia wurde von einem Einfall aus Northumbria bedroht. Am Vorabend der Schlacht wurde Penda von seinen keltischen Verbündeten im Stich gelassen. Er wurde erschlagen und für eine kurze Zeit kontrollierten die Northumbrier Mercia, bis Pendas Sohn Wulfher das Königreich beanspruchte.

Politischer Aufschub

Die keltische Politik, die Rivalität zwischen den sächsischen Königreichen auszunutzen, schien aufzugehen. Sie ging mit christlicher Missionsarbeit in England einher. Diese fand jedoch mit der Synode von Whitby 664 ihr Ende, die sich für die neu bekehrten Sachsen nicht der keltischen, sondern der römischen Kirche zuwandte.

Rechts: Reste des keltischen Klosters Tintagel in Cornwall aus dem 6. Jahrhundert. Als Dumnonia 690 in die Hände der Sachsen fiel, wurde die Halbinsel zum letzten Refugium der Kelten in Südbritannien.

670 wurde Ecgfrith König von Northumbria und bemühte sich die nächsten 14 Jahre um eine Kontrolle der schottischen Lowlands im Norden. Seine Widersacher waren die Pikten, die mehrere Niederlagen einsteckten, bevor sie schließlich die Northumbrier 684 schlugen; Ecgfrith fiel in der Schlacht.

Die Northumbrier bedrohten die Pikten nicht länger, die sich jetzt mit den Schotten von Dál Riada im Kampf um den Norden zusammenschlossen. In Mercia endete eine Reihe von Grenzstreitigkeiten mit einem Friedensvertrag mit Northumbria, der die walisischen Kelten in ihrem Königreich in den Bergen einschloss.

682 nahmen die Westsachsen Dumnonia in einem Überraschungsangriff ein. Obwohl es noch weitere zehn Jahre dauerte, bis es komplett erobert war, hatten die andern keltischen Königreiche zu wenig Kraft, um ihm zu Hilfe zu kommen.

711 hatte die Sachsen Exeter eingenommen und außer Schottland bewahrten nur noch die keltischen Reiche in Wales ihre Unabhängigkeit. Aber ihnen fehlte die militärische Kraft, die Engländer anzugreifen. Die letzte Beleidigung erfolgte 784, als König Offa von Mercia eine Mauer baute, um die Waliser in ihrer Gebirgsenklave einzuschließen. Der Kampf um Britannien war verloren und die Kelten wurden zu Randfiguren in der britischen Geschichte, zurückgedrängt auf karges Land an den äußersten Rändern der britischen Inseln.

Die Kelten verloren in der Geschichte Britanniens an Bedeutung: England zur Zeit von König Offa, um 780

Offas direkte Herrschaft

Offas Einflussgebiet

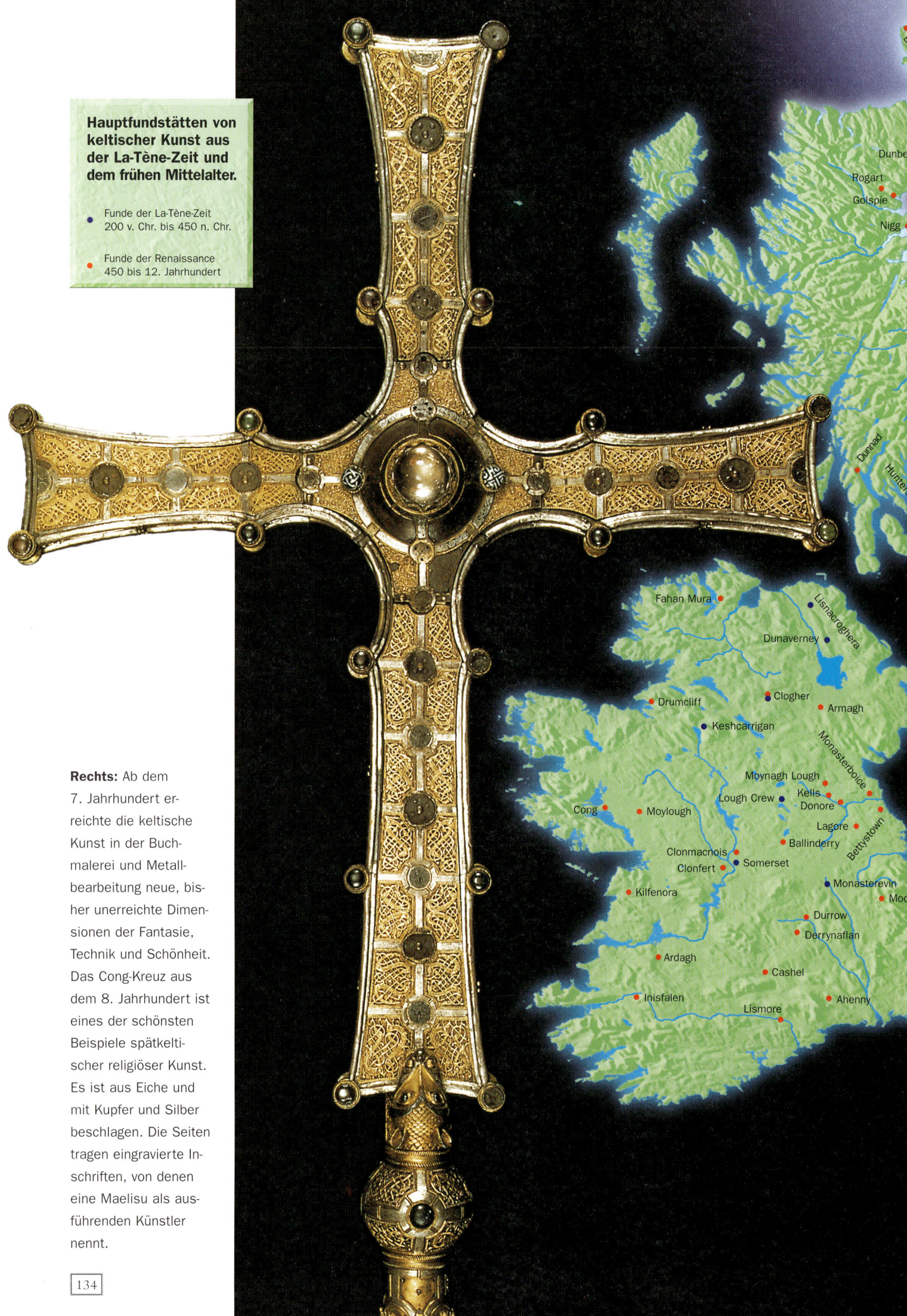

Rechts: Ab dem
7. Jahrhundert er-
reichte die keltische
Kunst in der Buch-
malerei und Metall-
bearbeitung neue, bis-
her unerreichte Dimen-
sionen der Fantasie,
Technik und Schönheit.
Das Cong-Kreuz aus
dem 8. Jahrhundert ist
eines der schönsten
Beispiele spätkelti-
scher religiöser Kunst.
Es ist aus Eiche und
mit Kupfer und Silber
beschlagen. Die Seiten
tragen eingravierte In-
schriften, von denen
eine Maelisu als aus-
führenden Künstler
nennt.

Dunbea

Rogart
Golspie
Nigg
F

Dunadd
Hunters...

Fahan Mura
Lisnacroghera
Dunaverney
Drumcliff
Clogher
Armagh
Keshcarrigan
Monasterboice
Moynagh Lough
Cong
Moylough
Lough Crew
Kells
Donore
Lagore
Clonmacnois
Ballinderry
Bettystown
Clonfert
Somerset
Kilfenora
Monasterevin
Moo
Durrow
Derrynaflan
Ardagh
Cashel
Inisfalen
Ahenny
Lismore

Kapitel 10

Die Renaissance keltischer Kunst

Im 12. Jahrhundert beschrieb Gerald von Wales ein keltisches Manuskript, das er in Kildare gesehen hatte, einem irischen Zentrum der Buchmalerei. Die Illustrationen waren „...verschnörkelt, so zart und fein, so genau und dicht, so voller Knoten und Verbindungen, mit so leuchtenden und lebhaften Farben, dass es ein Werk von Engeln und nicht von Menschen schien." Er berichtet auch von einem Engel, der einem keltischen Schreiber im Traum erschienen war und ihm Ideen für seine Illustration gab. Noch heute ist die Schönheit dieser Buchillustration atemberaubend und ihre verschlungenen Muster werden von modernen Designern kopiert, um an den Ruhm der keltischen Vergangenheit anzuknüpfen.

Die Handwerker dieser Renaissance, des „goldenen Zeitalters", griffen auf Techniken und Stile zurück, die durch den Kontakt mit den Angelsachsen nach Britannien gelangt waren, durch die Kirche oder durch andere keltische Völker in Britannien. Historiker nannten diese Periode die „Dunkle Zeit". Dieser Ausdruck wird heute nur noch selten benutzt, denn er suggeriert eine Periode der Stagnation, während sie in Wirklichkeit viele Fortschritte brachte, unter anderem auch in der Kunst.

Die spätkeltischen Metallarbeiten zeigen eine unübertroffene künstlerische Brillanz und technische Perfektion. Die Gegenstände aus Gold, Silber und Bronze, oft mit Emaille oder Glas eingelegt, waren im Wesentlichen für religiöse Zwecke gedacht. Wenn sie auch den Ruhm des Allmächtigen verherrlichen sollten, so zeugen sie genauso von den kulturellen Errungenschaften der spätkeltischen Welt.

Die keltische Wiedergeburt

Die Bekehrung der Kelten zum Christentum läutet eine Phase der technischen Perfektion, künstlerischen Differenzierung und kirchlichen Patronage ein. Einige der schönsten Metallarbeiten überhaupt wurden von keltischen Schmieden zwischen 400 und 1200 n. Chr. angefertigt. Deswegen wurde die frühmittelalterliche Periode als künstlerische Renaissance der spätkeltischen Welt beschrieben.

Rechts: Eindringende Angeln und Sachsen beeinflussten die ursprüngliche keltische Kunst. Hier das angelsächsische Wilton-Kreuz, 675–700

Seit etwa 400 n. Chr. wurde der Großteil der keltischen Kunstwerke zu religiösen Zwecken angefertigt. Diese Zeit fällt mit dem Ende der römischen Herrschaft in Britannien und einer kurzen Wiedereroberung der Insel durch die Kelten zusammen. Als die Römer abzogen, entstanden neue keltische Königreiche, und in jedem war der Hof ein Auftraggeber für die Künstler, und ein noch größerer war die Kirche.

Es war auch eine Periode der Kriege und Invasionen, wodurch auch neue künstlerische Einflüsse entstanden. Die Wellen von Angeln, Sachsen und Jüten, die in Britannien seit dem 5. Jahrhundert landeten, brachten ihre eigenen germanischen Stile mit, die die keltischen beeinflussten. In den nächsten vier Jahrhunderten entwickelten sich die beiden Kulturen parallel und lernten voneinander. Ähnliches passierte in Schottland mit den Pikten und den Schotten von Dál Riada und

ihren angelsächsischen Gegnern. Auch den irischen Räubern, die die Westküste von Britannien heimsuchten, folgten irische Siedler, die ihre eigenen künstlerische Konzepte mitbrachten. Angesichts der irischen, schottischen, piktischen, sächsischen und ehemals römischen Einflüsse, die sich mit der keltisch-britannischen Tradition vermischten, ist eine solche künstlerische Renais-

Europa um 900: Die Raubzüge der Wikinger zu den Kelten und Angelsachsen der britischen Inseln und zum Königreich der Franken.

keltische Territorien

angelsächsische Territorien

ursprüngliches Wikingerland

Routen der Wikinger

Hauptziele der Wikinger mit späteren Siedlungen

sance kaum überraschend. Selbst die nordischen Seeräuber brachten seit dem 8. Jahrhundert ihre eigenen kulturellen Einflüsse in jene Welle von Zerstörung des spätkeltischen Britannien ein.

Die Kirche als Auftraggeber

Eine nur langsame wirtschaftliche Erholung nach dem Ende der römischen Verwaltung und der Invasion der Sachsen setzte anfangs nur geringe Mittel für künstlerische Aufträge frei. Eine Ausnahme war die Kirche, die ihre Gegenstände von Künstlern verzieren ließ, um Gott zu preisen. Als sich im 7. Jahrhundert die Wirtschaft erholte, entstand auch einen weltliche Patronage für die Kunst, obwohl von der Kirche immer noch die größte Nachfrage nach Metallarbeiten ausging.

Damit und durch die äußeren Einflüsse änderte sich auch die Art dieser Arbeiten. Ihre Raffinesse nahm sprunghaft zu und Verbesserungen in der Metallverarbeitung und -qualität zwischen 400 und 1200 erhöhten den künstlerischen Wert der Metallarbeiten.

Viele schöne Beispiele keltischer Kunst sind erhalten. Durch sie können wir Einflüsse und Entwicklung der Metallbearbeitung in dieser Zeit der künstlerischen Renaissance nachvollziehen. Nicht nur in den Metallarbeiten machten sich diese Veränderungen und Impulse bemerkbar.

Die Buchillustration war ein neues Medium und erlaubte den Künstlern, frische Stile bei der Neuinterpretation christlicher Motive zu entwickeln. Die Künstler, die Metallarbeiten und bemalte Manuskripte herstellten, waren hoch angesehen und wurden gut entlohnt und viele der Buchillustratoren trafen persönlich auf führende Vertreter der keltischen Kirche.

Die Archäologie hat uns mit weiteren Informationen über diese spätkeltischen Künstler versorgt. In den Siedlungen finden sich Hinweise auf Werkstätten für Metallbearbeitung. Auf Orkney und in Irland wurden tönerne Gussformen für Kupferarbeiten gefunden. Auch wurden Zirkel für den Entwurf der verschlungenen geometrischen Muster entdeckt. Die Museen in London, Dublin und anderen Städten zeigen eine ganze Reihe von unschätzbaren keltischen Artefakten aus Metall oder auf Pergament.

Die vorrömische La-Tène-Zeit gilt zwar als künstlerischer Höhepunkt, aber ihr Niveau wird von der nachrömischen Kunst Irlands und Britanniens mindestens erreicht.

Irisch-keltische Metallkunst

In der Zeit vom 6. bis zum 10. Jahrhundert brachten die keltischen Künstler Werke hervor, die in direkter Verbindung zu älterer gallischer Handwerkstradition stehen. Über die Jahrhunderte entwickelten die irischen Künstler ihre Fähigkeiten weiter und ihre Arbeiten gehören zum erlesensten Kunsthandwerk, das je hergestellt wurde.

Rechts: Die Londesbrough-Brosche aus dem 8. Jahrhundert aus schwerem irischen Silber ist mit Tier- und Vogelmotiven überzogen. Es ist für diese Zeit ungewöhnlich, dass keine Filigrantechnik verwendet wurde und dass die Verzierungen eher gegossen als gelötet wurden.

Viele technische Fertigkeiten, die für solche Meisterwerke der Metallbearbeitung nötig waren, waren seit Jahrhunderten bekannt. Guss, Gravur, Treibarbeit und Verzinnung waren bereits entwickelt, als die Römer Britannien verließen. Die kurvilinearen Flachreliefmuster der La-Tène-Zeit wurden in neue, differenziertere Formen übersetzt und auf weitere Objekte wie Fibeln, Nadeln, Becher und Armreifen übertragen.

In Irland entwickelten sich anders als im Rest der keltischen Welt die künstlerischen Stile mit wenig Einfluss von außen. Es waren sicher römische, sächsische und fränkische Einflüsse präsent, aber im Allgemeinen zeigen irische Metallarbeiten eine lineare Entwicklung von ihren Wurzeln in der La-Tène-Kultur. Die irische Gesellschaft blieb vom 1. bis zum 5. Jahrhundert n. Chr. relativ unverändert und die Ankunft des Christentums schuf eine neue Nachfrage nach Schmiedearbeiten.

Während die Kelten in Britannien in Kriege und Aufstände verwickelt waren, begünstigte das relativ stabile politische Klima die Patronage der Künste. Außer Irland blieb auch das Land der Pikten von äußeren Einflüssen weitgehend frei, aber ihre Hinterlassenschaft war aus Stein, nicht aus Metall.

Das Werk von Engeln

Die wichtigsten Züge der irischen Kunst aus der spätkeltischen Periode zeigen sich vor allem in den erhaltenen Metallarbeiten. Steinmonumente und Buchillustrationen aus der gleichen Zeit sind wesentlich seltener. Metallarbeiten wie Fibeln, Schwertscheiden und Armreifen waren transportabel und wertvoll genug, um sie in unsicheren Zeiten zu verbergen. Deswegen existieren noch zahlreiche Beispiele.

Eine Ausstellung irisch-keltischer Metallarbeiten mit dem Titel „Das Werk von Engeln" zeigte kürzlich 230 Meisterwerke aus irischen und anderen Sammlungen. Und es gibt noch Hunderte weiterer, weniger spektakulärer Objekte.

Emaille wurde in Irland seit dem 5. Jahrhundert n. Chr. verwendet und seit der christlichen Zeit wurde es äußerst populär. Schmuckarbeiten waren sehr verbreitet und Halbedelsteine und Glas wurden vielfach in Kombination mit Einfassungen aus Goldfiligran verwendet.

Unter „Millefiori"-(Tausendblumen-)Technik versteht man die Verarbeitung von farbigen Glasfäden, die zusammengeschmolzen und dann in Scheiben geschnitten und für Einlegemuster benutzt wurden. Sie wurden im Allgemeinen für floralen Schmuck benutzt wie im Falle des Ardaghkelches oder der Fibel von Tara.

Die Filigrantechnik, bei der ineinander verdrehte Gold- oder Silberfäden auf Metallgegenstände gelötet werden, wurde bei den spätkeltischen Metallschmieden zu einer hohen Kunst entwickelt, die zahlreiche feine Schmuckstücke damit verzierten.

Eine andere weit verbreitete Technik ist das Granulieren, bei dem winzige tropfenförmige Metallstückchen auf eine Metalloberfläche aufgebracht und anschließend angelötet werden.

Oben: Dieser silberne Wikingerschatz wurde am Ufer des Ribble in Lancashire, England, gefunden. Er wurde etwa um 905 n. Chr. vergraben. Da das Silber hauptsächlich aus Irland stammt, könnte es sich um eine Plünderung der Wikinger handeln, die 902 aus Dublin vertrieben wurden.

Links: Diese Brosche aus dem 7. Jahrhundert zeigt feine Filigran-, Emaille- und Glaseinlegearbeiten. Aus Baslieur, Meurthe-et-Moselle, Frankreich. Ihr Durchmesser beträgt nur sechs Zentimeter.

Der keltische Schatz

Den Raubzügen der Wikinger verdanken wir, dass uns heute einige der schönsten Arbeiten keltischer Metallschmiede erhalten sind, weil ihre Künstler oder Besitzer sie vergraben haben, um sie vor den Raubzügen der Wikinger zu schützen. Stücke wie die Fibel von Tara, der Ardaghkelch und Teile des Derrynaflan-Schatzes gelten als beispielhaft für die keltische Kunst.

In späteren Jahren haben sesshafte Wikinger selbst in unsicheren Zeiten Wertgegenstände vergraben. Diese Schätze enthielten oft auch keltische Objekte. Diese Praxis des Vergrabens war in Irland während der Raubzüge der Wikinger sehr verbreitet. Der Derrynaflan-Schatz, benannt nach dem Ort Derrynaflan in Tipperary, wo er 1980 gefunden wurde, lag ne-

ben einer bestehenden mittelalterlichen Kirche, die auf dem Areal einer früheren keltischen Mönchssiedlung steht.

Man weiß nicht genau, was wahrscheinlich im späten 9. Jahrhundert zum Vergraben des Schatzes führte. Die Eigentümer waren vermutlich die Mönche des Klosters, auf dessen Boden der Fund gemacht wurde. Da die Mönche niemals zurückkehrten, um die

Gegenstände wieder auszugraben, erlitten sie wohl einen gewaltsamen Tod.

Die Gegenstände sind verschiedener Art, Entstehungszeit und Herkunft: ein Silberkelch, ein silberner Hostienteller mit Ständer, ein unverziertes Bronzebecken und ein verziertes Siebgefäß aus vergoldeter Bronze.

Der Kelch entstand wohl um 750, die anderen Gegenstände sind früher entstanden, vermutlich um 700. Die Verarbeitung des Kelches aus Derrynaflan ist nicht herausragend, sein Hersteller war kein Experte auf diesem Gebiet. Er wirkt mit seiner groben Verzierung eher unscheinbar. Trotz alledem ist er ein ins Auge fallendes Stück, ebenso wie das Siebgefäß mit seiner reichen Verzierung in Gold und Email rund um den Rand.

Der Kelch ähnelt einem Fund in Ardagh in Limerick. Doch verglichen mit dem Kelch aus Derrynaflan zeigt der aus Ardagh die feinsten Ornamente der keltischen Renaissance.

Kunst im Kleinen

Viele halten dem Ardaghkelch für ein künstlerisches Gegenstück zum Book of Kells (siehe Seite 162/163). Der Silberkelch war offenbar als liturgisches Objekt gedacht und aus zwei Bechern zusammengesetzt, deren einer umgedreht als Fuß diente und die von einem vergoldeten Bronzeband zusammengehalten wurden. Zwei extra gearbeitete Henkel sind am Ansatz mit Millefiori-Medaillons mit feinem Emaille und gelbem, rotem, blauem und grünem Glasfluss verziert. Ein Schmuckband aus zehn feinen Goldfiligranplatten umgibt den

Oben: Die Fibel von Tara (um 650) verkörpert den Höhepunkt in der Entwicklung der keltischen Metallkunst und Ornamentik.

Links: Der Ardagh-kelch, ein herausragendes Beispiel spätkeltischer Metallbearbeitungskunst, verbindet feierliche Würde mit üppigem Dekor.

Rand und ein ähnliches Band den Fuß. Die Platten sind durch erhabene runde Medaillons voneinander abgesetzt. Große Rundmedaillons auf beiden Seiten des Kelches verleihen ihm einen starken dekorativen Zug.

Das zweite großartige Beispiel für Metallkunst der keltischen Renaissance ist die so genannte Fibel von Tara, die nahe des Flusses Boyne im County Meath gefunden wurde. Auch nach dem heutigen Stand der Technik ist die Verzierung auf dieser Fibel erstaunlich (die Abbildung hier ist in Originalgröße). Dieses herausragende Stück keltischer Goldschmiedekunst ist um einen gegossenen Silberkranz aufgebaut. Auf seiner Vorder- und Rückseite trägt eine Reihe von Rahmen Filigranplatten und vergoldetes Granulat, und zwei Emaillekreise, Glas- und Bernsteinknöpfe und ein vertieft gearbeitetes Spiralmuster vervollständigen die Dekoration dieses Kleinods.

Die Fibel wurde auf einer Tunika getragen und vielleicht durch eine Kette gesichert, deren Reste erhalten sind. Vögel und Fabelwesen überziehen jede freie Stelle, was an die frühe La-Tenè-Zeit erinnert und dieses Stück stilistisch mit den Buchillustrationen der Lindisfarne-Gospels (siehe Seite 160–161) verbindet.

Eine ähnlich kostbare Brosche kam in Hunterston in Ayrshire, Schottland, zutage. An ihrer Unterseite sind skandinavische Namen eingraviert, was auf ihren Wert für nordische Räuber deutet. Zahlreiche weitere Beispiele keltischer Metallkunst wurden in Grabungen in Norwegen entdeckt, wohin sie durch Plünderungen gelangten.

Der Schatz von Derrynaflan enthält keinen geschlossenen Satz von Metallgegenständen wie etwa ein Kommunionsset. Solche Sammlungen sind selten. Die Bedeutung dieser Funde liegt eher in dem Querschnitt durch die liturgischen Geräte, die die reiche keltische Kirche zur Blüte der keltischen Renaissance verwendete.

Kunst der Metallbearbeitung

Keltische Schmiede benutzten eine Vielzahl von Techniken und Materialien für ihre Werke. Gold, Silber, Bronze, Emaille und Glas waren beliebt und wurden oft kombiniert. Techniken wie Filigran, Einlegearbeiten und Vergoldung wurden in Schulen entwickelt und weitergegeben, was eine Kontinuität des Stils gewährleistete. Oft arbeiteten mehrerer Künstler an einem Stück.

In der keltischen Renaissance in Irland wurden die Materialien aus so fernen Gegenden wie dem Mittelmeergebiet importiert. Zinn stammte aus Cornwall, während Irland selber kleine Mengen von Gold, Silber, Kupfer und Eisen beisteuerte. Silber- und Kupferminen gab es wahrscheinlich auch schon vor dem Mittelalter in Irland und Schottland. Das rote Glas für Emaille wurde aus dem

Dieses reich verzierte Pferdegeschirr aus Bronze mit Glaseinlegearbeiten (britisch, 1. Jahrhundert n. Chr.) stammt von einem reichen Landbesitzer oder einem rituellen Begräbnis für einen großen Krieger.

Mittelmeerraum eingeführt, auch noch lange nach dem Zusammenbruch des römischen Reichs. Mit dem Abzug der Römer war der Zugang zu Rohstoffen aus fremden Ländern keineswegs verschlossen – im Gegenteil: Keltische Händler entwickelten ihre eigenen Verbindungen bis nach Spanien und ins westliche Mittelmeergebiet. Manche Historiker meinen, dass die Kelten hauptsächlich von den Römern zurückgelassenen Metallschrott oder eingeschmolzene römische Metallobjekte benutzten. Dies geschah zwar auch, aber der Anteil an Schrott war minimal, verglichen mit dem Ertrag aus den britannischen Minen und dem Import. Jüngere metallurgische Untersuchungen stellten auffällige Unterschiede in der keltischen Metallverarbeitung fest. So wurde zum Beispiel irisches Silber häufig mit reinem Kupfer legiert, während das englische Silber Kupfer und Zinn enthielt. Offenbar stand den keltischen Silberschmieden eine Fülle lokal abgebauter oder importierter Metalle zur Verfügung.

Einfache Werkzeuge

Teile von Werkzeichnungen wurden auf Knochen oder Schiefer gefunden. Die Entwürfe wurden in einem Linienraster angelegt und für die verschlungenen Kurven der keltischen Muster wurden häufig Zirkel benutzt. Mit diesen elementaren Werkzeugen konnten keltische Handwerker komplexe Muster hervorbringen und ihr Auge für die verschlungenen Details zeugt von ihrer Geschicklichkeit.

Viele Metallarbeiten waren nicht geschmiedet, sondern gegossen. Gussformen wurden in

ganz Britannien und Irland gefunden. Die meisten bestanden aus zwei Teilen. Ein Wachs- oder Bleimodell wurde in die Hälften einer Tonform gedrückt. Dann wurde ein Gusskanal oben eingeschnitten und das Modell entfernt. Die Form wurde gebrannt und das geschmolzene Metall hineingegossen. In den meisten Fällen wurden die Formen nur einmal benutzt und dann verworfen, da weitere Güsse aus ihnen weniger scharf ausfielen.

Eine andere Technik war die der verlorenen Form. Das Modell wurde aufgebaut und mit Ton bedeckt und dann gebrannt. Dabei schmolz das Modell und hinterließ einen Hohlraum. In diesen wurde das Metall hinein gegossen.

Viele Gusswerkstätten wurden mit den Resten von Formen, Schmelztiegeln, Steinbecken sowie eisernen Werkzeugen gefunden. Wenn die Stücke aus geschmiedetem und nicht gegossenen Metall getrieben wurden, benutzte man kleine Hämmer und Meißel. Dies war eine besonders für die Herstellung von Bechern und Kelchen verbreitete Methode. Gegossene oder gehämmerte Teile wurden häufig durch Nieten, Lötung oder Klebstoff zusammengefügt.

Mechanische Verbindungen waren häufig, wenn Stücke zusammengefalzt und getrieben wurden. Nieten waren die gebräuchlichste Art; bei aufwändigen Stücken waren die Nietenköpfe oft mit Medaillons oder Buckeln verziert. Die Handwerkskunst, die für die besten keltischen Metallarbeiten erforderlich war, hatte ein extrem hohes Niveau. Angesichts der einfachen Werkzeuge, die ihr nur zur Verfügung standen, waren ihre Ergebnisse hervorragend.

Oben: Über hundert Knochenstücke wie dieses wurden aus einem Grabhügel nahe des Lough Crew in County Meath geborgen. Die Verzierungen erläutern die Zirkeltechnik der irischen Künstler im 1. Jahrhundert n. Chr.

Metallverzierungen

Die Technik der spätkeltischen Metallarbeiten war beeindruckend. Doch der wahre Ruhm des keltischen Kunsthandwerks besteht in der Verzierung dieser Objekte. Die Schmiede schufen mit den verschlungenen Mustern der farbigen Verzierungen einige der schönsten Beispiele von Metalldekoration, die es je gab.

Keltische Metallarbeiten waren oft reich verziert mit Emaille, Glasfluss, Halbedelsteinen und anderen dekorativen Materialien. Die Kelten erzeugten seit dem 5. Jahrhundert Glas, ein Jahrhundert später gab es große kommerzielle Glasereien. Glas war keine Erfindung der Römer und wurde auch nicht ausschließlich von ihnen benutzt; die Kelten verzierten damit ihren Schmuck. Weihegaben aus Glas aus der La-Tène-Zeit findet man häufig in Gallien und Süddeutschland, oft in Form von Tierfiguren, die aus verdrehten Glassträngen gebildet wurden.

Die Kelten benutzten schon während der frühen La-Tène-Zeit Glas zur Dekoration von Bronzegeräten, aber damals wurde das Glasstück in weichem Zustand eingesetzt. Bei echten Emaillearbeiten dagegen wurden die Glaseinlagen geschmolzen. Die Emailletechnik wurde wahrscheinlich von den Römern in Britannien eingeführt. Irische Schmiede übernahmen diese Technik, praktizierten aber daneben auch noch das alte Verfahren des Einlegens. Das bei den keltischen Emailleuren beliebte rote Glas hatte einen hohen Bleianteil, der es bei hohen Temperaturen unstabil machte. Später wurden besser geeignete Glassorten entwickelt.

Eine andere Technik bestand darin, das Glas in ungeschmolzenem Zustand in die Dekoration einzusetzen. Klare oder farbige Glasstücke wurden zurechtgeschnitten und dann ebenso gefasst wie Halbedelsteine. Die Millefiori-Technik wurde bereits beschrieben. Diese schillernde Fülle aus zahlreichen Glassträhnen und -farben machten sie besonders beliebt. Auch weitere Formen von Einlegearbeiten waren bekannt, wie etwa Niello, eine dichte,

Oben: Irischer Gewandverschluss des 6. bis 7. Jahrhunderts, der den verschwenderischen Einsatz von rotem Email und fein gearbeitete Spiralmuster zeigt.

schwarze Metalllegierung, mit der die Römer häufig Silber eingelegt hatten. Die Einlagen stellte man her, indem man den Platz beim Guss aussparte oder eine Vertiefung in der Oberfläche des Objekts ausschnitt und dann mit dem entsprechende Material füllte. Diese „champlevé"-Technik wurde von den Iren bevorzugt, während die Britannier und Angelsachsen die „cloisonné"-Methode benutzten, bei der die Einlagen direkt auf die unvorbereitete Oberfläche gelötet wurde.

Filigran und Vergoldung

Noch verbreiteter als Emaille war Filigran; dabei bestand die Verzierung aus feinem gedrehten Draht, normalerweise Goldfaden. Bei den meisten Beispielen aus Irland wurde der Draht auf eine dünnes Goldfolie oder Blattgold als Hintergrund gelötet, der oft in erhabenem Relief gestaltet oder von der Rückseite getrieben wurde, sodass er mit der Verzierung in einer Ebene lag. Diese „repoussé"-Technik erzeugte dekorative Rahmen für das Filigran.

Eine weitere Form ist die folgende kombinierte Technik: Dabei wurde ein Stück Filigran auf ein durchbrochenes reliefiertes Blech gelötet, das auf einen flachen Hintergrund gesetzt war. Das Filigran wurde dadurch gehalten, dass der Draht auch den Hintergrund umfing oder ihn durchstach oder manchmal sogar angenietet war. Ein besonderes Merkmal der spätkeltischen irischen Filigranarbeiten ist die Lebendigkeit der Filigranarbeiten: Die verschlungenen Muster der verwobenen Goldfäden standen in auffälligem Kontrast zu der Schlichtheit der Objekte, die sie dekorierten.

Die Oberflächen von Metallgegenständen wurden vergoldet, verzinnt oder versilbert, indem man sie in das geschmolzene Metall tauchte. Beim Verzinnen wurde das Zinn mit Quecksilber gemischt. Quecksilber wurde auch zum Versilbern oder Vergolden benutzt, meistens einer Bronzeoberfläche. Wenn sie richtig aufgebracht war, hielt diese Oberfläche ohne Probleme. Durch das Mischen von Goldstaub mit Quecksilber wurde eine Paste erzeugt, die mit einem heißen Spachtel aufgetragen wurde; dann wurde das Objekt erhitzt, um das Quecksilber zu verdampfen, das nur als Bindemittel gedient hatte.

Oben: Irischer Schrein-Deckel, um 700–750. Dick vergoldeter Bronzeguss aus einer verlorenen Wachs- oder Bleiform. Die Fassungen enthielten einst Glas, Kristalle oder Bernstein. Oben umgibt ein schwarzer Ring aus Niello rein goldene vertiefte Felder, die ursprünglich Filigranplättchen enthielten.

Der Einfluss des Christentums

Anfang des 5. Jahrhunderts kamen die Kelten in Wales und Irland in Kontakt mit dem Christentum. In den nächsten sechs Jahrhunderten beeinflusste die Religion die keltischen Künstler, da die Kirche der wichtigste Auftraggeber der schönen Metallarbeiten war. Weltliche Fürsten unterstützten die Kirche mit Ländereien, Zuwendungen und der Stiftung von religiösen Gegenständen und brachten so eine reiche Kunstwelt hervor.

Außer der Legende des heiligen Patrick ist wenig über die Verbreitung des Christentums in Irland bekannt. Es gibt auch kaum Beweise, die die verbreiteten Theorien über die Ankunft der Religion vom Kontinent stützen. Nach der Bekehrung der Könige und Häuptlinge unterstützten die weltlichen Herrscher die Kirche und ihre Missionare. Zuvor hatten nur Fürsten Aufträge an Schmiede und Steinmetze vergeben, doch ab dem 6. Jahrhundert wurde die Kirche zum bedeutendsten Auftraggeber.

Selbst Arbeiten für weltliche Herrscher hatten oft eine religiöse Funktion, da sie entweder als Stiftung gedacht waren oder die Frömmigkeit ihrer Besitzer demonstrieren sollten. Dieser königliche Schutz war lebenswichtig für die keltische Kirche und ihre Stiftungen und die Entsendung qualifizierter Hofkünstler brachten einige der schönsten christlichen Manuskripte und religiösen Metallarbeiten hervor.

Archäologen konnten die führenden Werkstätten an den Königshöfen und nicht in den Klöstern oder bei den Kirchen lokalisieren. Die Ausgrabungen der königlichen Werkstätten in Lagore, Clogher und Garranes in Irland und an ähnlichen Plätzen in Britannien deuteten auf ein hohes Niveau der Herstellungstechniken, was sich aus den Metallresten und den zerbrochenen Gussformen erschließen lässt.

Als vom 7. bis zum 9. Jahrhundert in Irland die Wirtschaft blühte, standen auch den Königen und dem hohen Adel mehr Mittel für

Rechts: Ein Reliquiar ist ein Gefäß zur Aufbewahrung der Reliquien eines Heiligen. Daher wurden sie besonders schön verziert und vergoldet. Vielen Reliquiaren wurden wunderbare Kräfte nachgesagt, die von den Reliquien selbst stammten. Der hier abgebildete Monymusk-Reliquiar wurde in die Schlacht von Bannockburn (1314) mitgeführt, um die schottischen Krieger zu schützen.

Links: Missionare in Irland trugen Glocken, die üblicherweise sehr bescheiden und einfach gehalten waren. Die Glocke von St. Conall Caelaus aus Inishkeel im County Donegal, etwa 600 bis 700, wurde nachträglich mit Mustern verziert und dann in einem noch kunstvolleren Schrein aus dem 10. bis 11. Jahrhundert aufbewahrt.

Kunst und Mäzenatentum und für Stiftungen von Kunstwerken an die Kirche zur Verfügung.

Unabhängige Künstler

Die Schatzfunde von Ardagh oder Derrynaflan wurden in der Nähe von Klöstern gemacht, woraus man zunächst schloss, dass sie auch aus den Werkstätten der Klöster stammten. Neuere archäologische Entdeckungen konnten aber unabhängige Werkstätten nachweisen, die nicht Teil eines geistlichen oder weltlichen Haushalts waren. Sie wurden von berufsmäßigen Goldschmieden betrieben, die unabhängig arbeiteten, aber auf die Förderung und die Aufträge von kirchlichen und weltlichen Kunden angewiesen waren.

Da Kirchen und Herrscherhäuser oft dicht beieinander lagen, ist unwahrscheinlich, dass sich die Künstler ausschließlich auf religiöse oder weltliche Objekte spezialisierten. Kurz, während die Produktionszentren, die mit den Machtzentren verbunden waren, sicherlich auch eine Bandbreite religiöser Objekte herstellten, mögen die besten spätkeltischen Goldschmiede ihre Werkstätten auf eigene Rechnung betrieben und ihre Produkte abgestimmt auf die Bedürfnisse ihrer Kundschaft gestaltet haben.

Anders war die Situatin der Arbeitsbedingungen für Steinmetze und Bildhauer, da sie ausschließlich auf kirchliche Aufträge angewiesen waren. Als überall in Irland, Schottland und Wales Klöster und Kirchen errichtet wurden, wurden diese Handwerker fast ausschließlich von den Kirchen beschäftigt und die meisten Klöster hatten ihre eigenen, im Kloster lebenden Steinmetze. Viele der berühmten Hochkreuze ab dem 9. Jahrhundert waren Werke von Steinmetzen, die in Klöstern wie Iona arbeiteten.

Für die Steinmetzen von Iona, die Buchmaler von Durrow oder die Gold- und Silberschmiede von Lagore spielte der Glaube und die kirchliche Patronage der Künste eine überaus wichtige Rolle in der künstlerischen Entwicklung. Obwohl auch eine weltliche Kunst existierte und die königliche Patronage bedeutend blieb, war die Kirche der wichtigste Abnehmer und Nutznießer dieser Kunstwerke.

Bis zu einem gewissen Ausmaß war die gesamte keltische Kunst durch das Christentum beeinflusst, da die zahlreichen Techniken, die entwickelt wurden, um den Ruhm Gottes zu fördern, ebenso bei der Verschönerung eines weltlichen Adelssitzes eingesetzt werden konnten.

Steinkreuze

In allen keltischen Gebieten in Britannien und Irland zeugen große Steinkreuze von der Bekehrung der späten Kelten zum Christentum. Es handelt sich um die verbreitetsten und monumentalsten Werke der keltischen Künstler und obwohl sie oft mit den gleichen Techniken wie Metallarbeiten oder Manuskripte verziert worden waren, entwickelten auch die Steinmetzen ihren eigenen unverwechselbaren Stil.

In verschiedenen Teilen der britischen Inseln trifft man auf unterschiedliche Stile der Bildhauerei. In Wales und Cornwall waren die Steinkreuze einfache Arbeiten ohne die klassischen keltischen Flechtbänder und floralen Verzierungen. Im Gegensatz dazu trugen die Kreuze in Irland Ornamente und figürliche Darstellungen. Im Land der Pikten und in Dál Riada waren diese Zierelemente ein integraler Bestandteil der Steinkreuze und hier entwickelten sich die Kreuze zu typischen, von der Ornamentik beherrschten Formen.

Die Tendenz ging von Platten mit einfachen Ritzzeichnungen über Reliefs bis zu einem dritten, freiplastischen Stil. Obwohl sich diese Phasen teilweise überlappten, lassen sie doch eine geradlinige chronologische Entwicklung erkennen.

Datierungsschwierigkeiten

In Irland sind Steinkreuze schlecht zu datieren, es sei denn, sie tragen neben der eingeritzten Dekoration auch Inschriften. Manche erhaltene Beispiele können noch aus dem 7. Jahrhundert stammen, die meisten sind aber mindestens ein Jahrhundert jünger. Die Platten von Fahan Mara und Carndonagh waren mit reliefierten Flechtmustern dekoriert, die ein Kreuz bildeten, und könnten schon einer späteren Phase angehören, während ihnen Beispiele mit Inschriften vorangehen.

Die erste datierbare irische Skulptur wurde in Kilnasaggart in Armagh County gefunden und verbindet eine Inschrift mit einer gravierten Kreuzdekoration. Die Inschrift nennt einen lokalen Herrscher namens Ternoc, dessen Tod 716 in den irischen Annalen erwähnt wird. Daher wurde das Kreuz früher hergestellt.

Kreuze mit Ritzdekor wurden auch noch zu Beginn des 8. Jahrhunderts hergestellt. Im Verlaufe desselben wurden sie durch solche mit Relief ersetzt und schließlich durch freiplastische Steinkreuze. Es wird davon ausgegangen, dass die freiplastischen Kreuze am Beginn des Jahrhunderts eingeführt wurden, da Verbindungen zu sächsischen Kreuzen aus derselben Zeit (um 700) in Northumbria existieren. Ihre Dekoration ähnelt der Verzierung der

Links: Das Muiredach-
kreuz in der Enklave
von Monasterboice,
die im 5. jahrhundert
von St. Buithe, einem
Schüler von St. Patrick
gegründet wurde, ist
eines der schönsten
irischen Hochkreuze
aus dem 10. Jahrhun-
dert. Die hier abgebil-
dete Westseite des
Kreuzes zeigt das
Leben Christi mit der
Kreuzigung auf der
Radnabe. Im Hinter-
grund ein gut erhal-
tener Rundturm.

angelsächsischen Lindisfarne-Gospels aus
derselben Zeit.

Die ersten freiplastischen Hochkreuze aus
Stein stammen aus dem Kloster Iona, das von
St. Columban in der iroschottischen Kolonie
Dál Riada gegründet wurde. Zum ersten Mal
wurden hier die Traditionen der Metalldekoration und der Steinritzung zu einem dreidimensionalen Steinobjekt von bestechender Schönheit
vereinigt.

Ein besonders Merkmal, das aus zeitgenössi-
schen Schmuckarbeiten stammt, war die Ein-
führung eines zentralen Kreises, der der
Fassung für einen Halbedelstein oder eine
Emailledekoration ähnelt. Weitere typische
Merkmale von Metallarbeiten sind die
Einführung von Perlstäben am Rand der Steine
und die Wiedergabe filigranen Flechtwerks.

Das Ionakreuz scheint eine Reihe ähnlicher
Hochkreuze inspiriert zu haben. Allerdings
verbinden diese Werke Elemente der Metalldekoration mit der figürlichen Darstellung
aktueller Personen oder Ereignisse. Das Kreuz
in Moone in Kildare County bezieht seine
Themen aus der Bibel, während das Nordkreuz
in Ahenny in Tipperary County an der Basis
eine Jagdszene zeigt.

Außerhalb von Irland und Iona wurde nur in
Dupplin in Tayside in Schottland ein Kreuz
dieses Typus nach der Verschmelzung der Pikten mit den Schotten errichtet, obgleich Reliefs
und Kreuze dieser Gegend aus der Zeit der Pikten stammen. Die typischen freiplastischen keltischen Hochkreuze, ein irisches oder schottisches
Phänomen, gehören zu den schönsten Beispielen frühmittelalterlicher Skulptur in Europa.

Gegenüber: Ein
keltisches Kreuz der
späten piktischen
Periode im Kirchhof
von Aberlemno in
Schottland. Der Stein
verbindet keltisches
Flechtwerk und Fabel-
tiere mit christlichen
Symbolen.

Die piktischen Bildsteine

Die Pikten waren eines der rätselhaftesten Völker des keltischen Europa. Vor der römischen Besetzung Südbritanniens bis zu ihrer Vereinigung mit den Schotten in der Mitte des 9. Jahrhunderts bewohnten sie Ost- und Nordschottland. Ihre wichtigste Hinterlassenschaft besteht in einer großen Menge aufrecht stehender Steine, die mit Symbolen und Darstellungen von Menschen und Tieren bedeckt sind, durchwebt mit ornamentalen Elementen wie keltischen Flechtbändern. Obwohl diese Steine intensiv studiert wurden, bleibt ihre wahre Bedeutung so rätselhaft wie die Pikten selber.

D ie Bildsteine sind eine Quelle der Faszination für die Gelehrten. Wie die irischen Kreuze aus derselben Zeit zeigen die frühesten Steine eingeritzte Muster, normalerweise eines oder mehrere aus einem Repertoire von etwa 50 Symbolen. Diese stellen reale oder Fabeltiere, Hausrat wie Spiegel oder Kämme oder abstrakte Zeichnungen dar. Sie finden sich nicht nur auf den Steinen, sondern auch auf Metallarbeiten. Ein Überblick über etwa 160 Bildsteine ergab, dass die Symbole selten für sich erscheinen, sondern mit anderen zu Paaren geordnet sind, die jeweils übereinander liegen. Die normale Kombination ist die eines Tieres mit einem abstrakten Symbol, aber gelegentlich werden auch drei oder vier Symbole kombiniert. Es gibt keine geografische Häufung der Symbole, so dass sie keinen erkennbaren Bezug zu ihrem Standort haben. Man nimmt an, dass sie aus dem 7. Jahrhundert stammen, und auch wenn einige Tiersymbole mit anderen keltischen Darstellungen vergleichbar sind, wurden viele der Motive dieser Steine nur bei den Pikten gefunden.

Piktische Steinmonumente und Fundstätten

ORKNEY-INSELN

B

A

D

S

E

Dumbarton

A = Aberdeen
B = Burghead
D = Dundee
E = Edinburgh
S = St. Andrew's

Die Archäologen haben die Steine in drei Kategorien unterteilt. Die erste besteht aus nicht bearbeiteten, aufrecht stehenden Steinen mit eingeritztem Dekor, normalerweise in Form der oben beschriebenen Symbole. Die zweite Gruppe wurde mit der Christianisierung der Pikten verbunden, weil sie Kreuze in Relief tragen, während der dritte Typ Reliefszenen mit Menschen und Handlungen zeigt.

Die Gruppen sind insofern irreführend, als sie sich – ähnlich den irischen Kreuzen – zeitlich überschneiden und nicht mit den Phasen der künstlerischen Entwicklung verbunden werden können. Manche der Symbole auf den piktischen Steinen finden sich auf den christlichen Kreuzen wieder.

Was immer ihre Funktion sein mag, die piktischen Bildsteine geben den Gelehrten mehr Rätsel auf als sie Lösungen bereithalten.

Einzigartige Kunstwerke

Einige der späteren und eindrucksvolleren piktischen Steinskulpturen können ins 8. und 9. Jahrhundert datiert werden. Christliche Symbole waren weitgehend in Gebrauch und die Pikten stellten Kreuzsteine ähnlich denen her, die zur selben Zeit in Irland entstanden. Der Unterschied besteht darin, dass viele von ihnen sowohl die mysteriösen piktischen Symbole als

auch christliche und profane Figuren sowie natürliche und mythologische Darstellungen in Relief tragen.

Der erste Schritt, der über die Ritzzeichnung hinausging, war die Reliefverzierung. Die auffälligsten Beispiele sind der Birsay-Stein von den Orkney-Inseln mit drei Kriegern und der Golspie-Stein, der einen piktischen Axtträger zwischen Tieren und Fischen zeigt. Die Rückseiten beider Steine zeigen ein keltisches Kreuz in Relief vor dem Hintergrund eines Flechtwerkornaments.

Der vielleicht berühmteste piktische Stein ist der aus dem Aberlemno-Kirchhof in Angus, der sich jetzt in Edinburgh befindet. Eine Seite zeigt ein keltisches Kreuz in Relief, die andere eine Schlachtszene, die die Schlacht von Nechtanswere darstellen soll, die 685 zwischen Pikten und Sachsen aus Northumbria ausgefochten wurde.

Ein letzte Gruppe von Steinen trägt Kreuzreliefs ähnlich der freiplastischen Kreuze von Iona, aber die Pikten brachten nie die schönen Hochkreuze des irische Typus hervor. Die piktischen Bildsteine bezeugen eine vitale spätkeltische Kultur, deren künstlerische Wurzeln sich unabhängig von denen ihrer Nachbarn entwickelten. Sie hinterlässt uns außerdem eines der größten Rätsel der keltischen Welt.

Gegenüber: Die Vorderseite des Aberlemno-Steins II zeigt piktische Jäger und typische piktische Symbole wie der Halbmond mit Stäben und das Doppelspiegel-Symbol am oberen Ende des Steins.

Unten: Die Rückseite des Aberlemno-Steins II zeigt einen Schildwall piktischer Krieger, die von bewaffneten Reitern angegriffen werden. Höchstwahrscheinlich erinnert dieser Stein an den piktischen Sieg über die Northumbrier in der Schlacht von Nechtansmere (685).

Zentren der keltischen Kirche und
römische, irische und angelsächsische
Missionen zwischen 560 und 750

✝ irisch-keltische Kirchengründungen

⬜ keltische Gebiete nach 600

Missionen mit Namen und Zeitangabe:
St. Columban (563) →
Irische Missionen

St. Augustinus (600) →
römische Missionen

Bonifacius (716) →
angelsächsische Missionen

Als 617 der heidnische
König Aethelfrith von
Northumbrien in der
Schlacht durch den
ostanglischen König
fällt, nimmt sein junger
Sohn Oswald Zuflucht
in Iona und wird dort
als Christ erzogen.
634 kehrt Oswald als
König nach Northumb-
ria zurück und bringt
Mönche mit, die die
Northumbrier zum
Christentum bekehren.

ATLANTIK

ATLANTIK

NORDSEE

IRISCHE SEE

KANAL

Birsay

Orkney-Inseln

Golspie

Insch

Iona

Dunadd

Dumbarton

Edinburgh

Lindisfarne

DAL RIADA

STRATHCLYDE

NORTHUMBRIA (634)

ST. AIDEN (627–34)

ST. COLUMBAN (563)

ULSTER

Clogher   Armagh

Bangor

Whithorn

Carlisle

CUMBRIA

Man

Whitby

CONNAUGHT

Kells

Donore

Clonard   Lagore

MEATH

York (625)

Clonmacnoise
Clonfert

Durrow

Ardagh

LEINSTER

Anglesey

Gwynedd

Chester

Bangor-is-y-coed

PAULINUS (627)

MERCIA
(655)

Leicester

Lincoln

OST
ANGL
(653)

MUNSTER   Lismore

Cork

WALISISCHE
KÖNIGREICHE

Powys

Dyfedd

Worcester

Gloucester

Peterborough

ESSE
(653)

Caldy
Island

Dinas Powys

Gwent

WESSEX (676)

London
(604)

ST. COLUMBAN (590)

Bath

DUMNONIA

Exeter

(Southampton)

Winchester
(676)

SUSSEX
(686)

KE

Wight

Kapitel 11

Die Kelten und das Christentum

Als Europa in das Chaos der barbarischen Invasionen stürzte, hielten die nach-römischen Kelten an ihrem neu erworbenen christlichen Glauben fest und brachten ihn durch die Bemühungen von St. Patrick, der heute der Schutzheilige der Insel ist, sogar ihren irischen Nachbarn. Die ersten Missionare kämpften gegen den Orden der Druiden und begründeten ein religiöses System, das speziell für die Kelten zurechtgeschnitten war. Isoliert vom Rest der christlichen Welt, entwickelte die keltische Kirche ein sehr eigenes Profil, das eher durch Klöster als durch Bischofskirchen geprägt war.

Die Klöster bildeten einen kulturellen Zufluchtsort von den Unruhen, die den Rest des Kontinents belasteten. Die keltischen Handwerker und Schreiber schufen gottesfürchtige Werke in Metall und Pergament, die zu den spektakulärsten Kunstwerken des frühen Mittelalters gehörten. Davon verkörpert besonders das „Book of Kells" das kulturelle Niveau der keltischen Kultur.

Die Missionare, die die Iren bekehrten, wurden als Heilige verehrt. Sie lenkten ihre Bemühungen auch zu der iroschottischen Kolonie Dál Riada und dann zu den Pikten im heutigen Schottland. Gegen 600 n. Chr. waren nur noch die Angelsachsen Heiden; sie wurden von einem keltischen Band christlicher Religion gerahmt. Gerade als die Engländer als besonders barbarisch galten, brachten die Schotten und Iren einige der schönsten Kunstwerke der Welt hervor.

Doch der keltischen Kirche fehlte es an der Macht und Einigkeit ihrer römischen Rivalin und als römisch-katholische Missionare die Angelsachsen bekehrt hatten, war die Anpassung der keltischen Kirche unvermeidlich.

Links, oben: Dieses „pfundköpfige" keltische Kreuz bei Perranporth in Cornwall, England, wurde um 900 geschaffen. Es hat eine sehr eigene Form, die sich von allen zeitgenössischen Hochkreuzen Nordenglands und Irlands unterscheidet.

KÖNIGREICH DER PIKTEN

Iona (563)

Lindisfarne (635)

NORDSEE

Bangor (559)

Armagh

Kells

IRLAND

Cork

Whitby (Synode von 664)

WALES

ENGLAND

Caldy Island

Dunwich

London

Hampton

Columban (590)

Dunwich (669)

BRETAGNE

KÖNIGREICH DER FRANKEN

Canterbury (597)

Bonifacius (716) (696)

Wilfrid (678)

Willibrord (690)

Willihed

Bremen (788)

SLAWISCHE STÄMME

SACHSEN

Utrecht

Birinus

Augustinus

Felix

St. Augustinus (600)

Columban (590)

Luxeuil (590)

Kaiserswerth

Echternach (698)

Mainz

Bonifacius (723)

Fulda (744)

Wurzburg (742)

Bonifacius (739)

Willibald

Kilian

Columbin

Emmeram

St. Gallen (610)

Columbin

Regensburg (739)

Eichstatt (741)

Passau (739)

Salzburg (739)

SLAWISCHE STÄMME

KÖNIGREICH DER FRANKEN

Canterbury

erbury ver

Die frühe keltische Kirche

Bald nachdem das Christentum der offizielle Glaube Roms wurde, erfasste es das römische Gallien und Britannien, erlangte aber erst weitere Verbreitung nach dem Zusammenbruch der römischen Herrschaft. Die keltische Kirche war dem christlichen Glauben Roms zwar verbunden, durch die Barbareninvasionen von ihm abgeschnitten, entwickelte sie jedoch eine eigene, einzigartige Auffassung vom Christentum.

Nach der Bekehrung Kaiser Konstantins um 312 wurde das Christentum als offizielle römische Religion anerkannt. Nach dem Ende der Christenverfolgungen breitete sich das Christentum in den verschiedenen Gebieten des Reiches aus und entwickelte seine Macht über die Regierungen und die Bewohner der Provinzen. In der Mitte des 4. Jahrhunderts war die Organisation der Kirche in Gallien und Britannien etabliert und verfügte über Bischöfe und eine priesterliche Hierarchie.

Im Jahre 410 zogen die Römer aus Britannien ab. Zu dieser Zeit war das Christentum dort schon fest verankert, obwohl von der Mehrheit der Bevölkerung weiterhin auch römische und alte keltische Riten gepflegt wurden. Am Anfang des 5. Jahrhunderts war Irland ebenfalls mit dem Christentum in Kontakt gekommen, auch wenn wir darüber abgesehen von den Schriften von St. Patrick nur wenig wissen.

Christliche Grabsteine aus dem 5. Jahrhundert wurden in ganz Britannien gefunden, und nachdem 432 die Bekehrung der Grünen Insel durch St. Patrick begonnen hatte, finden wir solche Grabsteine auch in Irland. Die Ankunft der Angelsachsen hatte nur geringen Einfluss auf den Norden und Westen der Insel, wo die keltische Kirche weiter tätig war.

In den englischen Königreichen hingegen wandte sich die Bevölkerung lieber den germanischen Gottheiten zu.

Im Jahre 431, ein Jahr vor der Ankunft von St. Patrick, wurde Palladius, der Diakon von Auxerre, der erste Bischof Irlands. Von da an wurde Irland das Machtzentrum der keltischen Kirche und versorgte das keltische Britannien mit Priestern und Missionaren.

Die Verbreitung des Christentums zwischen 800 und 1000

- keltische Kirchen
- katholische Christen
- ursprüngliche (fränkische) Katholiken
- orthodoxe Christen
- Moslems
- Heiden

Das Ende der Druiden

Vor dem Hintergrund der Schichtung der keltischen Gesellschaft hatten Aristokraten und Bauern kein Problem, die kirchliche Hierarchie zu akzeptieren, zumal sie strukturell dem alten Druidenorden ähnelte. Der geistliche Stand wurde in die britannische Gesellschaft integriert und die Bischöfe nahmen an den keltischen Fürstenhöfen dieselbe Position ein wie zuvor die druidischen Ratgeber.

Das Bild dieses sanften Übergangs kann jedoch irreführend sein, denn dagegen spricht, dass die ersten Missionare bei dem Versuch, in keltischen Gebieten dieselbe Organisation wie in Gallien und dem römischen Britannien zu etablieren, auf Widerstand stießen. Zu diesen Strukturen gehörte die territoriale Unterteilung in Diözesen mit Bischöfen, Stiftsherrn und Priestern. Für diese Diözeseneinteilung, die die Struktur der römischen Territorialverwaltung widerspiegelte, gab es in der nichtromanisierten keltischen Gesellschaft kein Gegenstück.

Die einzigen Zeugnisse von einem sanften Übergang zum Christentum im keltischen Britannien und in Irland stammen in der Tat von den christlichen Chronisten, die die Bekehrung als einen reibungslosen Prozess schildern wollten.

Selbst in der Mitte des 6. Jahrhunderts war noch keine übergreifende kirchliche Struktur für die gesamten keltischen Gebiete etabliert. Statt dessen war die Kirche mit den einzelnen lokalen Herrscherhäusern verbunden und jedes religiöse Zentrum stand unter dem Schutz eines Königs oder Häuptlings. So ähnelte die keltische Kirche sehr viel mehr dem alten Druidenorden als der christlichen Gemeindeordnung im übrigen Europa.

Im 6. Jahrhundert entstand auch das Kloster als neuer Typ des geistlichen Zentrums. Die Klöster waren unabhängig von der territorialen Bindung der Diözesenordnung, hingen aber von dem Schutz des lokalen keltischen Herrschers ab. Viele Klöster errichteten auch Filialen oder erwarben Ländereien, deren Verwaltung mit dem Hauptsitz des Ordens verbunden blieb. So entstand innerhalb der Kirchenstruktur eine neue Schicht mit ihren eigenen Aufgaben.

Unten: Obwohl die kleine Kirche in Kilpeck, Herefordshire, England, 1142 in der normannischen Zeit erbaut wurde, zeigen die zahlreichen Steinmetzarbeiten über dem Südtor und im Inneren rein keltische Muster. An der Außenmauer schauen unter dem Dach und um die Apsis, **oben**, Darstellungen sehr unchristlicher keltischer Dämonen, Menschen und Tiere auf den Betrachter herab.

Mönchstum

Die Mönchsbewegung erlangte im 6. Jahrhundert in der keltischen Welt eine weit verbreitete Popularität. Sie begann in Irland mit irischen Missionaren, von denen viele als Heilige verehrt wurden, und breitete sich nach Britannien aus. Am Ende des Jahrhunderts dominierten die Klöster die keltische Kirche und trug dazu bei, einen Keil zwischen sie und die römische Kirche zu treiben.

Das Kloster von Iona wurde um etwa 563 von St. Columban gegründet und entwickelte sich nach und nach zu einer florierenden Basis der keltischen Missionen nach Schottland, in das Piktenland und das nördliche angelsächsische England.

Vom 6. Jahrhundert an erlebte die kirchliche Verwaltung in der keltischen Welt anscheinend einen Niedergang und die Führung wurde von der Mönchsbewegung übernommen. Die Idee des Mönchstums kam aus Ägypten, obwohl sie auch konzeptuelle Verbindungen zu den alten Kollegien der Druiden (Bangor) aufwies. Da es relativ wenig Städte im keltischen Britannien und in Irland gab, befanden sich die großen Kirchen bei den Fürstensitzen.

Klöster wurden gegründet, wann immer die Gründer eine Notwendigkeit dazu sahen, und sie erfreuten sich stets der Zustimmung und der Protektion der lokalen weltlichen Macht.

Frei von Verwaltungspflichten konnten sich die Mönche und Äbte in diesen Zentren auf ihre künstlerische, intellektuelle und spirituelle Entwicklung konzentrieren und darauf, die ökonomische Unabhängigkeit des Klosters zu sichern. Der Abt eines Klosters hatte wesentlich mehr reale Macht als ein keltischer Bischof, der wenig mehr war als der geistliche Ratgeber seines Königs.

Die Mönchsbewegung in Irland florierte und im 6. Jahrhundert wurde die Insel zu einem Zentrum der Erhaltung und Verbreitung der keltischen Kultur. Dies geschah durch Aufzeichnung und Sammlung der keltischen Mythen und Literatur, durch die Förderung und Unterstützung künstlerischer Aktivitäten und durch die Rolle, die diese Zentren für die Seelsorge der Kelten spielten.

Dieses Mönchstum war dem episkopalen Christentum, das in Gallien herrschte, völlig fremd, was zum Konflikt mit der römischen Kirche führte. Die Klöster hatten viel mit der

Herstellung von Meisterwerken der damaligen Kunst zu tun: von Metallarbeiten bis zu den reliefierten Hochkreuzen und den Werken der Buchmalerei. Sie waren die Zentren der kulturellen und geistigen Blüte der spätkeltischen Kultur. Dieser überragende Erfolg machte sie zu einem Hauptziel der Wikinger, die im frühen 8. Jahrhundert in Irland und Britannien einfielen.

Die Orden der Heiligen

Eines der führenden Klöster in Irland war Kildare, das von der heiligen Brigida gegründet worden war. Weitere keltische Heilige werden mit der Gründung anderer Gemeinschaften verbunden: St. Brendad in Clonfert, St. Comgall in Bangor im Down County, St. Carthach in Lismore und St. Ciaran in Clonmacnoise. St. Columban gründete nicht weniger als drei Klöster, in Derry, Durrow und das große religiöse Zentrum in Iona in Dál Riada.

In der Mitte des 6. Jahrhunderts nahmen die Klöster mehr und mehr Bischöfe auf, die bestrebt waren, sich mit dieser neuen Bewegung zusammenzutun. Wenn ein Bischof in einem Kloster Residenz nahm, unterschieden sich seine Pflichten von denen eines Abts. So dominierte die Mönchsbewegung die keltische Christenheit und am Ende des Jahrhunderts bestand der gesamte Klerus aus Mönchen. Es gab keine verbindende Struktur.

Eine Reihe unabhängiger Klöster wurde von einem Mutterkloster gegründet und die Klöster hatte oft Niederlassungen, die ihnen zur Loyalität verpflichtet waren. Manchmal waren dies kleine, vollgültige Klöster eigenen Rechts, meist jedoch nur eine Reihe von Zellen isolierter Mönche, die es vorzogen, in der Abgeschiedenheit zu leben.

Die Mönche hielten eine strenge Disziplin mit einer frugalen vegetarischen Kost und Bädern in kaltem Wasser sowie anderen selbst auferlegten Kasteiungen, auch wenn das mönchische Leben sich von Kloster zu Kloster unterschied. Das Fehlen von Einheitlichkeit zeigte sich auch in der Messfeier und Unterschieden der Liturgie.

Dies und das Fehlen einer zentralen gemeinsamen Praxis führte schließlich zur Unterwerfung unter die zentralistische Struktur der römischen Kirche.

Bekehrung

Die Bekehrung der irischen Kelten zum Christentum setzte die Überwindung der Druidenorden durch die Missionare voraus. Die Sieger schrieben Geschichte. Dieser Kampf wird in den christlichen Annalen überliefert, die trotz ihrer Einseitigkeit einen guten Einblick in ein bewegtes Kapitel der keltischen Kultur vermitteln. Die Bedeutung der Bekehrung zeigt sich auch in der Heiligsprechung vieler dieser Missionare.

Gegenüber: Die Tafel aus St. John in Athlone ist eines der frühesten bekannten keltischen Kunstwerke mit einem christlichen Thema. Der gekreuzigte Christus wird von zwei Engeln bewacht. Unten stehen zwei römische Soldaten mit dem Essigschwamm und dem Speer.

Der Missionar Patrick erreichte Irland 432 und bekehrte die Iren zum Christentum. Die Druiden, die als Berater, Seher und geistliche Führer eng mit den irischen Königshöfen verbunden waren, erkannten in ihm eine Bedrohung für ihre Machtposition und wurden seine erbitterten Feinde. Das Leben von St. Patrick wurde von zwei Klerikern aufgezeichnet; einer von ihnen war Muirchù Mocciu Machtheni. Er wurde gegen 390 im Norden von Britannien geboren und als Knabe von irischen Räubern entführt. In seinen Mittzwanzigern tauchte er als freier Mann wieder in Britannien auf und reiste dann nach Gallien, um beim Diakon von Auxerre zu studieren.

432 weihte ihn St. Germain zum Bischof und schickte ihn nach Irland zur Bekehrung der Heiden. Er begann damit in Leinster und sein Stützpunkt war die Insel, die jetzt Inis Padraig heißt. Dann begab er sich nach Ulster. Muirchù berichtet von Patricks Auftauchen am Hof des Königs Loeghaire und von der Opposition der beiden Druiden des Königs: Matha und Lochru. Er soll sie mit Gebeten bekämpft haben, und als der Druide Lucat Mael versuchte, ihn zu vergiften, verschüttete er das Gift. Er forderte ihn daraufhin zu einem Wettkampf heraus, in welchem der Druide bei einer Feuerprobe verbrannte, die der Heilige unverletzt überstand.

Die Geschichten der christlichen Chronisten beruhen erkennbar auf biblischen Episoden, aber die Gegnerschaft von Druiden und Missionaren wird hinreichend deutlich. Während seiner Mission stieß Patrick stets auf die Feindschaft des alten religiösen Ordens.

Im „Life of Saint Berach" aus dem 7. Jahrhundert war der namensgebende Missionar in einen langen Kampf mit dem Druidenorden verwickelt. Der Konflikt fand seinen Höhepunkt, als die von den Druiden zu Hilfe gerufenen königlichen Truppen durch die Gebete des Missionars kampfunfähig gemacht wurden, worauf der König zum Christentum wechselte.

Die Gründung von Iona

Im Gegensatz dazu stellte die heilige Brigida eine Verbindung der beiden Religionen dar. In der „Vita Brigitae" aus dem 7. Jahrhundert erzählt der Historiker Cogitosus, dass St. Brigida einen Druiden als Pflegevater hatte, der ihr erlaubte, Christin zu werden. Er war schließlich von ihren spirituellen Fähigkeiten so beeindruckt, dass er sich auch zu der neuen Religion bekannte.

Nach St. Patrick war St. Columban (Columcille) der bekannteste keltische Heilige, der eine große Ansiedlung von Mönchen in Iona begründete und den Schotten und Pikten das Christentum brachte. Er wurde 521 in einer Adelsfamilie in Donegal geboren und trat als junger Mann in das Kloster von Finnian in Down ein. Der wahrscheinlich erste Urheberrechtsstreit der Welt mit seinem Abt brachte ihm eine Verfügung des Hochkönigs Diarmuid ein.

Columban führte eine Revolte gegen seinen eigenen Clan, die O'Donnell, und wurde geschlagen. Er wurde aus Irland verbannt und segelte mit seiner Gefolgschaft 563 nach Dál Riada. In Iona errichtete er sein Kloster und besuchte die Höfe der lokalen Dál-Riada-Fürsten, die zum Christentum übertraten. Seine größte Tat war die Bekehrung des Piktenkönigs Brude Mac Melchon, was die beiden Völker Nordbritanniens zum Christentum brachte.

Bis etwa 600 hatten diese Heiligen die gesamte keltische Welt bekehrt. Und auch wenn ihre Lebensgeschichten mit sagenhaften Zügen durchmischt sind, so sprechen doch ihre Verdienste für sich. Als sie jedoch ihr Bekehrungswerk im angelsächsischen Teil Britanniens fortsetzen wollten, kam ihnen die römische Kirche zuvor.

Buchillustrationen

Keltische Buchillustrationen gibt es seit dem späten 6. Jahrhundert. Sie zeugen von Werkstätten in den Klöstern in Irland, Dál Riada und eventuell auch im keltischen Britannien. Sie gelten als Meisterwerke der keltischen Kunst und ihre versteckte Botschaft lautet, dass die keltische Kirche nicht so isoliert war, wie ihre Gegner in der römischen Kirche glaubten.

Unten: Der Evangelist Markus mit dem Löwen schreibt sein Evangelium nieder. Buchseite der Lindisfarne-Gospels.

E ines der frühesten bekannten Beispiele ist der Katechismus des St. Columban, den der Heilige angeblich eigenhändig verfasst haben soll. Die meisten Gelehrten sind sich einig, dass er in Wirklichkeit im frühen 7. Jahrhundert entstand. Diesem Psalter fehlt die farbige Verzierung späterer Werke, aber er enthält die Ornamente, die der keltischen Buchmalerei zum bleibenden Ruhm verhelfen sollten.

Der Gebrauch illustrierter Initialen entstand im östlichen Mittelmeerraum, aber diesen spät-antiken Werken fehlt das charakteristische „Diminuendo" (Verkleinerung) der keltischen Illustrationen. Nur in diesen wurden die Buchstaben, die auf die großen, geschmückten Initialen folgten, nach und nach verkleinert, bis sie der Schriftgröße im Rest des Manuskripts entsprachen. Keltische Mönche fertigten die Werke in den Klöstern des europäischen Kontinents an und folgten den Prinzipien, die bereits im Katechismus des St. Columban angewandt worden waren, und bildeten so den Stil dieser Illustrationen heraus.

Die Spiralen, Schnörkel, Trompetenformen und Pelten (eine Form ähnlich dem Pik im Kartenspiel) der keltischen Metallarbeiten wurden auf die Buchseiten übertragen. Kunsthistoriker wiesen auch den Einfluss nichtkeltischer Vorbilder nach. Insbesondere angelsächsische Traditionen halfen bei der Ausformung dieser traditionellen irischen Kunstform. Manche Bücher wurden sogar von irischen Schreibern für geistliche angelsächsische Auftraggeber hergestellt, wie die Lindisfarne-Gospels oder das Gesangbuch von Durham. Andere wie das „Book of Kells" zeigen Einflüsse aus Byzanz, dem oströmischen Reich.

Das beeindruckendste Beispiel für die unterschiedlichen inneren und äußeren Einflüsse ist das Buch von Durrow, ein Gesangbuch aus der Mitte des 7. Jahrhunderts. Es stellt sozusagen ein Kompendium europäischer Verzierungskunst dar: Der Text ist römisch und die dekorativen Elemente sind keltisch und germanisch. Daneben wurden auch byzantinische Merkmale entdeckt. Einige Symbole der Evangelisten besitzen direkte Beziehungen zu den mysteriösen piktischen Bildsteinen, während andere Elemente nach Osteuropa führen. Die ornamentalen Tierfriese sind wohl angelsächsisch, andere Aspekte entschieden keltisch-irisch.

Die Raubzüge der Wikinger

Nur wenige illustrierte Manuskripte des späten 8. Jahrhunderts haben die Zerstörungen durch die Wikinger überlebt. Charakteristisch für diese Zeit sind kleine Gesangbücher, die man leicht in Sicherheit bringen konnte, so z. B. das Buch von Dimma, das Buch von Mulling und

das Buch von Macregol aus dem 9. Jahrhundert.

Die kleinen Gesangbücher sind weniger detailliert als die großen Kodizes. Charakteristisch sind ihre einfachen Muster und die lebhaften Farben. Im Buch von Dimma ist der Evangelist Johannes mit seinem Adler in einem Mosaikstil gemalt, aber eingefasst von einer sehr keltischen Schmuckborte. Das auffällige an diesen Manuskripten ist ihr kosmopolitischer Charakter, der den überraschend intensiven Kontakt enthüllt,

den die keltische Kirche mit dem Rest der Welt pflegte.

Die Buchmalerei der keltischen Renaissance gehört einerseits zu den schönsten Beispielen der frühmittelalterlichen Kunst überhaupt, auf der anderen Seite zeigt sie die Besonderheit der keltischen Kirche. Weit davon entfernt, isoliert vom Rest Europas zu sein, ließ sie sich von den Nachbarkulturen geistig und kulturell inspirieren und bewies dabei einen bemerkenswert weiten Horizont.

Oben: Das Vorsatzblatt des Lukasevangeliums aus den Lindisfarne-Gospels.

Das „Book of Kells"

Ein illustriertes Manuskript, das um 800 entstand, ist wahrscheinlich das berühmteste Beispiel keltischer Kunst. Das „Book of Kells" ist ein unglaublich bunter und lebhafter Bilderbogen, der Generationen mit seiner Schönheit in den Bann geschlagen hat, und kann uns als Fenster zur spätkeltischen Welt dienen.

Gegenüber: Die Titelseite des Johannesevangeliums zeigt den sitzenden Heiligen, umgeben von verwobenen Mustern.

Unten: Die wunderschöne Initiale der Monogramm-Seite verbindet abstrakte Muster mit stilisierten menschlichen Köpfen.

D ie Komplexität und Eigenart der keltischen Symbolik macht eine Deutung oft unmöglich, aber wenn sie mit der für uns besser verständlichen christlichen Symbolik verbunden ist, können wir etwas Einsicht in die Absicht des Künstlers gewinnen. Das „Book of Kells" kombiniert vorchristliche und christliche Einflüsse. Es entstand um 800 und gilt heute als der Höhepunkt der keltischen Buchmalerei. Als solcher ist es auch das Schlüsselwerk der Renaissance der keltischen Kunst, ihrem Goldenen Zeitalter. Es wird in der Bibliothek des Trinity College in Dublin aufbewahrt.

Bis vor kurzer Zeit galt seine Ornamentik als rein dekorativ, aber genaue Untersuchungen ergaben, dass ihre Symbolik in Wirklichkeit ebenso subtil wie komplex ist. Die Gelehrten, die bis heute über die Interpretation des Meisterwerks streiten, glauben, dass es Bedeutungen enthält, die im Lauf der Zeit verloren gegangen sind, aber es enthält auch viele Aussagen, die durch das Studium keltischer Kunst und Literatur entschlüsselt werden können. Der Symbolgehalt ist oftmals vielschichtig: Ein Bild kann mehr als eine Bedeutung haben.

Bestimmte Symbole sind leicht zu bestimmen. Auf der „Christi Autem"-Seite (folio 43) zeigt die Illustration Luftsymbole (Engel und Schmetterlinge), Erdsymbole (zwei Katzen belauern zwei Mäuse, eine Ratte verzehrt eine Brotkruste) und Wassersymbole (ein Otter fängt einen Fisch). Die Form der ersten großen Initiale zeigt vier Ströme strahlender Energie, die von Christi Göttlichkeit ausgehen. Andere Gelehrte sehen hier vielmehr den Zusammenhang eines keltischen religiösen Texts: Dieser bezeichne „die vier Flüsse der Tugend, die aus dem hellen und heilbringenden Paradies entspringen und die gesamte Weite der christlichen Kirche bewässern".

Unsichere Herkunft

Die meisten Gelehrten stimmen darin überein, dass das Manuskript in Irland entstanden ist, aber vor kurzem wurde die Meinung geäußert, dass es am Ende des 8. Jahrhunderts bei den Pikten entstand. Der Künstler mag sich Inspiration von den Pikten geholt haben. Es könnte auch in Iona entstanden und dann nach Irland gebracht worden sein. Egal woher – es ist das Werk eines keltischen Künstlers von allergrößtem Talent.

Das „Book of Kells" stellt eine Entwicklungsstufe über das frühere Buch von Durrow hinaus dar: Hier tauchen ganzseitige Illustrationen auf. So z. B. bei der Darstellung der Evangelisten in ihren Symbolen, der Versuchung Christi (die „Tempelseite"), beim Verrat Christi und der Jungfrau mit dem Kind. Diese präsentiert Christus als Erwachsenen *en miniature*. Die Jungfrau mit dem Kind (folio 7) geht wahrscheinlich auf eine byzantinische Darstellung zurück, da sie ostmittelmeerischen Einfluss aufweist.

Ganz bezaubernd ist die Freude am Detail, so bei der Darstellung von spielenden Tieren oder von kleinen bärtigen Kriegern auf dem Marsch. Wenn auch die Gelehrten uneinig sind über die Bedeutung vieler Details, können alle einig sein über seine unglaubliche Schönheit und Lebendigkeit. Das „Book of Kells" ist wahrlich eines der Wunder des frühen Mittelalters und ein glänzender Beweis für die Fähigkeiten des Künstlers, der es schuf.

Iona versus Rom

Im 6. Jahrhundert blühte die keltische Kirche in Britannien und Irland, war aber isoliert von der Entwicklung der römischen Kirche. Ihre Politik und Praxis unterschied sich daher auch vom Rest des christlichen Europa. Als die keltischen Heiligen die Bekehrung der Kelten abgeschlossen hatten, breitete sich die römische Kirche im angelsächsischen Britannien aus. Es folgte ein theologischer Streit um die Vorherrschaft.

Beda Venerabilis, der 735 starb, hinterließ eine einzigartige Erzählung des Ereignisses, das zur Angleichung der keltischen Kirche an Rom führte. Die Politik der keltischen Kirche galt als konservativer als die Roms. Die Bedeutung des Mönchstums widersprach der Gliederung in Diözesen unter einem Bischof, die im fränkischen Gallien, in Rom und dem christlichen Mittelmeerraum selbstverständlich war. Als St. Augustinus am Beginn des 7. Jahrhunderts in England eintraf, um die Angelsachsen zu bekehren, stellte er fest, dass alle keltischen Bewohner Britanniens bereits Christen waren, nur die Engländer hielten an der Religion ihrer germanischen Vorväter fest.

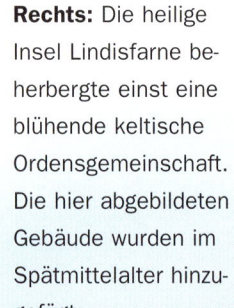

Rechts: Die heilige Insel Lindisfarne beherbergte einst eine blühende keltische Ordensgemeinschaft. Die hier abgebildeten Gebäude wurden im Spätmittelalter hinzugefügt.

Seine Mission glich in mancher Hinsicht auch einem Wettlauf gegen die keltische Kirche. Dasjenige christliche System, das sich bei den Engländern durchsetzte, würde auch von der militärischen Macht des angelsächsischen Staates profitieren. Dadurch, dass die Angelsachsen römisch-katholisch wurden, sicherte Augustinus also die Dominanz seiner Doktrin über die keltische Rivalin.

Werben um die Sachsen

Die keltische Kirche hatte sich in den Ländern um die keltischen Königreiche in Wales ausgebreitet und in Northumbria, wo die Mönche aus Iona bereits den König und seine führenden Adeligen bekehrt hatten. Trotzdem war die keltische Kirche bereits zum Sterben verurteilt, denn ihr fehlte die Dynamik, die mit St. Augustinus und seinem modernen römischen Konzept der Frömmigkeit zusammenhing.

Die fehlende doktrinale Einheit in der keltischen Kirche erschwerte es auch, den angelsächsischen Konvertiten ein einheitliches Bild zu präsentieren, dem sie folgen sollten. Augustinus unternahm Missionsreisen nach Kent und Essex und weihte eine neue Kirche in London und ein religiöses Hauptquartier in Canterbury. Nach dem Tod von Aethelbert von Essex 616 kehrten zunächst beide angelsächsischen Länder zum alten Glauben zurück, aber eine Heirat zwischen den Häusern von Northumbria und Kent führte gegen 625 zur Ankunft von römisch-katholischen Missionaren in York.

Canterbury war als geistliches Zentrum aktiv, trotz der offiziellen Politik des Hofes von Kent. Der Erzbischof Paulinus von Canterbury bekehrte 627 König Edwin von Northumbria zur römischen Kirche und kam damit der keltischen Kirche zuvor. Dann erhob der Papst York zum zweiten Erzbischofssitz Britanniens.

Nach zwei Jahren starb Edwin und dies löste einen antichristlichen Aufstand aus. Paulinus floh nach Canterbury und die keltische Kirche erhielt eine zweite Chance. Als König Oswald 635 die Krone von Northumbria ergriff, gestatte er den Mönchen aus Iona, ein neues keltisches Kloster in Lindisfarne zu gründen. Northumbria wurde wieder christlich, aber diesmal in Allianz mit Iona statt mit Rom. Damit und mit der Gründung irischer Klöster in Glastonbury und Malmesbury schien der römische Klerus das Rennen verloren zu haben.

Beda erklärt, wie sich 663 das Blatt wendete.

Ein Streit über das Osterfest am Hof von Northumbria führte zu einem religiösen Disput. Auf der Synode von Whitby 664 wurde über das Datum des Osterfestes beraten und nach langen Debatten der römische Kalender übernommen. Damals könnte diese Entscheidung für eine römische Regel anstelle einer keltischen nicht besonders wichtig erschienen sein, doch markiert sie den Moment, an dem die römische Kirche die moralische Oberhand gewann.

In ihrer Uneinigkeit waren die Kelten nicht fähig, dem Übergreifen der römischen Ideen auf die keltischen Kultpraktiken Widerstand entgegen zu setzen. Im nächsten Jahrhundert fügte sich die eigenwillige keltische Kirche ins Unvermeidliche und wurde allmählich von Rom assimiliert.

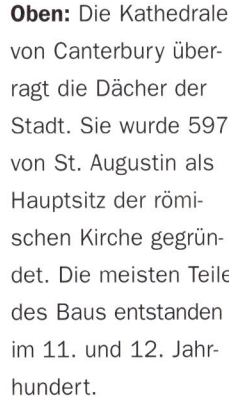

Oben: Die Kathedrale von Canterbury überragt die Dächer der Stadt. Sie wurde 597 von St. Augustin als Hauptsitz der römischen Kirche gegründet. Die meisten Teile des Baus entstanden im 11. und 12. Jahrhundert.

Links: Ruinen der mittelalterlichen Bauten der Abtei von Whitby. Sie stehen auf dem Gelände, auf dem einst der Konflikt zwischen keltischer und römischer Kirche ausgetragen wurde.

Kapitel 12

Keltische Mythologie

Die irischen Chronisten des frühen Mittelalters überliefern uns Listen von Königen, Daten und Schlachten. Sie sagen nichts darüber, wie die Menschen lebten, was sie glaubten und wie die Gesellschaft funktionierte. Diese Informationen verdanken wir den großen Werken der mittelalterlichen Literatur, die seit dem 11. Jahrhundert entstanden und auf der älteren mündlichen Tradition fußten, die von den spätkeltischen Barden von Generation zu Generation weitergegeben wurden.

Zwar spielen die meisten dieser Werke nach der Ankunft des Christentums, doch beschreiben einige auch ältere Zeiten, als die Kelten noch ein Eigenleben außerhalb des römischen Reiches führten. So bieten sie uns eine einzigartige Einführung in die keltische Welt, wie sie in Gallien und Britannien vor der Ankunft der Römer existierte.

Andere Werke beschreiben das Pantheon der keltischen Götter, wenngleich in einer von den Vorurteilen der christlichen Schreiber verzerrten Form. Diese Literatur stellt eine Welt dar, in der die mythischen und heroischen Figuren unter ständigem Einfluss von Göttern und übernatürlichen Gewalten stehen. Sie spiegelt auch den Reichtum des keltischen Lebens und die einzigartige Weltsicht, die für die Schöpfung der Meisterwerke der keltischen Renaissance verantwortlich war.

Außerdem enthält diese frühe irische Literatur ansprechende Erzählungen und Gedichte, die den Leser bis heute erfreuen. Sie sind der Niederschlag von Geschichten, die Jahrhunderte lang im Winter an den königlichen Herdfeuern erzählt wurden. Ihre Attraktivität ist heute noch so groß wie an dem Tag, als sie zum ersten Mal erzählt wurden.

Kloster

Königssitz

anderer Hauptsitz

Keltisches Irland von 500 bis 800 mit den wichtigsten Klöstern, Königssitzen und anderen Hauptsitzen

DONEGAL BAY

Lough Corrin

CONNACHT

Lough Mask

Lough Corrib

Clare

ATLANTIK

Inishmore

ARAN-INSELN

Inishmann

Inisheer

Cahercommaun

Inis Cealtra

Lough Derg

GALWAY BAY

Shannon

Shannon

MUMHA (MUNSTER)

Carraig Aille

Blackwat

Lee

Garryduff

Bandon

Garranes

Fahan Mura
Lough Foyle
Derry
Aileach
Dooey

DÁL RIADA

Bann
Main

Lough Ravel
Lisnacroghera

Finn

Derry
Mourne

U L A D H   (U L S T E R)

Lough Neagh

Bangor
Moville

Lagan

DÁL RIADA

Inishmurray

Lough Earn

Devenish

Blackwater

Nendrum

Lough Earn

Emain
Armagh

Bann

Lough Allan

(C O N N A U G H T)

Lough Gara

Cruachan

Ardakillan

Roscommon

Kells

M I D H E   (M E A T H)

I R I S C H E   S E E E

Boyne

Uisneach
Tara

Lough Ree

Ballinderry
Lagore

Suck

Clonard

Finglas

Shannon

Clonmacnoise
Durrow

Clonfert

Rahan

Tallaght

Liffey

Lorrha

Kildare

erryglass

Dunailinn

Glenalough

L A I G H I N   (L E I N S T E R)

Clonenagh

Barrow

Nore

Slaney

Cashel

Suir

Lismore

Götter und Ursprünge

Die Kelten der La-Tène-Periode hinterließen keine schriftlichen Zeugnisse über ihren Glauben und ihre Geschichte. In der irischen Literatur der christlichen Zeit erfahren wir die Namen vieler keltische Götter und lernen viele Elemente der keltischen Kultur kennen, die sonst im Dunkeln lägen.

V iel von der irischen und walisischen Literatur wurde durch die Kirche überschrieben, um die alte Mythologie in einen christlichen Rahmen zu pressen. Die alten keltischen Götter wurden ihrer spirituellen Macht beraubt und als Wesen dargestellt, die nicht durch Opfer verehrt und angebetet wurden, sondern in einer übernatürlichen Welt wohnen.

Viele dieser Götter lassen sich auch in archäologischen Überresten und römischen Inschriften wiederfinden. So war Dagda der Vater der Götter. Er wird sowohl in irischen wie in vorrömischen Quellen erwähnt. Lugh, der Sonnengott, wurde in ganz Europa verehrt und wurde mit Tapferkeit in der Schlacht durch den Gebrauch von Zauberwaffen verbunden. Auch viele andere weisen auf einen gemeinsamen Faden zwischen der irischen Mythologie und den Göttern der La-Tène-Kultur hin.

Diese frühen Mythen beschreiben die Ankunft der Kelten in Irland als eine Reihe von Invasionen. Das irische „Lebor Gabála" (Buch der Eroberungen) beschreibt sie im Detail. Zuerst kam das Volk der Partholón aus Spanien, aber all diese Invasoren kamen um. Die nächste Invasion wurde von Nemed mac Agnomain angeführt, der jedoch von nachfolgenden Eindringlingen so bedrängt wurde, dass er sein Volk zurück nach Spanien führte. Später kam er wieder und siedelte sein Volk an. Diese späteren Eindringlinge waren die Fomori, denen die Fir Bolg aus Griechenland folgten.

Mythen und Fakten

Auf diese Ankömmlinge folgten die Belger, die Gallier und die Damnonier. Diesen frühen Siedlern folgten die halblegendären Tuatha Dé Danann, die „Stämme der Göttin Danu". Die Tuatha schlugen die Fir Bolg und dann mit der Hilfe des Gottes Lugh die Fomori und ließen sich als das herrschende Volk Irlands nieder.

Spätere Christen fügten als Zusatz noch die Milesier hinzu, um den irischen Kelten eine Art klassischen Anstrich zu verleihen. In der Entscheidungsschlacht führen die Chronisten das gesamte irische Pantheon der keltischen Götter ins Feld und beschreiben, was sie alles in der Schlacht bewirken konnten.

Einige Götter dieser frühen keltischen Mythen finden sich ausschließlich in Irland und Wales. So Oengus Og (Angus Og), der ein Sohn der Göttin Dana gewesen sein soll und mit ewiger Jugend verbunden wird. Anders als die keltischen Hauptgötter waren diese eher regionalen Götter auch stärker mit besonderen Orten verbunden. Manannán mac Lir kam über das Meer nach Irland und wurde mit der Isle of Man verbunden. Als Manwydan fab Lyr wird er auch in der walisischen epischen Sagenerzählung „Mabinogion" erwähnt und könnte daher die irische See darstellen.

Schwieriger ist es, die walisische Mythologie von christlicher Erfindung zu trennen, denn die meisten Werke walisischer Literatur wurden wesentlich später aufgezeichnet als ihre irischen Gegenstücke. Zum Teil repräsentieren sie die Sichtweise der frühmittelalterlichen keltischen Kirche: Der Einfluss der keltischen Götter wurde durch die Betonung der Zauberei abgelöst und die menschliche Welt war stärker von der übernatürlichen Welt abgegrenzt.

Was immer ihre Ursprünge sein mögen, diese keltischen Mythen vermitteln uns einen

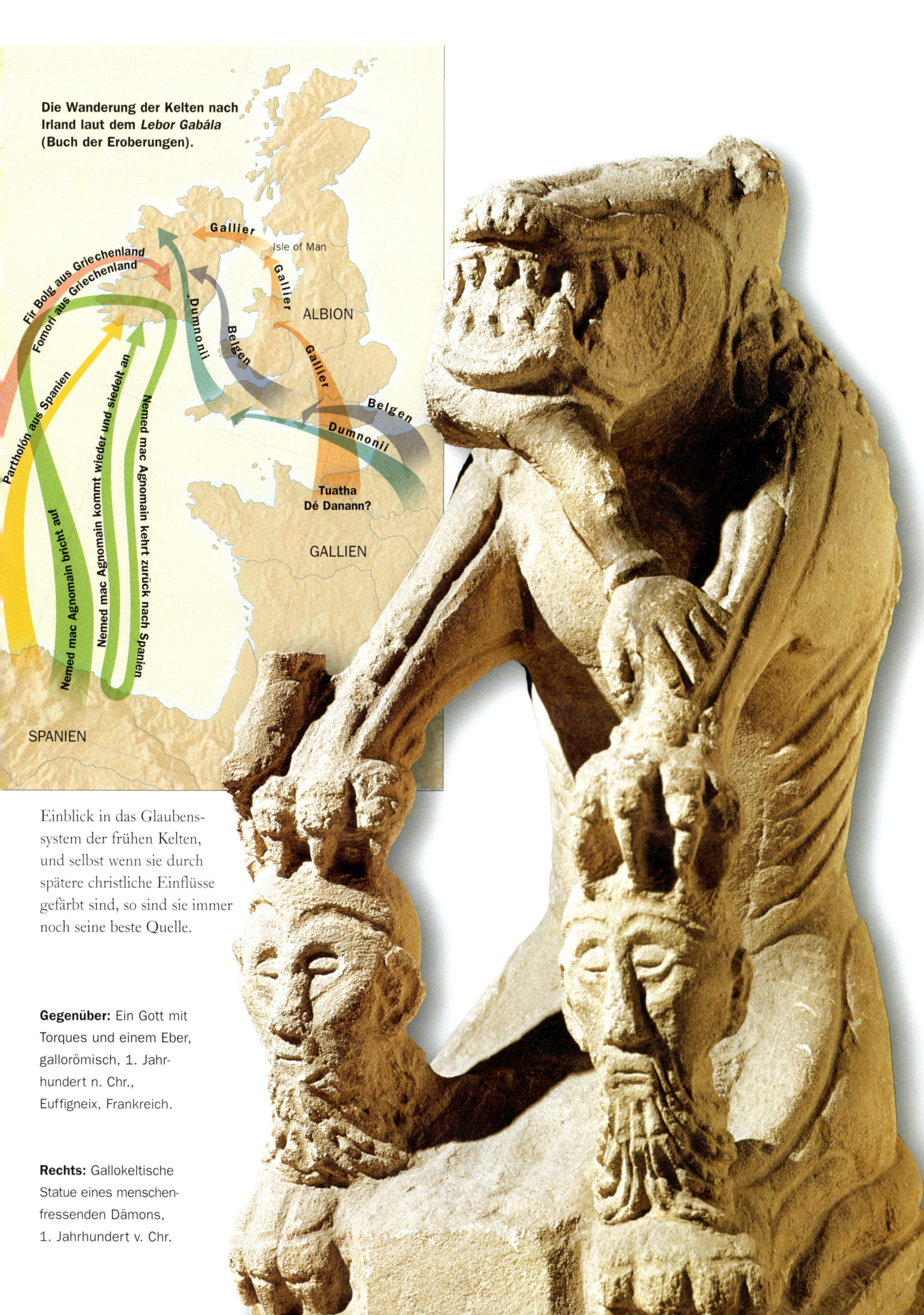

Die Wanderung der Kelten nach Irland laut dem *Lebor Gabála* (Buch der Eroberungen).

Gallier

Isle of Man

Fir Bolg aus Griechenland

Fomori aus Griechenland

Partholón aus Spanien

Nemed mac Agnomain bricht auf

Nemed mac Agnomain kommt wieder und siedelt an

Nemed mac Agnomain kehrt zurück nach Spanien

Dumnonii

Belgen

Gallier

Gallier

ALBION

Belgen

Dumnonii

Tuatha Dé Danann?

GALLIEN

SPANIEN

Einblick in das Glaubenssystem der frühen Kelten, und selbst wenn sie durch spätere christliche Einflüsse gefärbt sind, so sind sie immer noch seine beste Quelle.

Gegenüber: Ein Gott mit Torques und einem Eber, gallorömisch, 1. Jahrhundert n. Chr., Euffigneix, Frankreich.

Rechts: Gallokeltische Statue eines menschenfressenden Dämons, 1. Jahrhundert v. Chr.

Diesseits und Jenseits

**Die frühen Kelten waren Bauern, die von Kriegeraristo-
kraten angeführt wurden. Ihre Welt basierte auf dem
Zyklus des Lebens, dem Wechsel der Jahreszeiten und
den Ernten. Den Kriegern gab der Glaube an ein Leben
nach dem Tod den Mut, dem Feind furchtlos entgegenzutreten, da ein angenehmes Jenseits auf sie wartete.
Die irischen und walisischen Mythen werfen auch auf
diese Aspekte des keltischen Glaubens ihr Licht.**

Oben: Druidischer Steinkreis in Kenmare, Irland.

Der keltische Kalender hatte vier Jahreszeiten, die jeweils mit einem Fest begannen. Lughnasadh war ursprünglich das Fest des
Gottes Lugh und traditionell mit Ernten, dem
Viehabtrieb und Feuer verbunden. Obwohl die
christlichen Chronisten viele Aspekte der keltischen Tradition unterdrückten, Feste ins
Kirchenjahr einfügten und auch die Ursprünge
von Lughnasadh verschleierten, ist uns seine
genaue Bedeutung bekannt. Auch das
Frühlingsfest Imbolc wurde so verändert, dass
es mit Ostern zusammenfiel, und Beltaine als
Frühlingsfest wurde mit ihm verschmolzen.
Nur der Winteranfang Samhain behält als
Halloween aus bestimmten Gründen seine

älteren mythischen Verbindungen mit dem
Jenseits bis heute.

Die Verbindung mit dem Übernatürlichen
spiegelt sich auch in der Art, wie die keltischen
Götter mit den Menschen verkehrten. Wie
bereits erwähnt, folgte auf die Leichtigkeit des
Zugangs der Menschen zur übernatürlichen
Welt in den früheren irischen Mythen eine
schärfere Trennung der beiden
Sphären in den späteren walisischen Schriften. Dies wurde als
Resultat einer zunehmenden
christlichen Zensur gedeutet.
Wenn die Götter den Menschen
erscheinen wollten, waren sie oft
in einem Nebel eingehüllt,
tauchten über dem Meer oder
aus einem See auf und umgekehrt traten die Menschen
durch einen übernatürlichen
Eingang wie einen Grabhügel
in die übernatürliche Welt ein.

Keltische Mythen

Im „Echtrae Conli" steht der
irische Hochkönig Conn
Cétchathach auf den Mauern
von Tara im Kreise seiner
Druiden und Söhne. Ein
dichter Nebel senkt sich und ein
Reiter erscheint und lädt den
König und sein Gefolge ein,
ihm zu folgen. Sie bewegen sich
zu einem Haus in der Ebene. Darin sitzt ein
Mädchen auf einem Thron, das die Herrschaft
über Irland verkörpert, und bei ihr sitzt auf
einem anderen Thron der Gott Lugh. Die Be-
sucher werden mit Essen und Trinken bewirtet,
dann fragt das Mädchen Conn nach den
Namen seiner Begleiter. Die beiden Gottheiten
überreichen Conn eine Liste, auf der die Dauer
seiner Herrschaft und die seiner Nachfolger
verzeichnet sind. Dann verschwinden die Götter
und das Haus.

Der Nebel ist das literarische Portal zwischen
der einen und der anderen Welt. Dieses Bild
benutzte die ganze keltisch-irische Literatur, so
auch in der Erzählung über die Begegnung von

Conns Enkel Cormac mit dem Gott Manannán. Der Gott erscheint durch einen Nebel „aus einem Land, wo nur die Wahrheit herrscht, und kein Alter, kein Verfall, keine Traurigkeit, Neid, Eifersucht Hass noch Hochmut." Dies ist die perfekte Beschreibung der keltischen übernatürlichen Welt oder des Lebens nach dem Tod.

Für die Kelten stellte sich das Jenseits als Land der ewigen Jugend dar, wo stets die Blumen blühen und alle in Frieden und Harmonie leben. Dieses Land der ewigen Jugend spiegelt auch sächsische und nordische Vorstellungen des Jenseits und ist ein populäres Thema im vorchristlichen Glauben. Dank der Aussicht auf eine Ewigkeit in diesem spirituellen Paradies verlor die stets aktuelle Aussicht auf einen frühen Tod für den keltischen Krieger oder Bauern etliches von ihrem Schrecken.

Oben: Das keltische Heiligtum in Roquepertuse stammt aus dem 2. Jahrhundert v. Chr. Die Schädel von Kriegern zieren die beiden Säulen und türmen sich am Fuß des Schreins.

Frühe irische Literatur

Es existieren Fragmente der keltischen Poesie, Vorläufer der großen kirchlichen Erzählwerke, die im Mittelalter verfasst wurden. Sie vermittelt eine fesselnde Einsicht in das keltische Denken und ihre Raffinesse entspricht der verflochtenen Komplexität der spätkeltischen Kunst. Die natürliche Welt, Könige, Götter und Fabeltiere verbinden sich darin zu einem literarischen Porträt keltischen Denkens und der zeitgenössischen Gesellschaft.

Die frühen Kelten hinterließen keine Schriftzeugnisse und wurden auch erst spät in ihrer Geschichte alphabetisiert. Dies geht vor allem auf die Geheimhaltung des Druidenordens zurück, der dadurch seinen politischen Einfluss stärkte. Es war üblich, Geschichte, Mythos und den Glauben mündlich weiterzugeben. Glücklicherweise überdauerte diese mündliche Tradition die Ankunft des Christentums noch um mehrere Jahrhunderte und konnte so zum Teil aufgezeichnet werden.

So haben die Schreiber des christlichen Irland die älteste einheimische Literatur Nordeuropas hinterlassen. Die Aspekte, die die irische und walisische Gesellschaft beschreiben, haben eine direkte Verbindung zu den älteren keltischen Kulturen in Britannien und Gallien. Diese irische Literatur ist älter und weniger verzerrt als die walisische wie das „Mabinogion", das im Hochmittelalter entstand.

Die frühesten Formen irischer Literatur sind Gedichte, die erhaltenen Beispiele aus dem frühen 7. Jahrhundert sind bestenfalls fragmentarisch. Nach dem Stil zu urteilen, sind sie die Aufzeichnung poetischer Rezitationen, ein Beispiel für den Übergang vom Mündlichen zum Schriftlichen ohne jeden Reim oder Rhythmus. Erst im 7. und 8. Jahrhundert entwickeln die keltischen Barden ihr eigenes Versmaß.

Königliche Gunst

Die frühesten Gedichte handeln vom Mythos und den Göttern, die späteren von der Natur und den irischen Königen, deren Gunst sich die Barden erfreuten. Ihre Werke enthalten auch die Reihenfolge der Könige von Munster und Dál Riada und sind so eine wichtige historische Quelle über die irische Frühzeit.

Die Natur war ein verbreitetes Thema der frühen irischen Dichtung, wie der Literaturhistoriker Kuno Meyer bemerkt:

„In der Naturdichtung kann die gälische Muse mit der jeder anderen Nation wetteifern … die Natur zu suchen, zu beobachten und zu lieben im Kleinsten wie im Größten war keinem Volk so früh und in solcher Fülle gegeben wie den Kelten … es ist ein Merkmal dieser Gedichte,

dass wir in keinem eine ausgearbeitete oder lang-atmige Beschreibung vor uns haben, sondern eher eine Folge von Bildern, die der Dichter wie ein impressionistischer Maler mit Licht und kunstvollen Pinselstrichen vor uns ausbreitet."

Irische Poesie deckte jedes vorstellbare Thema ab, auch die Erfahrungen der einfachen Leute, die die spätkeltische Welt bewohnten. Die Gedichte sind eine wichtige Informationsquelle für das, was die Kelten empfanden, und verschaffen uns viele Einsichten in ihre Umwelt. Leider sind sie kaum dazu geeignet, die durch das Fehlen einer schriftlichen Tradition entstandenen Lücken in der irischen Geschichte zu füllen.

Dafür müssen wir die irische und walisische Prosa heranziehen, eine in der Geschichte des frühen Mittelalters einmalige Quelle erzählerischer Beschreibungen. Diese Literatur besteht aus Pergamenten, die seit dem Ende des 11. Jahrhunderts entstanden sind. Daher sind sie auch weniger ein Produkt der wahren keltischen Zeit als vielmehr des keltischen Mittelalters. Nichtsdestoweniger enthalten sie eine Fülle von Informationen über die keltische Welt, die bis in die La-Tène-Zeit zurückgehen.

Gegenüber: Karolingische Elfenbeintafel mit dem Wunder von Kanaa (um 860), die als Deckel eines Evangeliums diente. Der lebendige Stil dieser Tafel leitet sich vom malerischen, bilderreichen keltischen Manuskriptstil ab, den das keltische Irland und Britannien im frühen Mittelalter auf dem europäischen Kontinent verbreitete.

Diese Seite: „… die Natur zu suchen, zu beobachten und zu lieben im Kleinsten wie im Größten war keinem Volk so früh und in solcher Fülle gegeben wie den Kelten …"

Frühe irische Erzählungen

Die keltische Prosa entwickelte sich Ende des 11. Jahrhunderts. Sie eröffnet uns wie keine andere Quelle die Welt der Kelten. Sie erzählt von der Mythologie, den Helden und Kriegern. Viele dieser Berichte sind mit der frühen historischen Vergangenheit verbunden.

Gegenüber unten:
In der Schlacht von Dun Cooley schlachtete „Der Hund von Ulster", Cúchulainn, die Elite von Connaught. Die Königin von Connaught schickte alle ihre 29 Söhne aus, um ihn zu töten. In einem Blutrausch kämpfte Cúchulainn vom Morgengrauen bis zum Abendrot gegen sie und enthauptete sie alle. Der legendäre irische Held band sich später an eine Steinsäule, **rechts**, nachdem er den Todesstoß erhalten hatte, sodass er nicht fallen, sondern bis zum Ende kämpfen konnte. Statue am Post Office, O'Connell Street, Dublin.

Gegenüber oben: Giants Causeway, Antrim, Nordirland (Ulster). Die Legende sagt, dass der Riese Finn MacCool eine Straße von Antrim nach Staffa in den Hebriden baute, um seinen Erzfeind, den Riesen Finn Gall, zu erreichen, doch Gall zerschlug die Straße in 40.000 Stücke.

Die ersten Erzählungen der keltischen Literatur wurden von christlichen Schreibern aufgezeichnet, die natürlich die Wichtigkeit der vorchristlichen Götter untertreiben. Angesiedelt in Irland, verwoben sie Mythologie mit historischen Fakten und entwarfen eine halbmythische Vergangenheit, ein Zeitalter vor der von den Missionaren geschaffenen Ordnung. Fast ausschließlich fußen diese Berichte auf der älteren mündlichen Tradition, die über die Jahrhunderte mit Hilfe der Mnemotechnik der Barden und Geschichtenerzähler überliefert wurde. Trotz ihres religiösen Auftrags erscheinen sie als Sammlung von märchenhaften Erzählungen aus einer Zeit, als Götter und Ungeheuer die Insel bevölkerten. Aber sie können auch als religiöse Allegorien gelesen werden und als Glaubenssätze, die die keltischen Schreiber, die sie schließlich auf Pergament bannten, missverstanden.

In den frühesten Werken war ein Stamm von Riesen in Irland eingedrungen, dann die Tuatha Dé Danann (die Vorläufer der frühen Kelten) und eine Reihe von Göttern. Diese drei Gruppen kämpften und verschworen sich bis zur Ankunft der wahren Gaels (Kelten). Erzählungen wie „Das Buch der Eroberungen", „Die zweite Schlacht der Moytura" und „Dinnesenchas" erinnern an diese ferne mythische Vergangenheit.

Im 9. Jahrhundert wurden als mündliche Geschichten Werke wie der „Traum des Oengus", das „Táin Bó Cuailnge" und andere überliefert. Diese versetzten die frühe Geschichte in einen halb-

historischen Kontext mit identifizierbaren Königreichen, Gesellschaftsstrukturen und realer Religion. Obwohl die keltischen Gottheiten in diesen Geschichten eine größere Rolle spielten, standen sie nicht mehr in ihrem Mittelpunkt. Diese Werke fingen an, zu historischen Erzählungen zu werden.

Irland im 4. Jahrhundert

Das „Táin Bó Cuailnge" (Der Rinderraub von Cooley) bezieht sich auf die irische Geschichte und nennt fünf geografische Unterteilungen (Fünftel), von denen vier politische Einheiten waren, nämlich Ulster im Norden, Connaught im Westen, Munster im Süden und Leinster im Osten. Die jüngste Forschung hat dieses Irland mit dem des 4. Jahrhunderts identifiziert, bevor das Christentum sich verbreitete.

Da Irland sich zu dieser Zeit wenig von Gallien oder Britannien während der La-Tène-Zeit unterschied, vermittelt das Werk einen wertvollen Einblick in die keltische Gesellschaft vor der Ankunft der Römer. Beschrieben werden die Könige und Krieger, ihre Schlachten und Bündnisse. So ist es eine politische Geschichte, die die Wichtigkeit der Kriegsführung in einer Kriegergesellschaft hervorhebt. Natürlich sind auch Aberglaube, die Götter und Druiden in diese Erzählung verwickelt, aber nur zur Unterstützung der Menschen.

Die altirische Version dieses Klassikers wurde um 1100 n. Chr. niedergeschrieben und spätere Versionen veränderten die Geschichte leicht. Zu diesem Zeitpunkt hatte sie schon 600 Jahre der mündlichen Überlieferung hinter sich.

„Fled Bricrenn" (Bricrus Fest) stammt aus dem 8. Jahrhundert und erzählt von einer Fehde zwischen Clans in Ulster. Beteiligt ist Cúchulainn, der große Vorkämpfer von Ulster, der im „Táin Bó Cuailnge" vorkommt. Der Held misst sich mit Druiden und Riesen, doch seine Figur vermittelt uns auch einen Einblick in die Struktur der frühmittelalterlichen Höfe.

Andere Werke dieser Zeit gehen auf das „Táin" und seine Charaktere zurück. Diese frühen halbhistorischen Berichte wurden abgelöst von den „Königserzählungen". Im 9. Jahrhundert erscheinen dann schriftliche historische Berichte und auch die archäologische Überlieferung wird reicher und stützt die Werke der irischen Literatur in ihrer Darstellung der zeitgenössischen Gesellschaft.

Die Arthursage

Die bekannteste keltische Figur ist Arthur, der König der Britannier. Die Romantik der Sage bezaubert heute noch Millionen, aber Arthur war eine historische Figur des nachrömischen Britannien. Viele Elemente wie sein Hof, die Ritter der Tafelrunde und der heilige Gral sind mittelalterliche Schöpfungen. Der keltische Häuptling, der die Angelsachsen bekämpfte, wurde später zur Verkörperung des ritterlichen englischen Monarchen.

Unten: „Arthurs Grab" eine Szene von Sir Thomas Mallorys *Le Morte d'Arthur*, 1855, gemalt vom präraffaelitischen Künstler Dante Gabriel Rossetti.

Die meisten Gelehrten meinen, dass Arthur eine reale Person war: ein nachrömischer britannischer Kriegsherr, der im späten 5. und frühen 6. Jahrhundert gegen die Sachsen kämpfte (siehe auch Kapitel 9). Die erste Erwähnung findet man in dem Gedicht „Y Gododdin", verfasst von Aneirin im späten 6. Jahrhundert n. Chr. Bei der Beschreibung eines anderen keltischen Kriegers heißt es dort: „Die Wut eines wilden Ebers war in Bleddig ab Eli, aber er war kein Arthur, und er fütterte schwarze

Raben auf den Mauern von Catraeth." In den „Annales Cambriae", die um 955 entstanden, wird der Tod Arthurs in der Schlacht von Camlann 539 erwähnt.

Die Chronisten der Taten dieses Kriegsherrn waren die keltischen Barden, deren Geschichten über Generationen weitererzählt wurden. Die erste schriftliche Fassung der Arthursage stammt von Geoffrey of Monmouth (1100-1155), dessen „Historia Regnum Britanniae" (Geschichte der Könige von Britannien) Arthur als mächtigen Kriegerkönig darstellte. Geoffrey war ein Kleriker, der an der walisischen Grenze geboren wurde. Seine Vorfahren waren Bretonen, die 1066 mit Wilhelm dem Eroberer ins Land gekommen waren. Er behauptete, sein Bericht von Arthur sei nur eine Übersetzung eines älteren, walisischen Buches ins Lateinische, dessen Original nie gefunden wurde. Ein Grundlage mag die „Prophesy of Merlin" von John von Cornwall

Orte, die in der Volks-
dichtung und Romankunst
mit der Arthursage ver-
bunden sind

gewesen sein, das im 10. Jahrhundert geschrieben und im 15. Jahrhundert ins Lateinische übersetzt wurde. Geoffrey macht aus Arthur einen Sohn des Uther, eines Nachfolgers des römischen Kaisers Konstantin. Arthurs Onkel taucht als nachrömischer König Ambrosius auf. Dies erhebt Arthur zu einer königlichen Figur mit einer britannoromanischen Abstammung. Während dies eine Erzählung von Krieg, Heirat und Bündnissen war, so fügte die „Prophesy of Merlin" die übernatürliche Ebene hinzu, die in der Arthur-Geschichte eine so wichtige Rolle spielen sollte.

Anpassung einer Sage

Die Arthursage gewann ein Eigenleben, als der normannische Dichter Wace im späten 12. Jahrhundert seinen „Roman de Brut" verfasste. Dieses romanhafte Gedicht etabliert Arthur fest als mittelalterlichen König und erwähnt auch sein Gefolge von Rittern und die Tafelrunde. Das wurde dann von dem französischen Dichter Chrétien de Troyes übernommen, der um 1180 die Geschichte um die höfische Romanze von Arthur und seiner Königin und den Heiligen Gral bereicherte.

Der Romanautor Layamon fügte in der ersten Hälfte des 13. Jahrhunderts den Druiden und Zauberer Merlin hinzu, später stellten deutsche Dichter wie Wolfram von Eschenbach die romantischen und ritterlichen Züge der Geschichte in den Vordergrund. Die Arthursage wurde im Mittelalter durch die Betonung des Ritterlichen besonders bedeutend.

„The Alliterative Morte d'Arthur" (um 1360) und „Sir Gawain und der grüne Ritter" (um 1370) vervollständigten den Übergang vom Kelten zum englischen Kriegerkönig und schufen eine Welt des Rittertums, die unwiderruflich mit der Arthursage verbunden war.

Die letzte Version war Sir William Mallorys „Le Morte d'Arthur" (um 1485). Diese Version war von da an verbindlich. Der keltische Kriegsherr Arthur wurde zur Verkörperung der englischen ritterlichen Tugend – eine bemerkenswerte Ironie, wenn man bedenkt, dass die historische Figur sich ihren Namen gemacht hatte im Kampf gegen die Angelsachsen, die Gründer Englands.

Oben links: König Arthur kämpft unter dem Schutz der Jungfrau Maria gegen einen Riesen. Holzschnitt aus den *Chroniques de Bretagne*, Paris, 1514.

ÄUSSERE HEBRIDEN

INNERE HEBRIDEN

ULSTER

REPUBLIK IRLAND

NORTH CHANNEL

SCHO

Glasgow

Belfast

Dublin

Edinburgh

ISLE OF MAN

IRISCHE SEE

WALES

Swansea

Cardiff

Falmouth

CORNWALL

ENGLAND

BRETAGNE

ÄRMELKANAL

London

St. Malo

FRANKREICH

BELGI

Paris

ORKNEY-INSELN

Kirkwall

SHETLAND-INSELN

NORDSEE

Aberdeen

...AND

Der heutige „keltische Gürtel": die Shetland-Inseln, die Orkney-Inseln, die schottischen Inseln, Highlands und Lowlands, die Isle of Man, Ulster und die Republik Irland, Wales, Cornwall und die bretonische Halbinsel von Frankreich

Kapitel 13

Das keltische Erbe

O bwohl die letzten Spuren der keltischen Kultur im Mittelalter verblassten, lebten doch einzelne Elemente von ihr bis in die frühe Neuzeit weiter. Zu diesem Zeitpunkt führte ein Aufleben des Interesses am Altertum und an den kulturellen Wurzeln Europas zu einer Neubewertung der Kelten. Die altertumskundlichen Interessen wurden auf dem ganzen Kontinent durch archäologische Entdeckungen gefördert.

Das Konzept des edlen Wilden führte zu einer Hinwendung zu Europas heidnischer Vergangenheit und einem Interesse an vorchristlichen religiösen Praktiken. Die Altertumskundler bewunderten die vermeintlichen Überreste der druidischen Gesellschaft, Theologen untersuchten die Natur der keltischen Religion. Ironischerweise führten die Steinkreise von Stonehenge, die diese Neugier inspirierten, dazu, die keltische Kultur mindestens 2000 Jahre vorzudatieren.

Diesem antiquarischen, theologischen und historischen Interesse folgte ein populäres Interesse an Artefakten, Kunstwerken und der Mythologie der keltischen Vergangenheit. Als das Bewusstsein für das keltische Erbe wuchs, verband sich mit ihm auch die wachsende politische Bewusstheit in den Regionen, die den „keltischen Gürtel" bildeten. Obwohl selbst nie eine politische Bewegung, bildete das keltische Selbstverständnis doch einen Teil der aufsteigenden Bewegung der nationalen Selbstbestimmung in Irland, Schottland und Wales. Dennoch geht es bei dem keltischen Erbe nicht um Politik oder regionale Identität, sondern es ist der gemeinsame Stolz vieler Nordeuropäer über die Errungenschaften ihrer Vorväter. Die Kelten werden nicht länger als Barbaren angesehen, sondern nehmen den ihnen gebührenden Platz unter den großen Kulturen der Welt ein.

NORWEGEN

DÄNEMARK

Amsterdam

NIEDERLANDE

Nachkeltische Kunst

Obwohl das „goldene Zeitalter" der keltischen Kunst im 12. Jahrhundert zu Ende ging, machten sich keltische Einflüsse weiterhin in Schottland und Irland bemerkbar. Die nachkeltischen Kunstwerke verbinden das keltische Kunsthandwerk mit Einflüssen aus dem mittelalterlichen Europa. Als Britannien von den Anglo-Normannen beherrscht wurde, hielt diese künstlerische Tradition eine Verbindung zur fast vergessenen keltischen Vergangenheit aufrecht.

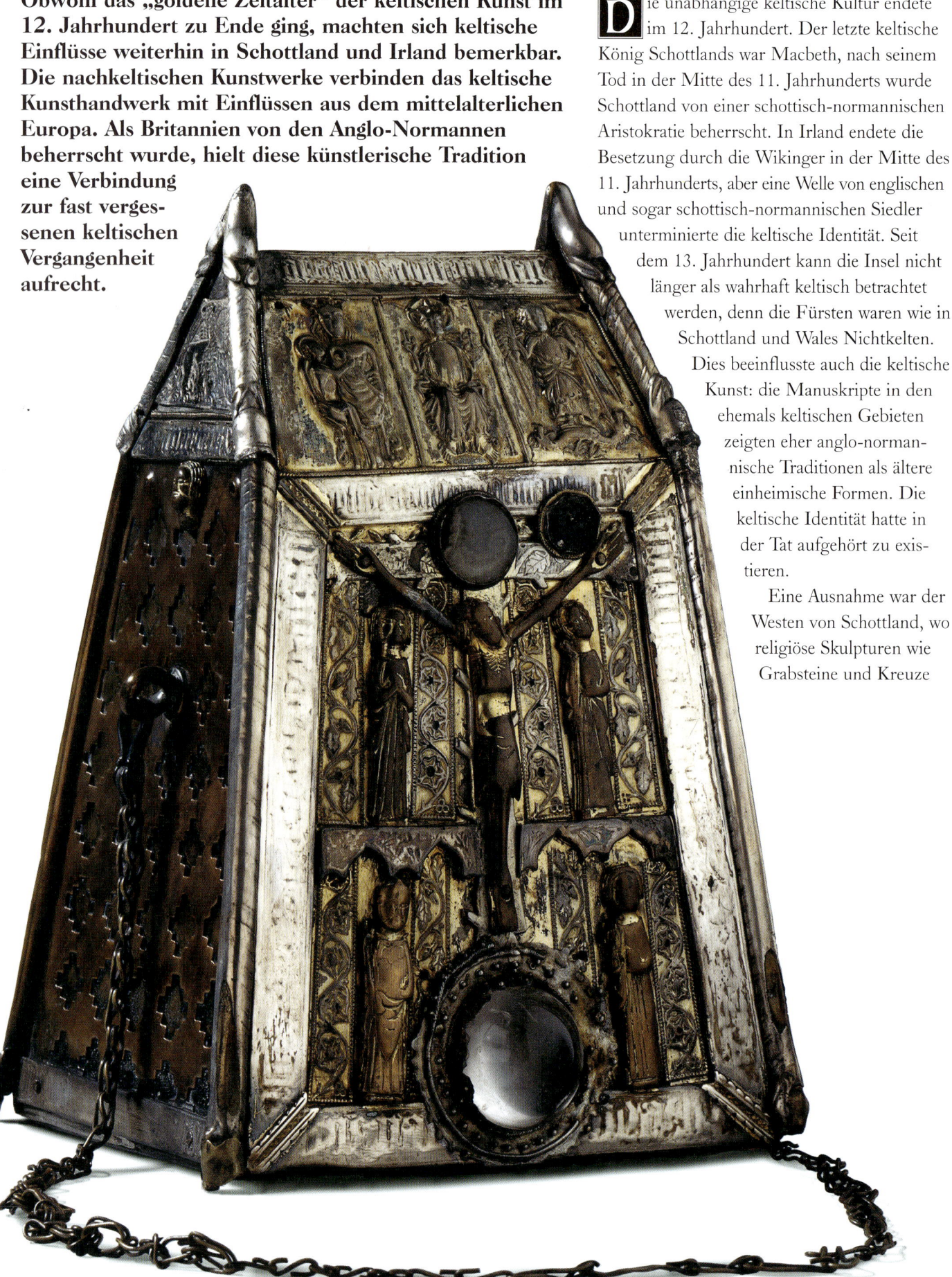

Die unabhängige keltische Kultur endete im 12. Jahrhundert. Der letzte keltische König Schottlands war Macbeth, nach seinem Tod in der Mitte des 11. Jahrhunderts wurde Schottland von einer schottisch-normannischen Aristokratie beherrscht. In Irland endete die Besetzung durch die Wikinger in der Mitte des 11. Jahrhunderts, aber eine Welle von englischen und sogar schottisch-normannischen Siedler unterminierte die keltische Identität. Seit dem 13. Jahrhundert kann die Insel nicht länger als wahrhaft keltisch betrachtet werden, denn die Fürsten waren wie in Schottland und Wales Nichtkelten. Dies beeinflusste auch die keltische Kunst: die Manuskripte in den ehemals keltischen Gebieten zeigten eher anglo-normannische Traditionen als ältere einheimische Formen. Die keltische Identität hatte in der Tat aufgehört zu existieren.

Eine Ausnahme war der Westen von Schottland, wo religiöse Skulpturen wie Grabsteine und Kreuze bis ins 17. Jahrhundert ihren keltischen Einfluss behielten. Der nordische, normannische und angelsächsische Einfluss kann hier ebenfalls festgestellt werden. Das Kloster von Iona war der führende Exponent dieses keltischen Einflusses, aber auch die Halbinsel Argyll behielt starke keltische Einflüsse bis ins 16. Jahrhundert.

Unten: Dieser vergoldete silberne Schwertknauf aus dem späten 8. Jahrhundert aus Woodeaton in Oxfordshire, England, zeigt starke angelsächsische Einflüsse.

Bedrohte keltische Kultur

Die keltischen Einflüsse gingen auch in die mittelalterliche Kunst der schottischen Lowlands ein, so in Fibeln, Elfenbeinkästchen und Waffen. In den Highlands wurden die Waffen bis zum Untergang des Clansystems nach der Schlacht von Culloden 1746 auf diese Weise verziert. Bis dahin findet man keltische Flechtornamente auf den Highland targes (Schilden), Dolchen und den typischen Breitschwertern mit dem Korbgriff. Danach wurde das keltische Kunsthandwerk von den anglo-schottischen Behörden mit Misstrauen verfolgt und es kam erst Mitte des 19. Jahrhunderts zu seinem Wiederaufleben.

Dagegen wurde Wales seit dem späten 13. Jahrhundert komplett durch das mittelalterliche England assimiliert und die keltische Kultur wurde von den Behörden nicht geduldet. Eine Hand voll frühmittelalterlicher Skulpturen geht auf die Zeit vor der Unterwerfung durch Edward I. im späten 13. Jahrhundert zurück.

In Irland war die keltische Kultur tiefer verwurzelt. Während des späten Mittelalters weisen das Kunsthandwerk, die Buchmalerei und die Skulptur weiterhin ältere Einflüsse auf. Das bekannteste Beispiel dieses „postkeltischen" irischen Kunsthandwerks ist die „Harfe des Brian Boru": Ein Instrument, das einem Kriegsherrn zugeschrieben wird, der den Widerstand gegen die normannische Herrschaft anführte. Das schöne Instrument wurde zwischen dem 13. und dem 16. Jahrhundert angefertigt und seine keltischen Einflüsse sind durch die Flechtbandverzierung bezeugt. Sie ist heute das Nationalsymbol Irlands.

Ältere keltische religiöse Gegenstände wurden im gotischen Geschmack umgearbeitet, aber auch diese brutalen Veränderungen lassen noch einiges von der ursprünglichen Schönheit der Stücke erkennen. Andere Kunstwerke sind weiterhin rein keltisch, wie der Domnhnach-Airgid-Schrein des 14. Jahrhunderts oder der Buchständer des „Book of Armagh" aus dem 15. Jahrhundert. Kunsthistoriker betrachten diese beiden Stücke als Anzeichen eines frühen „Gälischen Revival", das vom 15. bis zum 17. Jahrhundert anhielt. Mit der Verhärtung des politischen Widerstandes gegen die äußeren Eingriffe auf Irland suchte diese Bewegung ihre Inspiration eher in der älteren irischen Geschichte als in den anglonormannischen Einflüssen. Die irischen Kunsthandwerker widersetzten sich der äußeren Bedrohung sowohl der irischen Kultur als auch der politischen Identität und hielten so die keltische Tradition am Leben.

Gegenüber: Der Glockenschrein von St. Conall Cael ist ein klassisches Beispiel für ein frühkeltisches religiöses Objekt, das später dem gotischen Geschmack angepasst wurde. Die Glocke (*zu sehen auf Seite 147*) wurde in diesem silbernen Schrein aus dem 15. Jahrhundert aufbewahrt, um die heilige Reliquie zu schützen.

Das keltische Revival

Zwei aufeinander folgende Bewegungen belebten das Interesse an den Kelten: Im 18. Jahrhundert stellten Altertumskundler und Historiker ihre keltischen Vorväter als „edle Wilde" dar – die Beschäftigung mit der keltischen Vergangenheit wurde sozial und politisch salonfähig. In der Mitte des 19. Jahrhunderts führte die Liebe der Königin Victoria zu allem Schottischen zur Wiederentdeckung keltischer Kunst und Identität.

Bereits im 17. Jahrhundert erwähnten einige Altertumskundler die Überreste der keltischen Kultur, doch ein reges Interesse an keltischen Dingen erwachte erst

Unten: Eines von mehreren nach-gebauten keltischen Dörfern bei Quin im County Clare, Irland. Es wendet sich an Touristen, die sich für die keltische Vergangenheit interessieren.

in der Mitte des 18. Jahrhunderts. Ausgehend von Jean Jacques Rousseaus „edlem Wilden" fingen europäische Historiker an, ihre eigenen „wilden" Vorväter zu studieren. Die wurde zuerst durch den Kontakt mit den nordamerikanischen Indianern bewirkt, doch man ahnte, dass diese anthropologischen Informationen aus Amerika Parallelen in den barbarischen Kulturen der primitiven Europäer haben könnten.

Während die Altertumskundler sich für neolithische Monumente wie Stonehenge und keltische Höhenfestungen wie Maiden Castle interessierten, studierten die Gelehrten keltische Artefakte als Schlüssel zu den mysteriösen Menschen, die sie geschaffen hatten. Etwa zur gleichen Zeit versuchten Theologen und Altertumskundler die Rolle der Druiden in der Welt der

Britannier und Gallier zu beurteilen. In Ermangelung anderer Quellen entstand ein romantisches Bild, das sich weitgehend auf antike Autoren bezog. Im 17. Jahrhundert verband John Aubrey in seinem Manuskript „Monumenta Britannica" die Druiden mit Stonehenge, ein Jahrhundert später versuchte der Theologe William Stukeley im „Itinerarium Curiosum" von 1742 Steinkreise und Druidentum mit dem patriarchalischen Christentum des Alten Testaments zu verbinden.

Der Zusammenhang von Druiden und Steinkreisen blieb bis ins 19. Jahrhundert bestehen. Eine neue Mythologie wurde um sie gewoben und 1781 hielt der „Ancient Order of Druids" (Alter Orden der Druiden) seine Gründungsversammlung. Dieser halb freimaurerische Orden existierte bis ins 20. Jahrhundert und half, das Interesse am Druidentum, an religiösem Mystizismus und heidnischen Kulten zu verbreiten. Heute ist das Druidentum mit alternativen Religionen wie Wicca, dem Neuheidentum und Schamanismus verbunden und unter den Anhängern der alternativen New-Age-Kultur verbreitet.

Die keltische Identität

In Wales führte das zunehmende Interesse an der walisischen Sprache und Literatur im späten 18. Jahrhundert zu einer neuen Hochschätzung der keltischen Kultur, wo Druiden eng mit den keltischen Barden verbunden waren und das Überleben von keltischer Literatur und Liedgut unterstützten. Dies führte zur Wiederbelebung der walisischen Sprache und zur Einrichtung des Eisteddfod (Versammlung) wo die keltische Sprache in Liedern und Gedichten gefeiert wurde. Das stärkte die walisische Identität: Heute ist die walisische Sprache im Schulsystem des Landes verankert.

Ein irisch-keltisches Wiedererwachen vollzog sich in Irland währen des 19. Jahrhunderts durch die politische Opposition gegen die englische Herrschaft. In Schottland löste die Begeisterung der Königin Victoria für alles Schottische Ähnliches aus. Das gotische Revival beeinflusste in England Kunst und Architektur, in Irland führte das keltische Revival zu einer politisch inspirierten Kultur, die aus der Emanzipation der Katholiken von 1829 hervorging. Irische Altertümer wurden studiert und zusammen mit den Buchillustrationen brachten sie

eine neue Wertschätzung der keltischen Kultur hervor. Während die Archäologen in ganz Europa die staunenswerten Reste der keltischen Vergangenheit ans Licht brachten, versuchten die Historiker, mehr über die Kelten selbst herauszufinden. Das öffentliche Interesse an keltischer Geschichte und an keltischen Exponaten wuchs. Irische Mythologie wurde wegen ihrer keltischen Anspielungen gelesen und Künstler begannen, die keltischen Kunstwerke in den Museen zu kopieren.

Am Beginn des 20. Jahrhunderts hat dieses keltische kulturelle Wiedererwachen ein allgemeines Interesse an der keltischen Kultur bewirkt. Inzwischen geht auch die Saat eines politischen Wiedererwachens auf.

Oben: Diese verzierte Initiale von William Morris stammt etwa aus dem Jahr 1890 und geht auf die Tradition der keltischen Buchmalerei zurück.

Der keltische Gürtel

Als keltischer Gürtel gelten die sechs „keltischen Nationen" Schottland, Irland, Wales, die Bretagne, Cornwall und die Isle of Man. Diese Gebiete waren die letzten Bastionen der keltischen Kultur. Daher führten sie das kulturelle keltische Revival des 19. Jahrhunderts an. Die Einwohner des „keltischen Gürtels" gingen, inspiriert durch ihre gemeinsamen Wurzeln, ihren Weg zu einer kollektiven keltischen Identität, als Individuen, einzelne Nationen und als Teilhaber an einer größeren Kultur.

D er gefeierte keltische Historiker Peter Beresford Ellis sprach 1985 von einer keltischen Revolution, die eine veränderte Haltung der Bewohner des „keltischen Gürtels" gegenüber ihrer eigenen politischen und kulturellen Identität gebracht habe. Dennoch gibt es keinen keltischen Staat und die sechs Nationen verfügen auch über keine politische Einheit. Irland und Schottland sind kulturell sehr ähnlich, aber durch die Konfession getrennt. Cornwall und die Bretagne sind Regionen von England bzw. Frankreich und jeder Traum von einer Selbstbestimmung wäre absurd.

Immerhin besitzen Schottland, Wales und Nordirland heute einen Grad an politischer Selbstbestimmung, der vor zwanzig Jahren undenkbar war. Die nationalistischen Bewegungen in Wales und Schottland sind ein fester Bestandteil des politischen Systems. Die Schotten sehen sich zuerst als Schotten und dann erst als Briten. Ist dies ein politischer Widerspruch zur britischen Einheit oder nur das Zeichen eines stärkeren Bewusstseins der keltischen Identität?

Wie bereits gesagt, hängt der Terminus „Walisisch" von dem angelsächsischen „weahla" (Fremder) ab und Cornwall kommt von „Land des fremden Kerns" (Iren). Bretagne bedeute „Land der Britannier" während Schottland nach den irischen Siedlern benannt ist, die im Frühmittelalter den Westen des Landes besiedelten. Obwohl diese Namen ein Gefühl für das Anderssein spiegeln, ist die politische und kulturelle Assimilation dieser Gebiete an ihre englischen (angelsächsischen) und französischen (fränkischen) Nachbarn fast vollständig. Dennoch besitzen all diese Gebiete eine gemeinsame kulturelle Einheit mit ihren besonderen künstlerischen, sozialen und historischen Eigenarten.

Die keltische Sprache

In Schottland galten bis vor kurzem nur die Highlander als gälisch (keltisch) und in abgele-

Unten: Autofahrer, die die Grenze von England nach Wales passieren, bemerken schon bald, dass die walisische Sprache lebt.

ANADDAS I GERBYDAU UNSUITABLE FOR MOTOR VEHICLES

genen Ecken und auf den Inseln wurde außer Schottisch-Englisch auch Gälisch gesprochen. Obwohl Schriftsteller wie Robert Burns halfen, dem Schottischen Anerkennung zu verschaffen, war es doch nichts anderes als ein Dialekt des Englischen. Schottisch-Gälisch ist zwar für gegen das Gälische und ihre politische Anhänglichkeit an Britannien weiter. Seit der irischen Unabhängigkeit ist Irisch-Gälisch als offizielle Landessprache der irischen Republik anerkannt, während dies in Nordirland das Englische ist.

Nach 1945 entwickelte sich in Wales rasch ein neues Interesse am Walisischen, das mit der Gründung von Einrichtungen wie dem Eisteddfod (siehe Seite 183) verbunden war, und heute ist es ein obligates Schulfach, während alle offiziellen Formblätter, Straßenschilder, lokalen

den schottischen Akzent verantwortlich, aber für die meisten Schotten eine Fremdsprache.

Irisch-Gälisch wurde in Irland immer gesprochen, aber Englisch wurde zur herrschenden Sprache und sein Gebrauch von den Behörden und der Kirche gefördert. Gälisch wird weiterhin in ländlichen Gegenden gesprochen und bildet seit dem 19. Jahrhundert einen Ausgangspunkt der irischen Unabhängigkeitsbewegung.

Die Ausnahme war Ulster (Nordirland), das in Wesentlichen eine Kolonie protestantischer Schotten war. Diese pflegen ihre Opposition

Fernsehprogramme und selbst Werbeplakate zweisprachig sind.

Auch in den kleineren Gebieten des „keltischen Gürtels" gibt es Unabhängigkeitsbewegungen. In der Bretagne führt die Union Democratic Bretonne eine Kampagne für die Selbstbestimmung, obwohl die linguistische Anpassung ähnlich vollständig ist wie in Schottland. Eine zukünftige politische Union des keltischen Gürtels ist extrem unwahrscheinlich. Nichtsdestoweniger ist ihr gemeinsames kulturelles Bewusstsein eine fühlbare Macht.

Oben: Das jährliche keltische Festival Eisteddfod in Llangollen zieht viele Musikliebhaber aus der ganzen Welt an.

Keltisches Bewusstsein

Was bedeutet es, Kelte zu sein? Hat dieser Begriff heute Relevanz oder bezeichnet er eine europäische Zivilisation, die heute verloren ist? In den letzten Jahren war die Zunahme der regionalen nationalen Identitäten auf den Britischen Inseln mit einem Anwachsen der keltischen Identität verbunden. Hat das eine Bedeutung für das 21. Jahrhundert?

Unten: Religiöse keltische Bräuche wie die „Lumpenbäume" sind auch heute noch in so entfernten Gebieten wie Irland und Zypern lebendig. In den Christbäumen mit ihrem bunten „Votiv"-Schmuck, **rechts**, findet man sie wieder.

Egal, wohin man schaut, man trifft auf keltische Symbole, auch wenn uns ihre Bedeutung nicht immer bewusst ist. Dieses Interesse rührt zum Teil sicher von den faszinierend schönen Beispielen keltischer Kunst in den Museen der Welt, wird aber auch von einem Sinn für dieses Erbe bestimmt. Während viele den Film „Braveheart" wegen seiner mangelnden historischen Treue kritisiert haben, werden nur wenige Schotten nicht von seinen Gefühlen bewegt. Er spielte mit schlummernden Emotionen, stellte Kelten gegen Angelsachsen und

verkörperte ein spätes Wiederaufblühen des unabhängigen keltischen Geistes. Natürlich liegt sein Erfolg auch an der Romantik einer unkomplizierten ritterlichen Welt, ähnlich den früheren Artussagen.

Die Kelten von heute sind nicht nur die eingeborenen Bewohner des „keltischen Gürtels" von Irland, Schottland, Wales, Cornwall, der Isle of Man und der Bretagne. Millionen identifizieren sich mit diesem „keltischen Bewusstsein" durch ihren Glauben, ihre Vorfahren, ihre künstlerische Neigung oder einfach ihr Gefühl für Unabhängigkeit.

Die Kelten waren ein Volk, das eine der größten Kulturen Europas bildete und so eine bestimmende Rolle bei seiner Entwicklung spielte. Aber sie wurden fast alle besiegt von einer Reihe von Eroberern, die ihnen brutal ihren Willen aufzwangen und die Spuren ihrer Sprache, ihrer Kultur und ihres Glaubens zu vernichten suchten. Das Wiedererwachen der

kleinen keltischen Nationen in den letzten Jahren wurde auch vom neuen „keltischen Bewusstsein" inspiriert. Die kürzlich erfolgte Eröffnung eines schottischen und walisischen Parlaments markiert hier einen Wendepunkt in der Geschichte der britischen Inseln und der Völker, die sie vertreten.

Keltisches Erbe

In „Aufstieg und Fall des englischen Reiches" behauptete der Historiker Francis Ripley, dass es nie ein Britisches Empire gegeben habe. Die Angelsachsen kamen nach Britannien und unterwarfen die eingeborenen Kelten. Da sie die keltischen Völker nicht auslöschen konnten, bildeten sie einen herrschenden Block, der zu „England" wurde. Ripley meint, dass die Angelsachsen nie ihre imperiale Dynamik verloren hätten und ihre Politik der Eroberung und

Annektion bis auf den heutigen Tag fortsetzten. Nach der Einverleibung von Schottland, Wales und Irland wurde der homogene Terminus „Britisch" wiedererfunden. Die ersten Eroberungen des angelsächsischen Reiches betrafen die keltischen Nachbarn. Die „Inselrasse" Winston Churchills existierte niemals, denn der Terminus „Britisch" meinte in Wirklichkeit „Englisch" oder „Englisch dominiert". Für die Schotten, Waliser und Iren ist nationale Identität eng verbunden mit ihrem keltischen Bewusstsein. Es ist unvermeidlich, dass mit der nationalen auch die keltische Identität hochkommt.

Es ist unwahrscheinlich, dass es jemals eine politische oder soziale Neuauflage einer vereinigten keltischen Macht gibt. Doch die Welt hat ihre Grenzen durch Reisen und Technologien geöffnet, so dass Wales heute eine Bevölkerung hat, die ihre Herkunft auf jeden Kontinent des Erdballs zurückverfolgen kann. Es gibt keine Sachsen und keine Kelten mehr, nur Menschen.

Was geschehen kann und schon geschieht, ist ein wachsendes Bewusstsein vom Reichtum des keltischen Erbes und ein Verständnis der wichtigen Rolle, die die Kelten bei der Schaffung der modernen Welt spielten.

Oben: Moderne Druiden zelebrieren in Stonehenge während der Sonnwende ein Ritual. In allen Ländern des „keltischen Gürtels" ist das Bewusstsein für das keltische Erbe lebendig.

Museen & Literaturtipps

Die folgenden europäischen Museen beherbergen bedeutende Sammlungen von keltischen Kunstwerken und Denkmälern, die allerdings nicht immer ausgestellt sind. Wenden Sie sich vor einem Besuch an die Verwaltung des Museums.

Dänemark
Nationalmuseet, Kopenhagen
Forhistorisk Museum, Moesgard

Deutschland
Rheinisches Landesmuseum, Bonn
Römisch-Germanisches Museum, Köln
Landesmuseum für Vor- und
   Frühgeschichte, Saarbrücken
Schleswig-Holsteinisches Landesmuseum,
   Schleswig
Württembergisches Landesmuseum,
   Stuttgart
Rheinisches Landesmuseum, Trier

Frankreich
Musée Granet, Aix-en-Provence
Musée Archaéologique,
   Châtillon-sur-Seine
Musée Bargoin, Clermont-Ferrand
Musée Archaéologique, Dijon
Musée de la Civilization Gallo-Romaine,
   Lyon
Musée de la Archaéologie
   Mediterranéenne, Marseilles
Musée de Millau, Millau
Musée Historique et Archaéologique
   de l'Orléanais, Orléans
Musée des Antiquités Nationales,
   Saint-Germain-en-Laye, Paris
Musée de Bretagne, Rennes
Musée Saint-Rémi, Reims
Musée Archaéologique,
   Alise-Sainte-Reine
Musée Archaéologique, Saintes

Großbritannien
University Museum, Cambridge,
   England
City Museum, Carlisle, England
Norwich Castle Museum, Norwich,
   England
Ashmolean Museum, Oxford, England
British Museum, London, England
Corinium Museum, Gloucester, England
Guildford Museum, Guildford, England
National Museum of Scotland, Edinburgh,
   Scotland
Kelvingrove Art Gallery and Museum,
   Glasgow, Scotland

Tankerness House Museum, Kirkwall,
   Orkney, Scotland
National Museums and Galleries of Wales,
   Cardiff, Wales
Oreil Ynys Mon, Llangefni, Anglesey,
   Wales

Irland
Cork Public Museum, Cork
National Museum of Ireland, Dublin
Trinity College Library, Dublin

Luxemburg
Musée National d'Histoire et d'Art,
Luxemburg

Österreich
Steiermärkisches Landesmuseum
Joanneum, Graz
Keltenmuseum, Hallein
Naturhistorisches Museum, Wien

Schweiz
Musée Schwab, Biel
Bernisches Historisches Museum, Bern
Musée Cantonal d'Arquéologie, Neuchâtel

Spanien
Museo Arqueológico, Cordoba
Museo Arqueológico Nacional, Madrid
Museo Arqueológico, Numantia

Tschechische Republik
Národní Múzeum, Prag

Weiterführende Literatur:

AITKEN, Hannah (Hrsg.), Märchen aus Schottland, 1982

ALCOCK, Leslie, Camelot, die Festung des König Artus? Ausgrabungen in Cadbury Castle 1966–1970

BOTHEROYD, Sylvia und Paul F., Lexikon der keltischen Mythologie, München 1992

BOTHEROYD, Sylvia und Paul F., Schottland/Wales/Cornwall: Auf den Spuren von König Arthus, München 1988

CUNLIFFE, Barry (Hrsg.) Illustrierte Vor- und Frühgeschichte Europas, 1996

CUNLIFFE, Barry; BUEHRER, Emil

M. (Bearb.), Die Kelten und ihre Geschichte, 1996

DILLON, Myles; CHADWICK, Nora K., Die Kelten, 1983

ELUERE, Christiane, Das Gold der Kelten, 1987

ELUERE, Christiane; RODEN, Christoph (Bearb.), Die Kelten, 1996

GREEN, Miranda J., Keltische Mythen, 1996

JAMES, Simon; Das Zeitalter der Kelten, 1996

LIPPENS, P. E., Das geheime Wissen der Kelten, enträtselt aus druidisch-keltischer Mythik und Symbolik, 1996

MARKALE, Jean, Die keltische Frau. Mythos, Geschichte, soziale Stellung, 1990

MARKALE, Jean, Die Druiden. Gesellschaft und Götter der Kelten, 1991

MENGHIN, Wilfried, Kelten, Römer und Germanen, 1995

POEPLAU, Wolfgang, Der Gott der Iren und Kelten, 1995

POWELL, Thomas George E.; DANIEL, Glyn, Die Kelten, 1959

REISER, Rudolf, Die Kelten in Bayern und Österreich, 1992

SCHLETTE, Friedrich, Kelten zwischen Alesia und Pergamon, 1984

SCHUSSMANN, Markus, Die Kelten in Bayern. Ein Führer zu Bodendenkmälern und Museen, 1993

SHARKEY, John, Die keltische Welt, 1982

SPINDLER, Konrad, Die frühen Kelten, 1991

WERNICKE, Ingolf, Die Kelten in Italien. Die Einwanderung und die frühen Handelsbeziehungen zu den Etruskern, 1991

Spätkeltische Zeittafel:

58–50 v. Chr. Der gallische Krieg

43 n. Chr. Römische Eroberung Britanniens unter Kaiser Claudius.

54 Claudius verfolgt die Druiden in Gallien.

60 Römischer Angriff auf die Druiden Angleseys.

69 Druiden Britanniens erheben sich gegen die Römer.

um 400 Sachsen, Iren und Pikten in Südbritannien. Irische Kolonien in Wales und Schottland.

410 Kaiser Honorius zieht Legionen aus Britannien ab. Römische Beamte werden vetrieben, Bildung einer einheimischen Regierung.

425–450 Hochkönig (Superbus tyrannus) von Britannien wird Vortigern („oberster Herrscher").

429 Bischof Germain von Auxerre erstmals in Britannien, führt „Halleluja"-Sieg gegen sächsische Angreifer.

430 ff. Aufstieg des Uí Néill-Clans in Irland.

430 Palladius, Diakon von Auxerre, wird von Rom als Bischof der irischen Christen eingesetzt.

432 Britannischer Kelte Patrick als Missionar in Irland. Konvertiert die Druidenschulen Irlands zu Klosterschulen.

435 Tibatto führt die Unabhängigkeitsbewegung Armorikas gegen römische Gallier an.

438 Irlands Zivilrecht, das Senchus Mór, wird laut den Annalen von Ulster aufgezeichnet.

446 Britannien bittet Aetius, Anführer der weströmischen Armee, um Hilfe gegen die Sachsen. Vortigern verpflichtet jütische Söldner im Kampf gegen die Sachsen.

449 Die jütischen Söldner Vortigerns meutern unter Hengist und Horsa. Beginn des keltisch-jütischen Krieges.

um 450 Cunedda und seine Söhne verlassen das Gebiet der Gododdin (Votadaner) und vertreiben irische Siedler aus Gwynedd. Beginn der Gwynedd-Dynastie.

460 Keltischer Sieg über die Jüten in Richborough. Jüten auf die Insel Thanet vertrieben.

Ceretic of Strathclyde erhält Brief von St. Patrick. Patrick schreibt seine Confessio (Autobiographie).

462 Tod von St. Patrick.

463 Tod von Loeguire Mac Néill, Hochkönig von Irland. Nachfolger Lugaid Mac Loeguire.

465 Jüten brechen aus Thanet aus.

470 Fergus Mor Mac Eirc von Dál Riada (Ulster) wechselt die Fronten und errichtet neues Dál Riada Königreich in Kintyre (Britannien).

473 Die Jüten Hengist und sein Sohn Aerc sichern den Sieg über die Kelten.

477 Aelle und seine Söhne gründen sächsische Siedlung in Selsey Bill.

491 Aelle erreicht mit seinen Südsachen nach 14 Jahren Krieg Pevensey und zerstört es.

495 Cerdic und sein Sohn Cynric landen nahe Southampton und begründen das Westsächsische Königreich.

6. Jahrhundert Erste erhaltene schriftliche Literatur in irisch und walisisch. Irische Hymne auf lateinisch gesungen.

um 500 Beginn der britisch-keltischen Wanderung nach Westbritannien, Irland, Armorika (Bretagne), Galizien und Astrurias, sowie nach Brittenburgh (am Rhein). Arthur erzielt 12 Siege der Kelten über die Sachsen.

508 Westsachsen unter Cerdic besiegen den Keltenanführer Natanleod in New Forest.

514 Stuf und Whihtgar unterstützen Cerdic.

um 516 Arthur erzielt berühmten Sieg über die Sachsen in Badon, der eine Generation lang hält.

522 Brendan gründet die Abtei Clonfert.

523–550 Die Angeln erobern das Fort Din Guoaroy und gründen die Siedlung Bebba's Burgh (Bamburgh), die zur Hauptstadt des Königreichs Bernicia wird.

um 537 Arthur in der Schlacht von Camlann besiegt. Arthur und Metraut fallen.

552 Keltische Niederlage durch die Westsachsen bei Old Sarum (Salisbury).

554 Comgall gründet Kloster Bangor (Ulster).

558 Der Franke Childebert erklärt Armorika (Bretagne) den Krieg. Chonoo, König von Armorika, leistet Widerstand. Feindschaft bis 630.

560 Der keltische Mönch Gildas schreibt De Excidio et Conquestu Britanniae – die einzige zeitgenössische historische Quelle dieser Zeit. Tod Cunomoros' (König Mark von Cornwall).

563 Columcille (St. Columban), der aus Irland verbannt wurde, erreicht Dál Riada.

566 Gildas besucht Irland. Er tauscht Isidore von Sevillas Enzyklopädie gegen eine Kopie des Táin Bó Cuailnge.

568 Aethelbert von Kent wird von den Westsachsen besiegt.

570 Gildas stirbt in der Bretagne.

571 Westsachsen fallen in Mittelbritannien ein.

574 Columcille ernennt Aedán Mac Gabhráin zum König von Dál Riada.

575 Columcille und Aedán treten dem Konvent von Druim Cett (Co. Derry) bei. Hochkönig von Irland erkennt Dál Riadas Rechte an.

577 Westsachsen besiegen Kelten in der Schlacht von Deorham, erreichen den Severn und nehmen mehrere keltische Städte, darunter Gloucester, ein.

578 Keltische Briten ziehen in die Bretagne und gründen das keltische Armorika oder „Klein-Britannien". Dumnonia, Cornouaille und Bro Erech werden kleine Königreiche in der Bretagne.

589 Tod von Dewi Sant (St. David) in Dyfed.

590 Urien von Rheged belagert Angeln in Lindisfarne, fällt in der Schlacht.

um 590 Angriff der Gododdin auf Catraeth (Catterick).

um 593 Tod von Ceawlin von den Westsachsen nach seiner Entthronung.

596 Papst Gregor entsendet Augustinus als Missionar zu Aethelbert von Kent.

603 Aedán Mac Gabhráin von Dál Riada wird

von Aethelfrith in Degastan besiegt.

604 Aethelfrith von Bernicia vereint Bernicia und Deira zu Northumbria.

607 Tod von Sinlán moccu Min, Abt von Bangor und irischer Chronist.

608 Tod von Aedán von Dál Riada.

615 Selyf, König von Powys, fällt in der Schlacht von Chester. Sächsisches Massaker an 1000 Mönchen in Bangor.

616 Verfolgung christlicher Missionare in Essex nach dem Tod von König Saeberht. Meiste von St. Augustinus konvertierte sächsische Gebiete außer Kent kehren zum Heidentum zurück.

617 Raedwald von Ost-Anglia erschlägt Aethelfrith in der Schlacht vom Fluss Idle. Edwin wird König von Northumbria. Aethelfriths drei Söhne suchen Zuflucht in Iona und werden dort christlich erzogen.

625 Elmet kommt zu Northumbria und wird von Sachsen besiedelt, nachdem der letzte keltische König Ceredic (Caradoc) vertrieben wurde. Edwin heiratet Aethelburgh, die Schwester von Eadbald von Kent, und wird von Paulinus zum Christentum bekehrt.

625 Irische Nonnen gründen Abernethy unter dem Schutz von Nechtan, dem König der Pikten.

628 Mercia besiegt Wessex in Cirencester. Cadwallon von Gwynedd und Penda von Mercia gründen Allianz gegen Edwin.

633 Edwin von Northumbria wird in Hatfield von Cadwallon, König von Gwynedd, getötet.

634 Oswald, Sohn von Aethelfrith, verlässt Iona und wird König von Northumbria, bekehrt die Northumbrier zum Christentum.

635 Irische Mönche gründen klösterliche Zentren in Northumbria.

635 Grenzen der Bretagne werden in einem Vertrag mit dem Frankenkönig Dagobert fixiert.

637 Nach der Niederlage des irischen Hochkönigs geht irisches Dál-Riada-Gebiet verloren.

638 Northumbria greift keltisches Edinburgh an.

642 Oswald stirbt durch Maserfeld in der heutigen Stadt Oswestry.

655 Celtic Gwynedd löst die Alianz mit Mercia;

König Penda fällt bei Winwaed Field und Mercia wird von Northumbria regiert. Nach drei Jahren führt Pendas Sohn Wulfhere eine Rebellion an und erringt den Thron von Mercia.

661 Irische Missionare in allen sächsischen Königreichen.

664 Synode von Whitby diskutiert römische und keltische Praktiken, favorisiert Rom.

672 Synode der sächsischen Kirche in Hertford.

681 Jarrow gegründet. Beda tritt in dieses Kloster ein.

um 685 Beowulf-Epos wird geschrieben, nur Fassungen aus dem 8. Jahrhundert sind erhalten.

688–705 Ine, König von Wessex, dehnt sein Territorium nach Dumnonia aus.

697 Adomnán verkündet Gesetz der Unschuldigen, das Zivilpersonen im Krieg schützt. Kelten wenden es an, sächsische Königreiche ignorieren es.

um 700 Goldenes Zeitalter der irischen Literatur.

711 Westsachsen erobern Exeter.

713 Vertrag zwischen Northumbria und den Pikten beendet den Krieg.

715 Mercia fällt in Wessex ein.

722 Schlacht am Fluss Camel. Kornen und Dumnonier besiegen Wessex.

um 725 Irische Mönche auf Island und den Faröer Inseln.

731 Beda beendet Historia Ecclesiastica Gentis Anglorum kurz vor seinem Tod 734.

757 Bürgerkrieg in Mercia bringt Offa nach der Ermordung Aethelberts an die Macht.

768 Walisische Königreiche übernehmen Osterkalender der römischen Kirche (nach der Synode von Whitby 664).

776 Kent wirft die Herrschaft von Mercia ab

778 Offa fällt im Königreich Dyfed in Wales ein.

779 Offa wird als oberster König der sächsischen Königreiche anerkannt.

um 780–806 Book of Kells wird in Iona begonnen und dann in Kells in Irland vollendet (oder dorthin gebracht).

um 784 Offa baut einen Wall, um Wales abzuschließen.

790 ff. Die Wikinger überfallen Irland, Iona, Lindisfarne und Skye.

802 Die Wikinger brandschatzen Iona.

807–14 Abt Cellach verlässt Iona und baut eine neue Kirche in Kells.

816 Irischen Missionare wird im Konzil von Chelsea verboten, in den englischen Königreichen zu predigen.

838 Wessex schlägt die Kelten von Cornwall und die Reste von Dumnonia.

839 Sieg der Wikinger über die Pikten.

841 Thorgil begründet Königreich von Dublin.

843 Wessex wird von den Wikingern in der zweiten Schlacht von Carhampton geschlagen.

846 Karl der Kahle anerkennt in einem Vertrag die Unabhängigkeit der Bretagne. Sie behält ihre Unabhängigkeit bis 1488.

847 Kenneth Mac Alpin wird als König von Dál Riada und dem Piktenland anerkannt.

853 Mercia und Wessex greifen Powys an.

888 Alan I. (Bretagne) schlägt die Wikinger.

um 900 Die Reise des Brendan wird verfasst; möglicherweise erreichte Brendan die neue Welt.

907 Die Wikinger nehmen Nantes ein und bedrohen den Rest der Bretagne.

913 Die Wikinger verwüsten die Bretagne.

916 Kodifikation der Gesetze in den meisten der walisischen Königreiche.

918 Die Wikinger schlagen den irischen Hochkönig bei Dublin.

931 Die britannischen Kelten werden von Athelstan aus Exeter vertrieben. Der Fluss Tamar wird als Grenze zwischen Cornwall and Wessex anerkannt.

937 Keltischer Allianz misslingt Vertreibung der Sachsen aus Britannien. Grenzen zwischen sächsischen und keltischen Königreichen sind nun Grenzen zwischen England, Schottland und Wales.

Register

191